〈被爆者〉になる

変容する〈わたし〉のライフストーリー・インタビュー

高山 真
TAKAYAMA Makoto

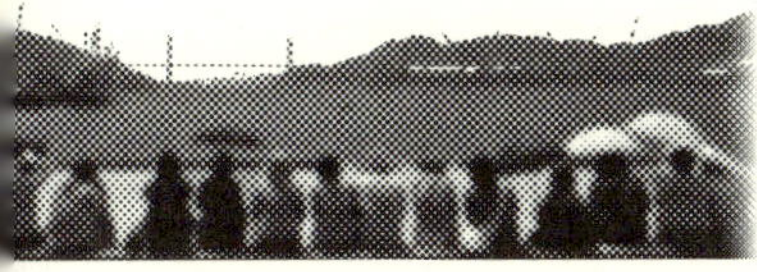

せりか書房

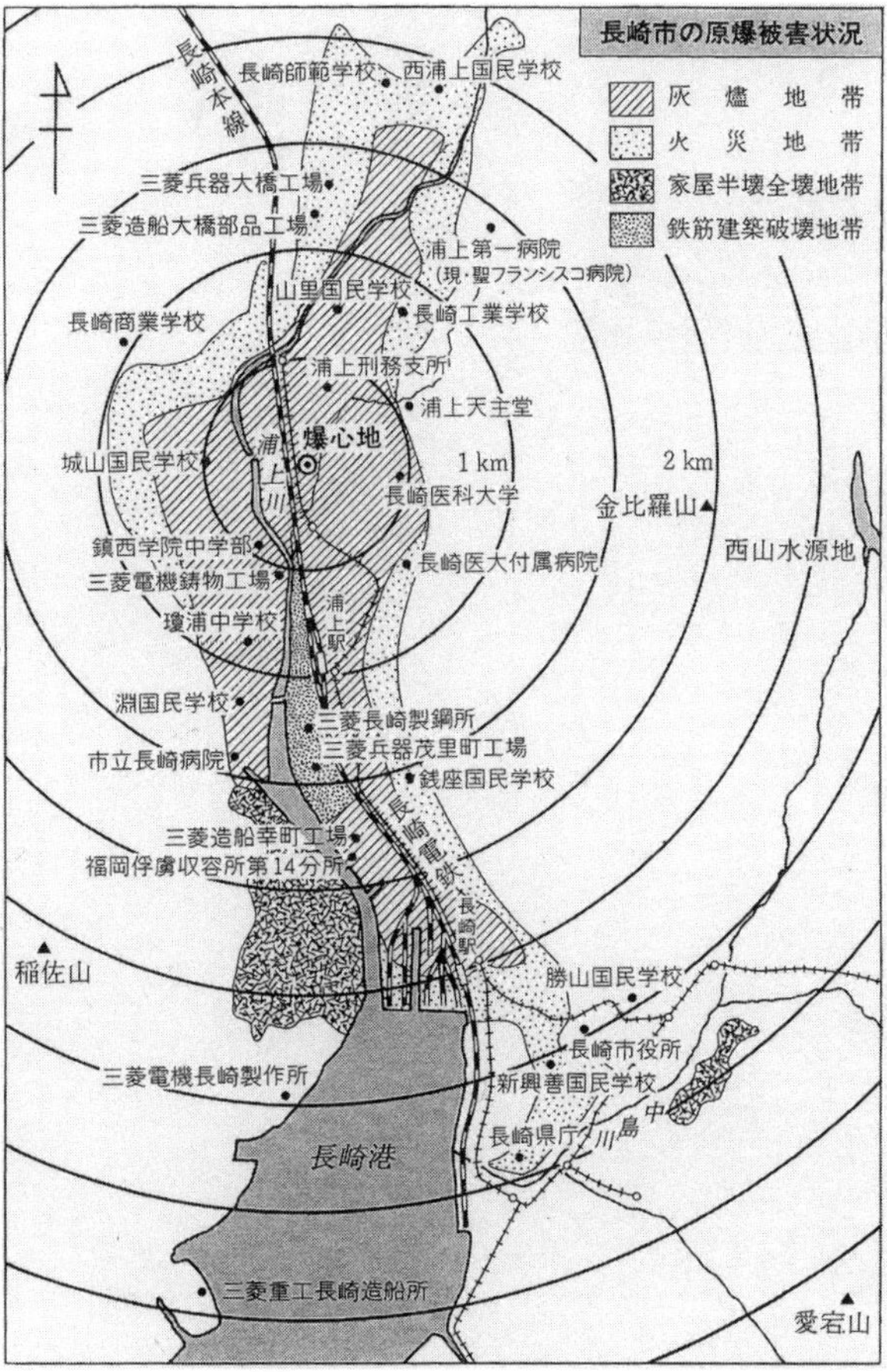

長崎市編『ナガサキは語りつぐ』（岩波書店刊）

〈被爆者〉になる——変容する〈わたし〉のライフストーリー・インタビュー　目次

〈被爆者〉になる——変容する〈わたし〉のライフストーリー・インタビュー

序論　〈わたし〉という視座からのアプローチ

1　はじめに

本書は、長崎で被爆を体験した、ある語り手による「被爆者になる」という語りの検討をとおして、記憶、自己、あるいはコミュニケーションという問題を社会学的に考察するものである。筆者は、二〇〇五年から、長崎で「語り部」として活動する原爆被災者を対象とし、ライフストーリー・インタビューを実施してきた。

ライフストーリー・インタビューとは、いわゆる「聞き取り」や、「聞き書き」ではなく、語り手（調査協力者）と聞き手（調査者）の相互行為に注目し、相互行為をとおして「語り」がうみだされるプロセスを観察する方法である。(注1) 本書は、こうした方法を参考にして、長崎における被爆者の「語り」の検討を基本的なテーマとしている。

具体的には、長崎で被爆を体験し、その体験を社会的な位相で語りつづける三人の語り手とのインタビューについて検討していきたい。その際に、語り手として調査に協力してくれた三人の語りの分析とあわせて、聞き手のインタビュー経験を対象化し、分析の射程におさめていく。なぜ、聞き手のインタビュー経験が、考察の対象として重要となるのだろうか。長崎で被爆を体験した人びとの語りを聞いたのであれば、歴史的に重要な出来事を体験した人びとの語りの検討が重要なのではないか。こうした疑問をいだかれる読者もいるかもしれない。おそらく、筆者もまた、インタビューをはじめたころは、そのように考えていた。しかし、インタビューを進めていくなかで、他者の経験を聞くという行為の意味を考えるようになっていく。いいかえれば、他者の語りに耳を傾け、語りを記録し、分析するときに、聞き手は、どのようにして語り手の体験を理解するのだろうかという疑問を抱くようになっていく。こうした疑問は、聞き手としての〈わたし〉という論点を浮上させる。

こうした論点を浮上させるきっかけになったのが、冒頭に紹介した「被爆者になる」という語りとの出会いである。本書の全体をとおして検討する「被爆者になる」という語りは、他者の経験を聞き、自己の体験として内面化し、自分自身の生き方を形成するプロセスを説明する語りである。インタビューに着手して間もないころに出会った、この語りを検討するなかで、被爆の「語り部」として生きる彼らの体験を聞く〈わたし〉が、彼らの体験をどのように解釈するか、そのプロセスを記述する点に、語り手のライフストーリーを理解する手がかりがあると考えるようになる。フィールドワークの実感に即していえば、このように〈わたし〉という存在を介して語り手の語りを解釈しなければ、「被爆者になる」という語りを書くことはできないと考えるようになった。

後述するように、「被爆者になる」という語りは、被爆による「死」という問題と密接な関係にある。アメリカの社会心理学者であるロバート・リフトンは、原爆被災を生きのびた人びとが、死者にたいして罪意識を抱く存在であると指摘した（Lifton 1967=2009a）。リフトンによれば、罪意識とは、原爆被災を生き延びた人が、亡くなった人に一体化したいと願う心理と、死者の存在を日常生活から閉め出したいと感じる両義的な心理に晒される状態を指している。リフトンの指摘は、三人の語りを分析する際に死者の存在を可視化する役割を果たしている。なぜ、死者の存在を可視化する必要があるのだろうか。これは、本書の全体にかかわる大切な論点になるため、本章において、その問題の全体像を提示することを試みておきたい。

筆者は、二〇〇五年に着手した長崎のフィールドワークで、Mさんという語り手と出会った。彼は、一五歳のときに爆心地から四・八キロの小菅町で被爆を体験した。彼は、その後、長年にわたって、「わたしより、もっと大変な思いをして生きのびた」と、彼が、認識する原爆生存者の体験を数多く聞きとり、生存者の体験を記録する「聞き書き」に取り組んできた。

Mさんは、被爆の体験の「聞き書き」に取り組むだけではなく、戦後を生きるなかで、ヒロシマ・ナガサキにかかわる社会運動、あるいは、その体験や記憶を継承する運動にたずさわってきた。彼は、長期的なインタビューをとおして、生きてきた経験を回想して語るなかで、折に触れて、「わたしの人生は、被爆者になる人生だったと思います」と語っている。

彼によれば、他者の体験を聞く行為は、「被爆体験の広まり」という言葉で説明できる。他者の痛みを内面化するとき、彼は、自分自身に「被爆者としての深まり」を与えたと説明する。「わたしより、もっと大変な思いをして生きてきた人たち」の体験を聞いていくと、自分の体験が広まり、「もっと大変な思いをして生きてきた人たちの痛みを、自分の痛みとして内面化する」と、「わたしは、より、被爆者になっていきます」と説明する。こうした自分自身に生じた心的変容のプロセスを説明するなかで、彼は、「わたしは『被爆者になる』人生をおくってきたのだなと思うのです」と語る。

彼とのインタビュー記録を読みなおすと、こうした語りは、インタビューをはじめた当初から、すでに語られている。しかし、長崎での調査に着手してから、長いあいだ、わたしは、彼の「被爆者になる」という語りが、いったい何を言おうとしているのか、理解できずにいた。同時に、わたしは、そうした彼の語りに、肯定しがたい、違和感を抱いていた。

こうしたインタビューのリアリティを感じるわたしとは別に、トランスクリプトにあらわれる〈わたし〉がいる。わたしと〈わたし〉とは、さしあたり別のものとして理解される。本書の記述に登場する〈わたし〉とは、こうした経緯で浮上した、記述上の仮設的な主体である。

Mさんとのライフストーリー・インタビューを継続する〈わたし〉は、彼が、「被爆者になる」

という言葉で説明しようとする考えかた（彼の生きかた）に関心を抱き、一方では、そうした彼の考えかたに言葉にできない違和感をいだいている。〈わたし〉とは、彼の生き方に関心をいだきながらも、その考え方に違和感をおぼえて、「被爆者になる」という言葉の意味を理解するために、彼との対話を継続する仮設的な主体である。

かつて、石田忠は、長崎の被爆者である福田須磨子と面接調査を重ね、『反原爆　長崎被爆者の生活史』（1973）を記した。[注2] 石田は、福田の生活史を記述し、「反原爆」の思想を形成する。「反原爆」の思想とは、被爆直後の原爆被害者が精神的、肉体的な荒廃に晒される〈漂流〉の状態から、反核の意志を形成し、〈抵抗〉する主体へと〈飛躍〉するという、被爆者の〈典型〉的な生き方のモデルである。筆者は、石田の研究成果が、とりわけ原爆被災者をエンパワメントした点で評価するが、石田と同じように被爆者に寄り添うことはできない。長崎でのライフストーリー・インタビューの記述に〈わたし〉という視点を導入した経緯からも明らかなように、筆者の長崎におけるフィールドワークは、石田の方法とは異なり、被爆者と接することにより生じる「心の揺れ」を意識したものである。

Mさんの「被爆者になる」という言葉が重要となる理由もここにある。彼は、実際に長崎で被爆を体験した「被爆者」であるが、その彼でさえも、「わたしよりも、もっと大変な思いをして生きてきた人たち」が存在していると認識する。そして、彼は、「わたしよりも、もっと大変な思いをして生きてきた人たち」の痛みにふれるとは、いかなる体験であり、その体験を内面化するとは、いかなる体験であるかについて〈わたし〉に語るのである。

後述するように、石田が調査の対象とした福田須磨子と、Mさんの違いは明瞭である。フィールドワークから焦点化されるテーマは、いわゆるヒロシマ・ナガサキという社会現象には回収されない。むしろ、ある極限的な出来事を体験した人が、その後の人生を生きるなかで、いかにして、その大変な体験に向き合い、葛藤をへて、折り合いをつけ、その後の人生を生き抜いてきたかというプロセスの記述に焦点が定まっていく。そして、たとえば、Mさんが語るように「わたしよりも大変な思いをして生きてきた人たち」の体験や、その語りの理解は、いかにして可能なのだろうかという問題を中心的なテーマとしている。

こうした基本的な認識をふまえて、以下では、本書の主要な先行研究であるロバート・リフトン、石田忠、米山リサによる先行研究と、三名の語り手とのインタビューにより得られた語りの関係を中心に、次章以降で展開する論点を抽出する。この作業により、本書が、「被爆者になる」という語りの意味の在処を、どこに見出そうとしているかを説明し、全体の見取り図を提示しておきたい。

2　問題の所在

二〇〇五年から、長崎でのインタビューを進めるなかで、「語り部」として体験を語る人びとのあいだには、継承の方法をめぐる認識の相違があることが明らかになっていく。これからの検討の見通しをよくするために、その違いを端的に説明しておこう。

ひとつは、一九四五年八月九日に長崎で被爆を体験した「被爆者」による「被爆体験」を語り続ける継承の実践を重視する認識のありかたである。こうした認識をふまえると、爆心地とよばれる場所に近いところで被爆を体験した人びとの語りを語り継いでいくという規範が共有されていくはずである。第3章で詳細に検討するTさんの語りは、こうした認識を反映している。

もうひとつは、こうした爆心地の近くで被爆を体験した人びとの語りだけではなく、爆心地から遠いところで被爆を体験した人びとの語り、あるいは、幼少期に被爆を体験したために明瞭な記憶がないと自己認識する人びとの語りを含めて、継承していこうとする人びとの認識である。この認識のありかたは、「被爆体験」を継承しようとする人びとの認識に比べて、やや曖昧な印象を与えるかもしれない。第2章で検討するように、この曖昧さは、長崎原爆被災の記憶を形成する言説の特徴になっている。そして第4章で検討するYさんのライフストーリーは、この曖昧さを言説ではなく、語りのレベルで表現している。

ここに提示する二つの継承をめぐる認識のありかたは、限られた被爆者のインタビューにもとづき抽出したものである。長崎の調査では、「語り部」として活動する人びととの半構造化インタビューにもとづき、三人の語り手に長期的なインタビューを依頼するようになった。およそ三〇人の人びととの面会をふまえて、なぜ、この三人の語り手にインタビューを依頼したのだろうか。この点は、次章以降の記述を読み進めるなかで徐々に明らかになるはずである。ここでは、こうした継承をめぐる認識の差異が反映された語りが現れる背景を簡潔に説明しておきたい。

ふたつのタイプの語りを分類する要因を形成しているのは、爆心地をめぐる距離、そして被爆を体験した当時の年齢である。米山リサが指摘するように、被爆者としての主体性は、被爆者健康手帳を申請するプロセスで、科学的、法的な数値により形成されていく側面がある（Yoneyama 1999＝2005: 143-4）。筆者は、「語り部」として活動する人びとの語りを聞くなかで、この米山の指摘は重要であると考えていた。つまり、原爆被災を体験した人びとが、「爆心地」を中心とする同心円イメージを内面化し、「わたしは、何歳のときに、何キロの地点で被爆した」というように、体験を客観的に認識して「被爆者」としての立場を形成している。そのように、米山の枠組みを解釈し、被爆者の語りを解釈しようとしていた。それは、長崎というフィールドをまなざす、ひとつの地図として筆者のなかに内面化されていった。ただし、その認識は三人の語り手とのインタビューをつづけるなかで徐々に変容していく。本章では、その変容のありかたに深く立ち入ることはせず、調査をはじめた当初の〈わたし〉の認識をふまえて、本書の問題の全体像を眺めていこう。

さきに提示したひとつめのタイプの継承の認識を内面化するTさんは、爆心地から一・三キロの銭座町で被爆を体験した語り手である。[注3] 第2章で検討するように、Tさんは、インタビューをはじめた当初の〈わたし〉に「被爆体験」を語っていることを強調する。これは、もうひとつの

参考資料　「爆心地」を中心とする同心円イメージ（出典：Wikipedia）

タイプの継承の認識を内面化しているYさんが携わる「平和教育」と、Tさんの実践を区別する語りである。

爆心地を中心とする同心円イメージを内面化する認識に立つと、Yさんに比べて爆心地に近い場所で被爆を体験したことになるTさんは、「四キロや五キロのように遠いところで被爆した人や、三歳や四歳で被爆した人に、いったい、何を語ることができるだろうか」と〈わたし〉に問いかける。一方で、四・三キロで被爆したYさんは、「四キロで被爆した人にも語ることはある」と語り、被爆の体験そのものを語るのではなく、体験の語りかたについてYさん自身がどのように考えているかを〈わたし〉に語りかける。

被爆を体験していない〈わたし〉にとっては、いずれの語り手も「被爆者」であるはずである。二人の語り手とインタビューをつづけるなかで、なぜ、おなじ「被爆者」であるはずの二人の語り手が「距離」や「年齢」によって、おたがいを区別しようとするのだろうかという違和感が生じる。この違和感が、TさんとYさんをインタビューの対象にしようと考えるきっかけになる。二人の語り手が、爆心地から何キロの場所で被爆を体験したか、何歳のときに被爆を体験したかについて語り、一方は「被爆体験」を語る意味を強調し、他方は「平和教育」を実践する意味を語るなかに登場するもうひとりの語り手がMさんである。彼は、距離の話も、年齢の話もせず、自分の体験についても語らない。Mさんは、ただ、「わたしの人生は『被爆者になる』人生だったと思います」と、出会ったばかりの〈わたし〉に語りかける。

3 「継承」の実践に携わる人びとが直面する現実

Yさんは、インタビューをはじめてから間もない頃、〈わたし〉につぎのように語りかけた。

あのごく限られた有名な被爆者たちは、それこそ「みずからの被爆体験を語ればいい」と言ってるわけです。たとえば、僕だったら、自分の被爆体験っていうのは、もう、ごく場面にしても、あるいは記憶にしても、中学生以上の人たちが記憶しているような、そういう「筋道」がたっていないんですね。（中略）けっきょく、もし（被爆者に）等級を決めたとすれば、悲惨な順に、もう、第一級の人、第二級の人。「もう、私たちなんか、あいん人たちの話ば聞いたらね。そんげん人たちのまえで、話すようなことは、なんもない。」しかし、被爆者ですよ。（二〇〇五年一〇月。Yさんのご自宅にて。（注4））

Yさんは、八歳のときに爆心地から四・三キロの浪の平町で被爆を体験した。彼は、「被爆者健康手帳」を保持する法的な「被爆者」である。しかし、彼は、継承の実践における、みずからの体験の意味を説明する際に、「被爆者と非被爆者の過渡的な立場」を意識していると語っている。さきに引用した語りには、「有名な被爆者」たちが、みずからの凄惨な体験を、迫力をもって語るなかで、明瞭な記憶をもたないと認識する彼が、被爆を語りつづけるなかで抱いてきた複雑な心情の吐露が読みとれる。

彼は、一九七〇年に「平和教育」に出会い、このときにはじめて「被爆者」として自己を認識し、その後、被爆を語る方法を考えてきたと語っている。彼が、もっとも注力してきた「被爆遺構めぐり」の実践は、「わたしの被爆体験をみなさんに話しても、それは、三分でおわります」という語りからはじまる。このように、彼は、有名な被爆者たちと、みずからの立場の違いを明確にしてから、有名な被爆者たちの語りには登場する機会は少ない、「在外被爆者」、「外国人被爆者」など、社会的に周縁化された立場に生きる原爆被災者の存在を考えるきっかけを与える平和教育の実践にとりくんできた。

彼は、継承の語りという領域から顕在化する被爆者の「有名性」を客観的にみつめようとし、原爆被災という出来事を体験した人びとのおかれる多様な立場に想像力を働かせる重要性を主張している。

4 「罪意識」の同心円による「死者」の可視化

Tさんと Yさんの「距離」をめぐる語りが〈わたし〉の違和感となる背景には、もうひとつの問題がある。それは、彼らの語りが〈わたし〉には、「死者」の存在を排除して、「生き残った者」の価値観によって形成された語りに聞こえる点である。Tさんは、一三歳のときに被爆を体験し、母と友人を亡くした。彼は、その体験を可能なかぎりリアルに再現する芝居の実践に取り組んでいる。Tさんとのインタビューをつづけるなかで、〈わたし〉は、彼が体験した出来事が、〈わたし〉の想像をはるかに超えたところにあるとリアルに感じる。彼は、被爆による死という問題に直面し、それと向き合う語り手である。

また、Yさんは、「被爆遺構めぐり」の実践にとりくむなかで、すでに亡くなった有名な被爆者である福田須磨子の詩を朗読する。彼もまた、自分自身の体験ではないが、他界した原爆被災者に日常的に向き合う語り手である。つまり、彼らは、みずからの継承の実践のなかで「死者」と向き合っている。

彼らが、インタビューで吐露する、距離と年齢による「語り手の序列化」に関する語りにたいして、〈わたし〉が違和感をおぼえる理由は、つぎの点にある。彼らの実践は、本来、死者の記憶を次世代に語り継ぐという「目的」を共有しているはずである。しかし、「四キロで被爆した者に、いったい何が語れる」、「四キロでも語ることはあるはず」という語りは、原爆被災を生きのびた人びとが内面化する同心円イメージによって形成される語りである。

被爆の語りは死者との関係のなかで、あるいは、死にかかわる現象との関わりにおいて、紡ぎだされるはずである。そうであるならば、距離と年齢の規範を意識する語りからは、死と死者という現象が捨象されてしまうのではないだろうか。TさんとYさんのライフストーリーを、より広い視点から考察するためには、死という現象と、死者の存在を分析の射程にとりいれなければならない。その際に、社会心理学の視点から広島で被爆者調査に取り組んだロバート・リフトンの「罪意識」の考察は重要な手がかりを与えてくれる。

罪意識とは、原爆被災を「生き残ったことが死者に対して優位な立場であるのを罪とする意識の問題」である（Lifton 1968=2009b: 302）。リフトンは、原爆被災を生きのびた者は、死者にたいして一体化したい、寄り添いたいと願う心理と、日常生活から死者の存在を閉め出したいと感じる相反する心理に晒される状態であると説明する。リフトンは、一体化と心理的閉め出しの相反する感情について、それぞれつぎのように説明している。

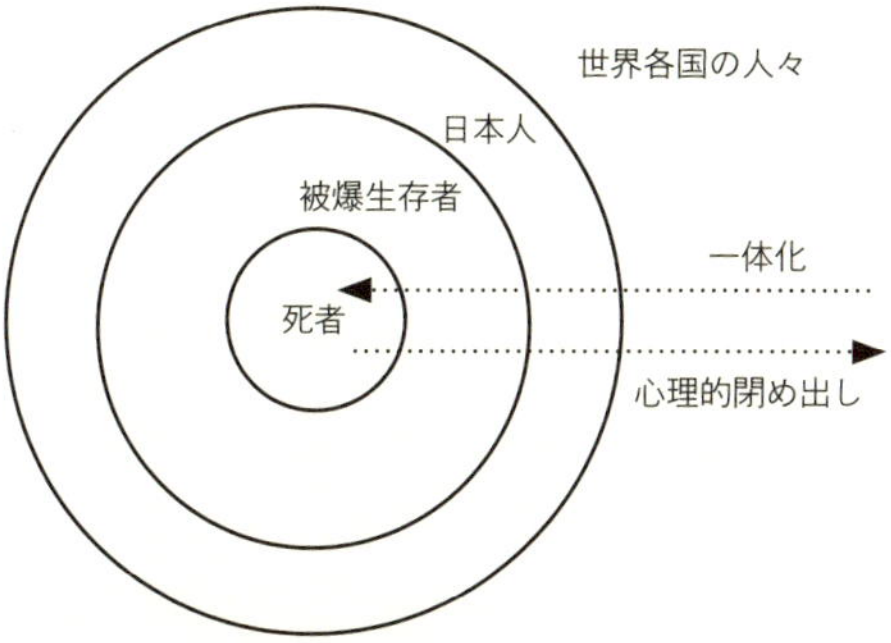

罪意識の同心円

原子爆弾のもつ致命的な実質と同様に、一体化から生まれる罪の意識は外に向かって放射する。広島におけるこのような罪の意識は、死者から被爆生存者へ、被爆生存者からふつうの日本人へ、そしてさらに、その他世界各国の人々へと「放射」的に広がっていった。(Lifton 1968＝2009b: 324)

罪意識の場合と同じように、心理的閉め出しは外に向かって放射現象をおこして広がってゆく。(Lifton 1968＝2009b: 339)

この指摘を図で示すと、上のようになる。

リフトンの議論の重要性は、原爆被災者の語りを、被爆者と非被爆者といった、生き残った者の問題としてではなく、死者との関係を視野にいれて考える必要を顕在化する点にある。(注5) TさんとYさんは、継承の実践においては、死者の存在を強く認識しており、死者とコミュニケーションしているが、日常的な語りのレベルでは、死者を排除し、被爆を生きのびた者の内部で、「体験した距離」と「当時の年齢」を指標とする序列化の現実に直面している。

このとき、二人の語り手は、「爆心地」を中心とする同心円イメージの内面化にともない、語り手としての立場を、原爆が投下されたとされる地点からの距離によって認識している。Yさんは、「被爆遺構めぐり」の実践において、原爆を投下した爆撃手の視点である同心円イメージの写真を提示し、「爆心地から一キロ以内」を歩きながら、当時の状況を想像して、現在を生きる私たちと過去との関係を考える重要性を説いている。たとえば、具体的には、平和公園にある平和祈念像のまえで福田須磨子の詩を朗読し、「原爆後十年をぎりぎりに生きる被災者のいつわらぬ心境」と表現された心象風景を想像する必要があると説明する。

このとき、Yさんは、死者となった福田須磨子の心境を想像して、生前の彼女が紡ぎだした詩を朗読する。このとき、Yさんは、福田須磨子になっていく。それは、死者に一体化する行為である。しかし、日常生活を営むなかでは、「あいん人たちの話ばきいたら、なんも話すことはなか」という他者の声をみずからの立場と重ねあわせて、みずからの実践のありかたについて苦悩する。有名な被爆者のように、聞き手に語り聞かせる体験はないのではないかと思い、「あいん人たち」(有名な被爆者)を心理的に閉め出す。

こうしたYさんの語りに現れる心境は、インタビューをはじめたころの〈わたし〉が抱いていた違和感と、部分的に重なりあう。福田須磨子に象徴される「第一級の被爆者」の語りが、社会的に重要な意味を帯びるという常識的な理解を否定するつもりはない。しかし、体験のない者にとって、第一級の被爆者の語りは想像の限界をこえている。彼らの体験と、〈わたし〉の日常生活のあいだには、なにかしらの接点があるのだろうか。彼らの体験を聞く意味を、どのように見いだせばよいのだろうか。そもそも、彼らの体験を聞く意味とは何か。そうした、根本的な疑問と違和感である。

こうした視点をとれば、Tさんの「一三歳の被爆体験」の語りは、体験のない者にはわからない、共有できない「被爆体験」の語りとして意味づけられてしまう。しかし、インタビューをつづけるなかで、彼は他界し、死者となるTさんと向きあうなかで、語りの意味は変容していく。Mさんの「被爆者になる」という語りは、あまりにも曖昧であり、彼に出会ったばかりの〈わたし〉には、彼のいわんとすることをつかめない。しかし、彼の曖昧な語りに登場する「被爆者になる」という表現に、違和感を考える手がかりがあると感じられた。Yさんがおぼえる「有名な被爆者」にたいする違和感は、〈わたし〉にも共有する余地が残されており、それは、Yさんのみならず、三人の語り手のライフストーリーを理解する出発点となる。これは、被爆者調査史における、〈わたし〉のフィールドワークの位置づけとも関係してくる。というのも、Yさんが、有名な被爆者にたいして抱いた違和感は、〈わたし〉が、石田の記述にあらわれる福田の生活史にたいして抱いた違和感と通底しているからである。この違和感こそが、Mさんと〈わたし〉のインタビューを対話的に展開する源になっていく。

5　フィールドに現れる〈わたし〉とMさん

石田忠は、福田須磨子の生活史を記述するにあたり、みずからにふたつの「社会科学者の課題」を与えた。ひとつは「原爆被害がいかなる要因連関の下に被爆者の精神的荒廃につながっていくか、その人間破壊の過程の分析（漂流の必然性）」であり、もうひとつは「この精神的荒廃のなかから被爆者が立ち上がる可能性とその契機となるべきものの追求（抵抗の可能性）」である（石田 1986: 33）。石田は、福田の生活史をとおして、漂流から抵抗への飛躍という「反原爆」の思想を形成する。石田において、被爆者とは原爆被害による精神的荒廃の状態を体験した人びとであり、被爆者は、その精神的荒廃から立ち上がり、より力強い主体性を有する「被爆者」になる。

前節で確認したYさんの語りを手がかりにすると、福田は「第一級の、ごく限られた有名な被爆者」である。罪意識の同心円の図に即して説明すると、「被爆者と非被爆者の過渡的な立場」というYさんの語り手としての立ち位置は、「被爆生存者」と「日本人」のあいだにある。福田は「被爆生存者」である。石田は「被爆生存者」ではないので、「日本人」のカテゴリーに属すると解釈してよいだろう。

石田にとって、福田は明確に「被爆生存者」であったはずである。石田が、福田の自伝的著書を読み、福田に出会うまでの調査体験にかかわる記述には、石田が、福田にたいして罪意識の作用により一体化する心理と、心理的閉め出しの相反する感情が現れているように思われる。

福田さんの『生きる』を読み終わった時私は、彼女の心に、一度は見失った「人間」への信頼が不安と絶望の二十年のあとに、生き生きと蘇っていることに感激した。福田さんが自らに獲得することのできた〈思想〉のもつ意味を私はそこにまざまざと見る思いであった。私は福田さんに会いたいと思った。（石田 1973: 16）

私が福田須磨子さんにはじめて会ったのは昭和四二年一二月のことである。私たちは長崎原水協の事務局で落ちあうことになっていた。約束の時間にはまだ少し早かったが、福田さんはもう私の来るのを待っていた。この方がそうだといわれて挨拶をするとき、私は思わず目をそむけてしまった。それでは悪いと思うのだが、どうしてもそうなる。何かしらうしろめたい気持ちが私をそうさせるのである。（石田 1973: 15）

かつての石田と同じように、〈わたし〉は、長崎でのフィールドワークを進めるなかで、福田と同じように、身体的外傷を負い、壮絶な被爆体験を語る原爆被災者に面会を依頼した。しかし、こうした人びととの面会では、彼ら自身が、被爆体験を語ることに揺るぎのない確信をもっているように思われ、相互行為としてのインタビューを試みることは困難なように思われた。それゆえに、自然と、調査対象者は、Yさんのように「第一級の被爆者」として彼らを相対化し、みずからの体験を語ると同時に、体験を語る意味を模索している語り手に限定されていった。

このように調査協力者を選定していくプロセスで、〈わたし〉はMさんと出会う。彼は、生前の福田と親交の深い原爆被災者である。彼は、生前の福田について、「彼女が反核を訴える姿は『闘士』のようでしたよ」と語る。しかし、〈わたし〉にとっては、Mさんもまた、充分に「闘士」のように映る。Mさんとの長期的なインタビューは、「被爆者になる」という語りの意味を丁寧に説明するMさんと、その語りの意味を理解しようとする〈わたし〉の双方向的な対話の様相を帯びていく。それは、石田が福田との面接で体験したであろう、壮絶な生きざまの聞き取りとは、異なる雰囲気のなかで進行するライフストーリー・インタビューである。

双方向的な対話の様相を帯びているとはいえ、Mさんは爆心地から一キロ以内で生き残った人びとを対象とする「聞き書き」の経験について語るとき、体験を語る意味、聞きとる意味を問おうとする〈わたし〉の視点が彼の語りに介入する余地を与えなかった。彼にとって、爆心地から一キロ以内で被爆を体験し、生き残った人びとの体験は絶対的なものであり、その体験を聞く営みは、彼にとって、きわめて大きな意味をもつ。しかし、〈わたし〉にとって、体験はリアリティのあるものではない。ここに、Mさんと〈わたし〉の非対称性がある点を確認しておこう。

Mさんは、四・八キロで被爆した自身を、「案外に客観的に原爆というものを眺められる立場でした」と説明する。彼は法的な意味で既に被爆者であるが、多くの被爆者の体験の聞き書きに携わり「みずからの被爆体験が広まり」、「被爆者として深まっていった」と語り、こうした経験により「被爆者になる」人生でしたと、みずからのライフストーリーを語りつづけた。

YさんとMさんの語りを聞きつづけるなかで、〈わたし〉は、つぎのように考えるようになっていく。聞き手である〈わたし〉が、被爆者と非被爆者の過渡的な立場を意識する人びとの語りを聞く行為は、こうした立場を意識する人びとが「自分よりも大変な思いをして生きてきた被爆者」の語りと向き合う生の営みと、同一の系譜に位置づけられるのではないだろうか。そうであるなら、こうした世代を超えた営みに、彼らが取り組む「記憶の継承」の糸口があるのではないだろうかと。

6 「被爆者になる」という語り

Mさんは、みずからの被爆者としての生き方を、「被爆体験の広まり」と、「被爆者としての深まり」という言葉で説明する。つぎに示す語りは、Mさんとのインタビューをはじめて約半年が経過した二〇〇五年八月のトランスクリプトからの抜粋である。

私もたしかにいとこを亡くしましたけど、お父さんやお母さんを亡くした方たちも実際にいるわけですよね。私はまあ、幸いにというか、四・八キロ離れたところに、原爆から五〇日くらい前に配置転換になって、命が助かったという。それで、火傷もせんやったということで、それで偉そうな顔をして被爆体験を話すな、っていうふうな、そういう声もあるんですけどね。私はね、そういうふうな（爆心地に近い）ところで被爆をした人、戦後早く（から）被爆者（運動）云々に関わったけども、案外に客観的に原爆というものを眺められる立場だったと思うんですよ。その（さまざまな状況で原爆被災を体験した人びと、とくに、わたしよりも大変な思いをした人びとの）被爆体験を何回も聞くチャンスがありますよね。それから、「長崎の証言の会」で、いろんな聞き書きをとりにいく。聞き取りをするっていうことのなかで、自分がね、被爆体験が広まっていったと思ってるんですよ。自分の体験だけじゃなくてね、原爆っていうものが、どんなにひどいものかを、だんだん知るようになって。そうするとね、まあ、別の表現で言えば、被爆者として深まっていくっていうか。

Mさんは、「火傷もせんやったということで、それで偉そうな顔をして被爆体験を話すな」という他者の声を意識している。ここでいう他者の声とは、彼よりも、爆心地に近いところで被爆を体験した人びとである。たとえば、Tさんが、Yさんにたいして発する「四キロで被爆した人になにが語れると思う」という語りである。ただし、さきに確認したように、こうした声や語りは、生き延びた者だけでなく、死者の存在を意識して読み解く必要がある。

Mさんは、自分自身を、大きな身体的外傷を負った人びとや、親を亡くした人びととは、異なる立場を生きる原爆被災者であると認識している。リフトンの図に即して説明すれば、Mさんは「被爆生存者」のカテゴリーに属するけれども、そのカテゴリーの外側に生きていると、みずからの立場を認識している。

「被爆体験の広まり」や「被爆者としての深まり」という語りの意味を、〈わたし〉は、すぐには理解できない。彼は、〈わたし〉にライフストーリーを語るなかで、折に触れて、「被爆体験の広まり」と「被爆者としての深まり」というフレーズを用いている。そして、この二つの現象により「わたしは、被爆者になっていった」と説明する。

彼が、「被爆者になる」という語りによって指示する「被爆者」とは、いったいどのような位相で捉えればよいだろうか。論点を明確にするために、直野章子による「法的主体としての被爆者」に関する考察を紹介しておこう。直野が指摘するように、被爆者というカテゴリーはけっして自明のものではない。被爆者とは「法によって作られた主体位置」であり、法的主体としての被爆者となるにあたっては、「どこで被爆したのか」と「いつ被爆したのか」という空間と時間を基準とする「放射能被害の蓋然性」が重要な要素となる（直野 2009: 18）。

ここで指摘される法的主体としての被爆者と、Mさんが「被爆者になる」という語りにより指示する「被爆者」とは、別のものである。彼が「被爆者になる」と語るときの被爆者とは、法的主体としての被爆者ではない。彼は、一九四五年八月九日の体験を手がかりとして、その後、他者の体験を聞き取り、みずからの体験を広めながら、被爆者としての主体性を深めていったと語っているのである。

彼は、体験を広め、被爆者として深まる営みは、追体験を基礎とする行為であると説明する。彼は、追体験という営みをつぎのように説明している。

とにかく自分の体験を（他者の体験と）重ねあわせるという、重ねあわせながら、その話を、被爆者の話をきっかけにしながら、その人の痛みであったり、苦しみであったりしたものを、イメージするというのかしら。イメージしながら、そういうものを、その人の体験を、まあ追体験するという。そういう営みっていうか、作業というか。

Mさんは、インタビューをはじめた当初から、さまざまな表現をもちいて「追体験」という行為の意味を説明している。〈わたし〉は、すこしずつバージョンを変えて語られる「被爆者になる」という語りを聞きながらも、彼の語りをリアリティをともなって聞くことはできなかった。なぜなら、「被爆者になる」という語りは、あくまでも「被爆者」と社会的にカテゴライズされた人びと、つまり法的主体としての被爆者が共有する語りであり、非被爆者である〈わたし〉には無関係な語りであると感じられたからである。

しかし、インタビューを継続するなかで、Mさんの語りにたいする認識が変容する転機が訪れる。インタビューをはじめてからおよそ三年が経過した、ある日、〈わたし〉は家族の喪失を体験する。長崎でのフィールドワークをはじめた頃から、小児性白血病と闘病していた大学生の弟が他界した。

〈わたし〉は、この喪失体験には、Mさんの「被爆者になる」という語りを理解する手がかりがあると考えた。そして、〈わたし〉は長崎でMさんと再会し、つぎのように語りかけた。

被爆を体験した人たちは、みずからの体験を語りつづけ、次世代に継承しようとするわけですが、人の悲しみは、かならずしも被爆の体験にかぎるものではないと思う。たとえば、わたしは、弟を亡くしたけれど、弟の死を考えるとき、子を亡くした母の悲しみは継承されず、被爆者の体験は継承されるのは何故だろうと、素朴に疑問に思った。

彼は、この語りにたいして、すぐには、答えなかった。彼は、つぎのように〈わたし〉に語りかけた。

お母さんは、息子さんを亡くされてまだ日が浅く、まだまだ感情を昇華することはできないと思います。けれども、時間をかけることによって、すこしずつ、その体験を見つめなおすことができるかもしれないと思います。時間をかけて、そのことを見つめることによって、もしかすると、その体験は思想化されるかもしれません。

この日の、Mさんとのインタビューを、〈わたし〉はとても印象深く記憶している。〈わたし〉は、弟の死という出来事を冷静に受け止めようとしていた。この日のインタビュー・テープを聞くと、これまでは「聞き手」としてMさんのライフストーリーを聞きとっていた〈わたし〉が、たんなる「聞き手」としてではなく、「語り手」との相互行為としてのインタビューを展開しようと変容していく様相が伝わってくる。

このインタビューを転機として、Mさんと〈わたし〉の関係は、被調査者と調査者という関係にもとづき、おたがいが、体験を語る意味と、体験を聞く意味について継続的に考える関係に移行していく。はたして、こうしたMさんと〈わたし〉の対話は、どのように解釈できるだろうか。私秘的な個々の被爆の体験は、ヒロシマ・ナガサキという普遍的な言説に回収される傾向がある。〈わたし〉の問いかけにたいして、Mさんは、子を亡くした母の悲しみもまた「思想化」される可能性があると示唆した。しかし、〈わたし〉は、Mさんのその語りにあらわれる「思想化」という言葉に違和感をいだき、彼の語りを、言葉のとおりには解釈しない。

〈わたし〉には、子を亡くすという母の悲しみは、私秘的な彩りを保持したままで、思い出の位相に留まり、「個人的な悲しみ」として昇華され、それが自然であるように思われる。ここに、「被爆者になる」という語りの焦点がある。石田が提示した「反原爆」は、原爆被災に関する社会問題を訴える主体性を形成する〈抵抗〉の思想こそが、生きる意味の回復につながるものであり、内面的な死を意味する〈漂流〉の状態から再生するプロセスであると主張する。〈わたし〉は、こうしたリアリスティックで精神的な崩壊から再生するプロセスを追体験することはできないし、そうする必要もない。〈わたし〉はMさんのようになることはできないし、なる必要もない。

彼は長い時間を生きてきた。Mさんは、これまでの生をふりかえり、さまざまな体験を語り、さらに、こうした体験の語りを「被爆者になる」という語りにより、経験の語りにしていく。それは、彼の体験のリアリティにもとづく語りの実践である。〈わたし〉は、彼の語りのリアリティを想像することはできる。しかし、彼の体験を、そのままのかたちでは、共有できない。

このように、曖昧な想像はできても、すぐには共感できない「被爆者になる」という語りは、なにを意味しているのだろうか。Tさん、Yさんの語りは、はたして「距離」と「年齢」という問題に回収されるのだろうか。調査をはじめた当初の〈わたし〉は、これまでに登場した三名の語りをどのように受け止めればよいのか、まったくわからない状態におかれていた。しかし、長期的なインタビューを継続するプロセスで、それぞれに固有のライフストーリーと出会っていく。

それは、たんなる「聞き取り」や「聞き書き」ではない。それは、〈わたし〉が生活するなかで、はからずして出会う悲しみの体験や、身近な他者の痛みを想像する体験を、三名の語り手にむけて語りかけて、彼らの語りを、身体の位相で聞き取ろうとするインタビュー実践である。

7　本書の構成

本書は全五章から構成される。

第1章では、序論で提示した、リフトン、石田、米山による被爆者調査の再検討を中心として、先行研究の整理と検討をおこなう。その際に論点となるのは、〈わたし〉という視点である。リフトンは罪意識の考え方を提起し、被爆による死者と、生き残った者の関係を論理的に説明する図式を提示した。米山は、リフトンの図式にしたがえば、石田は、福田須磨子の生活史を記述し、被爆者に一体化した。米山は、文化人類学の方法をとり、フィールドワークの記述から調査者である米山自身を消去する方法を選択する。筆者は、石田のように被爆者に一体化するわけではなく、米山のように調査者の存在を消去する方法も選択しない。実際のフィールドワークの経験にねざして、〈わたし〉という仮設的な主体を設定し、三名の語り手と〈わたし〉の対話を観察する方法を採用する。

第2章では、三名の語り手（Tさん、Yさん、Mさん）の立場を検討する。彼らは、いずれも一九四五年八月九日に長崎で被爆を体験した人びとである。しかし、ひとくちに被爆を体験した人びとといっても、そこには、序論で提示したように、さまざまな立場が形成されている。この立場は、爆心地からの距離、当時の年齢、そして平和教育の受容の程度という指標によって分類できる。この指標による立場の差異は、継承をめぐる語り（継承観）の検討により観察可能になる。このことを、具体的な語りにより記述し、三名の語り手の立ち位置を示して、「長崎」の記憶の地図を作成する。これは、第3章以降に展開する、三名の語り手のライフストーリー・インタビューの分析のための地図である。

　第3章では、三名の語り手のうち、もっとも爆心地の近くで被爆を体験し、この情景を明瞭に記憶するTさんのライフストーリーを分析する。彼は、他の二人の語り手との立場の差異にふれ、「僕は、僕の話しかたで」語ると説明する。彼は、原爆被災の語りに登場する支配的言説や、規範的語りと、個人の語りの位相を意識して区別している。そうした語りは、他の二人の語り手が自明視する「継承」の現実を相対化する視点を内包している。いいかえると、自明視されたヒロシマ・ナガサキの継承を社会現象として相対化する視点を与える語りである。彼は、「継承とは、あくまでも受けとる者が、どう判断するかという問題であって、語る者の問題ではない。これを継承しろというのは、おかしいよね」と語る。わたしは、彼の体験のリアルな語りと、芝居による再現を観察しながら、彼の語りと文化的実践をいかに書けばよいか苦悩する。そして、彼は他界する。死者となった語り手のライフストーリーとふたたび向き合い、〈わたし〉は、Tさんの語りの意味をみいだしていく。

　第4章では、Tさんが死の間際まで実践した、体験のリアルな表象とは相反する、平和教育の実践にたずさわるYさんのライフストーリーを検討する。第4章の論点は、Yさんの実践が、かならずしも被爆の体験に根ざしているとはいえないことを、彼とのインタビューの継続により〈わたし〉が見いだしていく点にある。彼の実践そのものに関心があるわけではない。そうした実践の社会的な意義を認識しつつも、なぜ、彼が、長年にわたり長崎の記憶を語りつづけてきたのか。これこそが、長期にわたるインタビューに通底する問いである。「何度でも言う」という言葉にこめられた、彼がかかえる「語りえなさ」を聞きとり、〈わたし〉は、Mさんが語るところの「被爆者になる」という言葉の意味を理解する手がかりをえていく。

第5章では、Mさんのライフストーリーを検討する。その論点は、先に記したとおりである。「被爆者になる」という語りを理解するためには、第3章で検討するTさんのライフストーリー、そして第4章で検討するYさんのライフストーリーにあらわれる、それぞれの生きかたを想像する必要がある。Mさんが語るように「自分よりももっと大変な思いをした人びと」の体験を想像し、可能なかぎり「それを自分自身の痛みとして内面化する」営みが、「被爆者になる」ことであるならば、〈わたし〉は、Tさんと、Yさんのように、すくなくとも〈わたし〉よりも大変な思いをした人たちの語りに耳をかたむけなければならない。

これまで述べてきたように、本書には、多様な論点が含まれている。しかし筆者が、本書で検討したい事柄は、きわめてシンプルである。それは、自分自身では明確に把握することができず、誰かに説明することもできない「語りえないもの」をかかえながら、人は、どのようにして、力強く生きていくことができるのか。この問題を、かつて、長崎において極限的な出来事を体験した人びととのライフストーリー・インタビューにより考察していきたい。

（注1）ライフストーリー研究については、多くの豊かな研究成果が蓄積されている。その方法と実践を学ぶために、たとえば、つぎの書籍を紹介しておきたい。小林多寿子（編著）『ライフストーリー・ガイドブック　ひとがひとに会うために』（嵯峨野書院）、桜井厚・小林多寿子（編著）『ライフストーリー・インタビュー　質的研究入門』（せりか書房）、保苅実『ラディカル・オーラル・ヒストリー　オーストラリア先住民アボリジニの歴史実践』（御茶の水書房）。

（注2）福田須磨子は詩人として活動した長崎の被爆者である。石田忠の長崎被爆者調査において、いわゆる「モデル被爆者」となっている。本書の重要なインフォーマントであるMさんは、福田との長年のつきあいを語っている。本論で検討するように、Mさんにとっても、福田須磨子は「反核の鬼」として「モデル被爆者」と認識されている。また、Yさんは爆心地から近い距離で被爆を体験した「有名な被爆者」と、彼自身のように爆心地から遠いと認識される場所で被爆した者の、語り手としての立場の違いについて語っている。福田須磨子は、Yさんの語りに登場する「有名な被爆者」のひとりである。こうした意味で、福田須磨子は、被爆者調査史における本書の位置づけと、三名の語り手の立ち位置を整理するにあたり重要な役割を果たしている。

（注3）銭座町は、原爆被災の中心といわれる松山町、およびその一帯を指す「浦上」に含まれる。第2章では、三人の語りを交えて、彼らの生活において浦上という場所がどのように認識されているかを検討している。長崎を訪れ、「語り部」による被爆遺構めぐりに参加するとわかるように、「浦上」を歩くと、さまざまな被爆の記憶に出会う。たとえば、カトリック教会における被爆の痕跡、外国人被爆者の記憶を伝えようとする石碑、被差別部落において被爆した人びとの集合

墓地、あるいは三菱に関連する工場の原爆被害を伝える案内板などである。もちろん、この他にも、無数の被爆の記憶を「浦上」を歩きながら見いだすことはできるだろう。一方で、爆心地を起点とする被爆遺構めぐりとは趣向の異なる、市街地を中心とする街歩きのツアーに参加すると、「諏訪神社」「出島」「グラバー園」あるいは「新地中華街」などに象徴される長崎の歴史を知ることになる。しかし、長崎を歩けば、歩くほど、このように複雑に歴史的アイデンティティが形成されている長崎という都市を俯瞰する視点に立つことはできないと気づくはずである。そうすると、どのような視点から長崎を記述できるかという論点が現れてくる。本書の記述が、インタビューをとおして浮上する〈わたし〉を視点にしていく背景には、こうしたフィールドワークの経験が含まれている点を確認しておきたい。

（注4） 丸括弧内は筆者による補足。以下、同様。

（注5） リフトンは、「生存者」を「肉体的にせよ精神的にせよ、なんらかの形で死と接触し、現在なお生きつづけている者」と定義している。（Lifton 1967=2009b: 282）

第1章 「語りえないもの」と記憶の語り

1 問題の所在

本章では、次章以降に展開する三名の語り手のライフストーリーの検討にさきだち、石田忠の『反原爆』と、米山リサの『広島』を中心に、先行研究の整理と検討をおこなう。序論で確認したように、本書は、長崎をフィールドとして、語りえない記憶が表象されるプロセスをライフストーリー・インタビューにもとづき検討するものである。

本書の主題となる「被爆者になる」という語りは、自己の体験にはらまれる「語りえなさ」と、他者の体験にはらまれる「語りえなさ」を重ねあわせること（追体験）を基本とする生き方のモデルを指し示す語りである。インタビューを継続し、「被爆者になる」という語りを理解するプロセスで、〈わたし〉という主題は浮上した。

いいかえると、つぎのように説明できる。けっして、言葉によっては表現することができない出来事を体験した人びとは、その体験をどのように言葉によって表現しようとしているのか。そして、出来事を体験していない者は、他者の体験を、語りをとおして、どのように理解できるのか。インタビューという場を設定することにより、語りえない出来事を体験した人びとと、その体験を聞く者との関係を、観察し、分析することを試みる。つまり、聞き手である〈わたし〉が、他者の体験を理解していくプロセスを記述する試みである。

こうした方法は、けっして新しいものではない。被爆者調査において、調査者自身の経験を対象化する方法は、初期の調査にすでに登場している。一九六〇年代に、社会心理学の視点から大規模な広島調査に取り組んだロバート・リフトンは、みずからの調査経験について、つぎのように記している。被爆者調査の基本的な性質を表現する記述であり、本書が調査する〈わたし〉を主題とする意図を明瞭に示す箇所であるため、少々長くなるが、引用しておきたい。

最後に、是非ふれておきたいもう一つの記録源がある。それは私自身の心であり、反応である。きびしいスケジュールのもとで、被爆者との面接をはじめてから数日の間に、私の心は激しく変わり、今まで以上に、この問題に手をつけては未完成のまま残していった日本の学者に同情するようになった。元来、私は心理学者であるから、個人的面接において不愉快な事実を取り扱うことには慣れていたはずであり、これまでのところ、対象にある程度の距離を置いて解釈することができたはずである。ところが、このような慣れにもかかわらず、また、原爆問題については、いろいろな形で予備知識を持っていたにもかかわらず、私の心には、被爆者から直接聞いたような事実をそのまま受け入れる準備ができていなかったのである。何故なら、今や私は原爆問題といった生やさしいものではなく、目の前に座っている一人の人間の経験という、恐ろしい事実と対決しなければならなかったからである。いずれにもせよ、初めのあいだは面接が終わると、肉体的にも精神的にも強い衝撃を受けて、ぐったりしてしまうのがふつうであった。もちろん、それを理由に研究を放棄しようとは思わなかったが、東京や京都ののんびりした空気に帰りたいと思ったことは事実である。しかし、このようなつらい経験も暫らくの間で、数日すると私の反応も徐々に変化していった。私はそれまでとは少しも変わらない恐ろしい体験に耳を傾けていたのではあるが、恐ろしさそのものよりも、それらの体験のなかにくり返されるある種の形態に気づき始めてきたのである。ということは、私が科学者本来の姿に返りつつあったことを意味し、決して原爆体験の恐ろしさや苦しみを忘れたわけではないけれども、被爆者と私自身のあいだに、ある程度の距離を保つようになったことを意味するものである。実をいうとこのような距離は、学問的に必要であったばかりでなく、私の感情を支える点からも必要だったのであり、いわば恐ろしいものに対して心の扉をとざす自己防衛手段だったのである。いずれ詳述するように、被爆者自身、私とまったく同じように『心理的閉め出し』という手段を用いて、恐ろしい体験から身を防いでいたのであり、私は二次的にそれを繰りかえしたにすぎない。いずれにせよ、かくして私は原爆という事件から一つの意味を導き出すことの重要性をさとり、その事件に一つの形態を与える学問的、精神的余裕を持ち、この課題と取り組むことができたのである。(Lifton 1967=2009a: 14-5)

リフトンは、このように調査経験を記述し、調査者であるリフトン自身が被爆者にたいして抱いた感情を相対化し、被爆者に接する者が、彼らに一体化したいと願う切実な心理と、彼らを日常生活から閉め出そうとする両義的な心理が生じると推察する。この推察が、リフトンの『死の内の生命』の中心概念となる「罪意識」に結実する。つまり、被爆者という存在を解釈する被爆者調査という営みの核心は、対象となる被爆者を調査する際に生じる調査者自身の感情の揺れを客観視し、観察する方法にある。調査者の心理を相対化する具体的な方法とは、リフトンが示しているように、調査者が調査対象者と接することで生じる心の揺れを相対化して記述することにほかならない。このようにして、調査する〈わたし〉が問題となる。

筆者はMさんとのインタビューを継続するなかで、こうした〈わたし〉という視点の重要性に気づいていった。Mさんは、長年にわたり、被爆体験の「聞き書き」に携わる被爆者である。彼は、他者の体験の「聞き書き」の経験を語るなかで、「わたし自身は、案外、客観的に被爆をみつめることができる立場でした」と語っている。その「客観性」を象徴するエピソードとして、彼のリフトンの著作にたいする語りを紹介しておこう。

彼は、リフトンの著作をはじめて読んだときのことをふりかえり、被爆を生きのびた人びとは「心理的閉め出し」の極限的な状態にあり、すべての感覚を麻痺させることにより自己を防衛する「精神的麻痺」の状態にあるとする指摘について、「わたしの体験を鋭く指摘していると思い、たいへん感銘をうけたことを覚えています」と語っている。〈わたし〉は、社会科学の研究成果をみずからの体験の解釈の参考にしたという彼の語りを聞きながら、その冷静さ、いいかえれば、客観的に自己の体験をみつめる語りに意外な印象をいだいた。

というのも、被爆を体験していない〈わたし〉が想像する被爆という体験は、言葉によっては到底語りつくすことができないものであり、その体験の客観的観察は、観察者の立場をとる社会科学者には可能であるかもしれないが、出来事を体験した人びとには、到底不可能であるだろうと認識していたためである。もちろん、インタビューに着手した時点で、調査者と調査協力者の認識の問題を明確に意識していたわけではなく、Mさんの語りを聞きとり、その語りについて考えるなかで、被爆者にたいして、ある一定のイメージを抱いている〈わたし〉に気づいたのである。

彼は自身も被爆者であるが、戦後の生活を営むなかで数多くの他者の被爆の体験を聞き取ってきた。つまり、彼は被爆体験の語り手であるだけではなく、被爆体験の聞き手でもあった。いいかえると、彼は、他者の語りを聞くことにより、みずからの体験を客観的に見つめようとしてきた語り手である。〈わたし〉は、彼のライフストーリーを聞くなかで、こうした彼の生のとらえかたに気づいていく。彼は、他者の体験の語りを聞くことにより、自己が変容したと語る。その変容のありかたは、端的に「被爆者になる」という語りによって表現される。

彼は、「被爆者になる」という生きかた、あるいは考えかたを〈わたし〉に説明するときに、この生きかたと、考えかたは、二つの位相から成り立っていると語る。ひとつは、「わたしよりも大変な思いをした人たち」の体験を聞きとり、他者の体験を「わたしの体験」として内面化するときに「体験の広まり」という心的現象の変化を明確に意識する位相。もうひとつは、こうした「体験の広まり」という心的現象の変化を含めて、他者の体験を内面化した自己の経験を語り、被爆者として「深まり」が進行するプロセスを明瞭に意識する位相である。

この意識化のプロセスには、自己の体験を相対化するまなざしが介在している。彼は、体験の広まりと、被爆者としての自己の深まりを意識化するために、語りの実践に携わり、聞き書きを継続し、長期にわたり日記をつけ、自己を観察し、みずからの体験の意味を考えてきた。つまり、自己の体験を語り、他者の体験を聞き、その体験を書きながら、自己の経験を客観的にみつめようとしてきた。わたしは、彼のこうした生活習慣を知るにつれて、リフトンの調査経験の記述が、語り手を理解する手がかりとして有効であると気づいていく。

つまり、Mさんのライフストーリーを解釈するためには、彼の被爆の体験そのものではなく、数多くの被爆体験を聞き取ってきた「聞き手」としての経験の語りを解釈する点が重要になる。「聞き手」としての彼のライフストーリーを理解するためには、やはり、「聞き手」としてインタビューにのぞむ〈わたし〉の調査経験を対象化することが求められる。聞き手としての〈わたし〉

を対象化し、彼の経験的な語りと重ね合わせて、「被爆者になる」という語りを解釈し、記述することが可能になる。彼は、こうした一連のプロセスを「追体験」という言葉で表現する。

このような視点から、長崎というフィールドをまなざし、被爆者とのライフストーリー・インタビューの実践を記述するときに、石田忠、米山リサによる先行研究と、本書には、どのような違いがあるのだろうか。その違いを端的に示すならば、それは、〈わたし〉という視点のとりいれかたにある。

石田の研究において、調査者である石田自身が体験した、調査をとおして体験した自身の感情の揺れが、対象者との関係のなかで記述されている。石田の記述は、調査協力者である福田須磨子に一体化する傾向が強く、米山は広島のフィールドワークの記述から調査者自身を消去する方法を選択した。調査対象者に一体化する記述と、調査の記述から調査者自身を消去する記述。本書は、このふたつの記述の方法をふまえて、そのいずれでもない、仮設的な〈わたし〉という記述上の主体を設定する。

2 被爆者調査史の再検討

これまでの考察をふまえて、ここから、石田と米山の調査について具体的に検討していこう。

石田は、被爆者問題にたいして「事実」の位相でリアリティをもって「対峙」した。この被爆者に「対峙」する調査者の「構え」そのものに「ためらい」が生じる。この「ためらい」は、被爆者を対象とするライフストーリー・インタビューに取り組む者が、かならず直面する問題である。たとえば、二〇〇〇年代にライフストーリー・インタビューを方法とする被爆者調査に取り組む八木良広は、インタビューをはじめた当初、つぎのような「わだかまり」を覚えたと記述している。

筆者は被爆体験やその後の人生経験などを当事者の視点から捉えようと試みた。だが、「わからないでしょう」という被爆者からの言葉によって、それを捉えるどころか、被爆者の視点には接近することができず非被爆者であることを意識させられることになった。つまり、被爆者との間に超えがたい「溝」を認識することになった、ということである。（八木 2008: 175）

八木は、被爆者と出会うことにより、自身が「非被爆者であること」を強く認識した。被爆者と自身の間に超えがたい「溝」を感じた。もちろん、石田においても、被爆者である福田須磨子とのあいだには、容易に乗り越えがたい「溝」があったことは、『反原爆』の記述から十分に読みとれる。しかし、八木が感じた「わだかまり」は、石田が福田にたいして抱いたであろう感情とは別のものであるように思われる。八木が感じた「わだかまり」の背景には、リフトンが指摘したような、死者や原爆被害者にたいする罪意識だけでは説明できない、ヒロシマ・ナガサキをとりまく社会状況の変化がある。

浜日出夫は、広島を語ることの困難さを、つぎのように説明している。「無限に複製されるキノコ雲や被爆者の映像や写真を通して、広島を訪れたことのない人々によってもヒロシマは想起され、そのような想起のなかでヒロシマは無限に増殖しつづけて」いる。こうしたイメージの複製の増大が「ヒロシマを書くこと」を困難にしたと指摘する。その困難さの核心は、「ヒロシマという現象を観察し、縮図を作るための外部の視点」を確保することができない点にある（浜 2004: 238-9）。

ヒロシマの複製されたイメージが無限に増殖している社会に生きる〈わたし〉は、かつての石田のように被爆者の語りを、体験の位相でリアリティをもって受け止め、調査協力者である「被爆者」とカテゴライズされる人びとをエンパワメントすることは、きわめて困難である。かりに、被爆者に一体化し、社会科学者として対象をエンパワメントすることを望んだとしても、調査者は彼らの「視点」に接近することができず、みずからが「非被爆者である」ことをふたたび意識することになる。八木が吐露するわだかまりは、被爆者と非被爆者というカテゴリー化の現実を問題としている。それは、どの視点から、ヒロシマ・ナガサキという現象を書くための視点を確保するかという問題を浮上させる。この「視点」の問題に関して、たとえば、同心円イメージと語りのあいだに生じる権力作用を読み解くことで、被爆者調査に新しい視座を導入したのが米山リサである。

米山は、広島を上空から俯瞰する写真に同心円を重ねあわせたイメージを、原爆被害者が内面化する現実を指摘した。被爆者の語りは、しばしば、「わたしは、あの日、爆心地から何キロの地点で被爆しました」というフレーズで始まる。米山によれば、こうした体験の語りかたは、被爆者健康手帳を取得する際に「爆心地からの距離」を申告し、この申告にあわせて被爆体験を「告白」する行為から形成されていく。

米山が指摘するとおり、本書に登場する長崎の被爆者であるTさんとYさんは、みずからが被爆した「距離」を強く内面化している。そして、Yさんは、この「距離」が被爆者の「グレイド」を形成すると語る。爆心地の近くで被爆を体験した原爆被害者は「第一級」の被爆者であり、爆心地の近くで被爆した人から順に、「語り部」としての「グレイド」が形成される現実があると、Yさんは語る。本書は、米山の指摘をふまえて、この「グレイド」により被爆の語りが序列化される現実を問題とする。Tさんもまた、この現実を内面化する語り手である。インタビュアーとしてYさんの語りに出会った〈わたし〉は、「距離」により体験が序列化されるという現実に理不尽さをおぼえたのである。そして、Tさんが芝居で表現する「一三歳の被爆体験」の凄惨さや、Yさんが取り組む「平和教育」の実践を観察することと同時に、彼らが、みずからの実践をどのように位置づけているかを検討する必要があると考えた。

本書は、「被爆者という当事者の中での位置性」という問題について、長崎に生きる被爆者たちが「爆心地からの距離」や「当時の年齢」、そして「平和教育」の受容をめぐり異なる立場をとる現実を見つめる視座から検討したい。米山は、被爆者の立場性として、外国人被爆者や、被爆のあと海外に移住した在外被爆者、あるいは様々な核被害者を想定した記述を試みたが、筆者は、こうした長崎におけるミクロな人間関係の観察に、当事者の位置性を考察する原型があると考える。

さらにいえば、米山の認識をふまえて、石田の調査が直面した調査者と被調査者の二者関係における当事者性の問題をクリアすることが、現在の被爆者調査においては、ふたたび重要となっているように思われる。被爆者調査とは、八木が直面した「被爆者」に出会うことにより、みずからを「非被爆者である」とする認識から生じる「溝」をいかに乗り越えるかを探求する営みである。

3 『反原爆』との差異

調査者が、対象者の生きる現実をどのように捉えるかという視点の問題を考えるにあたり、その対象が生きてきた社会的背景を考慮することが必要である。たとえば、有末賢は、被爆者の「体験」を重視する『反原爆』調査が「原爆が貧困問題や福祉領域と直結していた」時代背景のもとで実施されたことを指摘しているが、こうしたことも、どのようにヒロシマ・ナガサキという社会現象を観察するかを考える上で重要な論点である（有末 2010）。たとえば、近年でも、直野章子のように「具体的な政策や被爆者対策」に積極的に言及する社会学者もいるため、石田世代と米山世代のこうした分類がかならずしも妥当とはいえない。ただし、ヒロシマ・ナガサキを、いわゆる「社会問題」としてではなく、文化や表象の位相で語られる傾向は高まっているといえるだろう。本書もまた、体験の記録や、体験のリアリティを重視する生活史（ライフヒストリー）ではなく、記憶と語りの関係を重視するライフストーリーの位相を前景化するかたちで、被爆者の語りを捉えていきたい。本書と、『反原爆』との差異は、この点にある。

ただし、本書は、こうした、いわば「体験」や「事実」の位相で対象をとらえるのか、あるいは「記憶」や「表象」の位相で考えるのかといった問題について、それ自体を論じることは目的とはしていない。第3章以降の具体的な記述に現れているように、本書に登場する〈わたし〉は、ときに、彼らの体験の語りを事実の位相でうけとめ、その痛みを想像しようとする。しかし、そのように体験を事実として受け止めようとしながらも、その体験を「聞く」という行為について思いをめぐらすこともある。〈わたし〉の関心は、後者に比重が置かれており、その関心のありかたが、本書の主題である「被爆者になる」という語りを理解するプロセスを形成する。

石田の『反原爆』は、モデル被爆者となる福田須磨子の記述に象徴されるように、被爆者の生活史を収録しており、「体験」そのものを記述することを重視している。本書の関心は、「体験を語ること」あるいは「体験を聞くこと」の意味を対話的なライフストーリー・インタビューにもとづいて探求することにある。石田の生活史調査と、本書のライフストーリーの違いは、より具体的に、どのような点にあるのか。それは、石田が、しばしば用いる〈苦悩〉という概念の解釈の違いにある。石田は、「反原爆」調査をつうじて、被爆者の〈苦悩〉に「接近」することを重要な目的としている。たとえば、石田は〈苦悩〉という概念をつぎのように用いている。

原爆被害者の問題＝〈苦悩〉に接近しようとする社会科学者は、自らを原爆被害者の〈立場〉におくよりほかはない。そしてその上に立つことによってのみ社会科学者は、〈抵抗の論理〉を仕上げるために必要なポイントが何であるかを認識することができるであろう（石田 1968: 46-7）

この一文は、「反原爆」調査の方向性と、調査にとりくむ姿勢を端的に示している。ここで〈苦悩〉という言葉により指し示されるのは「原爆症と貧困の悪循環」（石田 1968 :32）であり、「原爆症と貧困の悪循環」に起因する「人間の精神的荒廃」という問題である。

本書の視座は、石田が焦点とした経済的原因に基づく「貧困」の問題、あるいは「原爆症」という問題を焦点化するところにはない。そうではなく、長崎原爆被災という出来事について、なにかを語ろうとする際に、原爆被害者にかぎらず、あらゆる社会的立場に生きる人びとの誰もが直面するであろう「語りえなさ」に視点を定めている。この違いは、有末が指摘するように、原爆被災という現象が、主として社会福祉、貧困問題の位相で検討された石田たちが調査に取り組んだ時代と、その後、文化、芸術、メディア等の位相で扱われるようになった現代の時代背景の差異に求めることができるだろう。

本書に登場する三名の語り手のうち、YさんとMさんは、福田須磨子のように、原爆により大きな身体的外傷を被ったわけではなく、経済的な崩壊の危機に直面したわけでもないと、みずからの立場を位置づけ、長年にわたり、被爆という出来事に向きあいつづけてきた。Tさんは、YさんとMさんとは異なる自己認識を有していたが、石田が形成した「反原爆」とは異なる特異な立場をとる被爆者である。

原爆被害者の問題を〈苦悩〉と定義し、その〈苦悩〉に接近する点では、本書の立場と、石田の立場は同じであるが、その際に問題となる〈苦悩〉の位相には明確な違いがある点を確認しておこう。このように、主として被爆者をとりまく社会状況の変化に起因すると思われる視点のありかたに違いはあるが、その違いを明確にすることで、本書の重要な語り手であるMさんのライフストーリーを記述する指針が明瞭になる。被爆者の〈苦悩〉による精神的荒廃という認識から〈抵抗〉の思想を導きだそうとする石田は、社会学者として取り組む課題を以下の二点にまとめている。

社会科学者の努力は、これを大きく二つに分けることができる。即ち一つは、原爆被害がいかなる要因連関の下に被爆者の精神的荒廃につながって行くか、その人間破壊の過程の分析である。そしていま一つはこの精神的荒廃のなかから被爆者が立ち上がる可能性とその契機となるべきものの追求である。前者はいわば漂流の必然性をとらえようとするものであり、後者は

それへの抵抗の可能性をさがそうとするものである（石田 1968 :33）

被爆者の精神的荒廃の社会的要因を探ることと、精神的荒廃から立ち上がる可能性の追求を、ふたつの課題として提起する。石田は、これを原爆被害者の思想として確立した。『反原爆』は、福田須磨子の生活史であり、そこに描かれるのは、福田須磨子の力強い生き方であり、端的にいえば、原爆にたいする「怒り」である。本書に登場するMさんは、生前の福田須磨子と親交が深かった。Mさんは、被爆を体験したあと、京都の大学に進学し、京都での学生生活をとおして被爆者としての自己に出会ったと語っている。その後、長崎に帰郷し、福田須磨子、山口仙二、谷口稜曄といった、いまでは「有名な被爆者」になった人びとと共に「原爆青年乙女の会」の活動に参加した。彼は、この会への参加をとおして、「わたしよりも、もっと大変な思いをした人たち」と出会っていく。

Mさんとお会いしたある日、「福田須磨子」をテーマとする企画展示の開催が話題になり、彼は「生前の福田さんのことを思い出すと、わたしは、まだまだ、と思うのですよ」と〈わたし〉に語りかけた。〈わたし〉には、充分に「闘士」のように映るMさんの語りに、〈わたし〉は疑問をいだいた。

〈わたし〉が、「なぜそのように思うのですか」と問いかけると、彼は「彼女の反核に取り組む姿勢は、まさに闘士のようでしたよ。それにくらべると、わたしは、まだまだと思うのです」と答えた。その後も、折に触れて、Mさんと〈わたし〉は福田須磨子について語りあった。

Mさんは、「夜の会合では、もう、焼酎をあおりながら、熱く、反核にたいする思いを訴える福田さんの姿は、本当にすごかったですよ」と生前の福田をなつかしそうに振り返り、「彼女に比べると、わたしは、まだまだだと思うのです」と静かに語りを閉じる。このように、〈わたし〉はMさんによる福田須磨子の語りを様々なヴァージョンで聞きつづける。

生前の福田を知らない〈わたし〉は、『反原爆』をとおして福田須磨子を知り、福田の自伝的小説である『われなお生きてあり』を読むことにより福田と出会い、Mさんの語りに登場する「福田須磨子」を想像する。そして、Mさんが「福田須磨子」に象徴される「被爆者」との関係のなかで「被爆者になる」人生を歩んできたと語る意味を徐々に理解していく。

このように、Mさんの回想に現れる福田須磨子は、まさに「精神的荒廃のなかから被爆者が立ち上がる可能性とその契機となるべきものの追求」という「反原爆」調査の目的と重なるものであり、「闘士」のように反核を訴えつづけた福田と石田の面接調査から、「反原爆」の思想が生み出されたことは、きわめて自然なことであると思われる。本書が、石田が被爆者に一体化したと指摘するとき、それは、こうした調査者と被調査者の関係のありかたを指示している。

Mさんの表現によれば、石田忠と福田須磨子は「距離」が近い。石田と福田の関係と比較すると、Mさんと〈わたし〉は、一定の「距離」を保ちながら「対話」を継続していく。調査者と被調査者のあいだに一定の「距離」を設定し、その距離を保った「対話」を継続し、「対話」のプロセスを客観的に分析することに、本書が提示するライフストーリー・インタビュー実践の核心がある。

4　米山リサによる普遍的言説の無効化

米山リサによる『広島　記憶のポリティクス』は、被爆の語りと「反核」や「平和」といった普遍的言説とを無批判に接続する理路を切り裂いた。米山が被爆者調査に与えたインパクトは、この点にある。石田の『反原爆』は、被爆者をエンパワメントしたが、同時に、八木が体験するように「被爆者」と「非被爆者」の「溝」を形成する側面もあったのではないだろうか。

米山は、後述するように、言説分析の視点を導入することにより、石田の調査や、戦後日本におけるヒロシマの語りをとりまく「思想」を相対化した。米山の『広島』は、かつての石田のように、被爆者に「対峙する」姿勢をとらなくても被爆者調査に取り組むことができる、新たな方法の可能性を提示したといえるだろう。

しかし、米山は、こうした功績の裏側に、ひとつの課題を残した。それは、「継承」という言説と語りの関係の検討である。米山は、フィールドワークの記述から調査者を消去したために、〈わたし〉の位相で被爆者の語りを解釈することはなかった。米山にとって、被爆の語りは、支配的言説に裂け目をいれる批判的な知として位置づけられている。その意味では、長崎被爆者の体験そのものに対峙し、体験の思想化を焦点とする石田の『反原爆』とは、根本的に異なる位相で議論が展開されている。

こうした米山の著作と本書の関係を簡潔に説明しておこう。本書は、米山が達成したヒロシマ・ナガサキをめぐる普遍的言説を無効化する認識の地平に立脚し、その地平から、被爆者の語りと継承という言説との関係を考察するものである。この考察にあたり、米山が捨象した調査者である〈わたし〉の経験を取り戻し、調査者と被調査者の関係性を対象化し、この二者関係をとりまく言説の布置を考察の射程にとりいれるライフストーリー・インタビューの方法が有効になる。

米山は、被爆の語りを、支配的言説に批判的な知をうみだす言説実践と捉えた。石田は、福田須磨子の生活史から反原爆の思想を形成したが、それは「原爆体験」に視点を定める個人史であった。この二つの先行研究から、こぼれおちたもの。それが、〈わたし〉の視点である。

米山の広島の記述には、被爆者のおかれる複数の位置性が反映されている。複数の位置性とは、米山が自身の調査のモデル被爆者とした沼田鈴子の語りに現れている。米山は、沼田の語りにたいして、「自己の被爆体験だけに収束しがちな証言が多いなかで、日本の侵略戦争や植民地加害についても語ることができる被爆者である」という評価と、こうした評価を形成するマスメディアの言説との関係に「批判的なまなざし」をむける必要性があると主張している。米山は、被爆の語りと、その語りに意味を付与する権力とのあいだに弁証法的プロセスが介在し、その弁証法的プロセスに批判的なまなざしをむけることを重視する。その弁証法的プロセスは、生と死のあいだにも介在する。

生き残った人々の多くにとって、証言の実践とは、死者の消えゆく声と感情を表現しようとする試みであり、瞬時になされた大量虐殺によって沈黙させられた者たちの最後の感情と思考を伝えようとするものである。生き残った者は、それを、死者と同一化し、死者の発話を聴き手が理解できる言葉に換えて行う。死者のための語りが死者の語りに姿を変えるそのとき、(中略) 既存の支配的言説によって死者の記憶が横領されることも、取り込まれてしまうこともはやありえない (米山 2005: 201)

この記述は、リフトンの罪意識を反映しているはずである。原爆被害者が、死者にたいして一体化したいと願う気持ちと、原爆被害者が死者を閉め出したいと感じること。石田の生活史において、死者が可視化されることはなかった。

本書が方法論とするライフストーリー・インタビューは、語り手と聞き手の相互行為としての「聞き取り」の性質を重視する石田の生活史研究の延長にあるものである。同時に、米山が主張する個人の語りと、それをとりまく言説の権力を重視するものである。米山が導入した言説分析の視座とは、具体的にはどのようなものか。次節では、長崎の語りとの関係で、この点を検討したい。

5　言説分析の導入と、その限界

米山と石田にみられる記述上の差異は、言説分析という視座の有無にある。浜が定義するように、言説分析とは、「従来の歴史学が言説を通して言説の向こう側に歴史を発見しようとしてきたのに対して、言説分析は、言説の向こう側にではなく、言説そのものの内部に歴史を見出そうとする」ことである（浜 2008: 206）。

こうした分析の視座を米山に先立ち被爆者調査に導入したのは、下田平裕身である。下田平は、三菱長崎製鋼所の死亡者調査の原票を資料として、昭和一九年から二一年にかけて、つまり「原爆前後」の長崎製鋼所という場所を復元する歴史叙述に取り組む。その際に、下田平は、この場所で死亡した人びとの属性に注目し、企業が死者をいかに「清算」し、戦後の「再建」に向かったかを分析する。被爆者の語りを普遍化することを否定し、その個別性に死者の存在からアプローチする下田平の「企業と原爆」（1979）は、石田の『反原爆』（1973）を相対化し、米山の『広島』（1999）の視点を内包していた。

筆者が長崎でとりくんだフィールドワークに、基本的な枠組みを与えたのは、米山リサによる同心円イメージと被爆者の主体性の関係にかんする議論である。初期のインタビューにおいて、Tさんと、Yさんの二人の語り手は、爆心地からの距離と、当時の年齢により、語り手が相互に区別化しあう現実があることを語ってくれた。長崎の被爆者として生きる人びとを対象とするライフストーリー・インタビューに着手したばかりの筆者にとって、彼らが、みずからの体験を語るだけではなく、年齢や距離により形成される語り手としての立場性を意識していることが印象的であった。こうした語りを、どのように理解すればよいのだろうか。こうした疑問に、補助線を与えてくれたのが米山による、つぎの記述である。米山は、言説分析の視座を被爆者調査に導入し、自らの被爆体験を「告白」する行為により「被爆者」という主体性が形成されることを指摘する（米山 2005: 143）。

生存者は、証明書を得るために八月六日から二〇日のあいだに市内のどこか特定の場所にいたことを証明できる文書を提出しなくてはならない。もしそういった文書を入手できない場合は、直接の体験談か原爆が投下されたときに申請者が市内にいたことを証明してくれる誰かの証言が必要となる。被爆者健康手帳は、「その人が原子爆弾による被爆者であることを示す一種の証明書である」と定義され、個人の原子爆弾の経験を法的に認知するのである。

この制度化された医学的・法的手順が、物語化という、原子爆弾の記憶が形をとったそのスタイルを大いに方向づけている。被害は原爆が炸裂した場所と瞬間への空間的・時間的な近接さを計算して判断され、それに応じてそれぞれの生存者を分類していくために、生存者の話もまた正確な数字や科学的用語などであふれる傾向にあった。犠牲者の数、熱線の温度、原爆の爆風の強さ、そして爆裂の高度などといった正確で詳細なデータが生存者の話のスタイルを形づくり、惨劇を測定可能、計算可能な被害へと転換したのだった。（米山 2005: 143-4）

長崎の被爆者の語りを分析する際に、この米山の指摘が、最初の手がかりとなる。長崎において「被爆体験講話」や「被爆遺構めぐり」とよばれる実践にかかわる被爆者たちは、自身の語り手としての立場を説明するときに、しばしば「爆心地からの距離」と「当時の年齢」の意味を強調する。

先述のTさんは、一三歳のときに一・六キロで被爆した。Yさんは八歳のときに四・三キロで被爆した。Tさんは、自身の被爆体験を芝居にして、上演をつづける語り手である。Yさんは「平和教育」を実践する語り手である。彼らは、被爆体験の継承に携わる被爆者であり、継承の現場の参与観察をとおして、長崎を代表する語り手であると思われた。

しかし、インタビューをはじめてまもなく、Tさんは、「年端もいかない者に、一体なにが語れる。『どこで被爆したの』と聞きたいね」と問いかける。一方で、Yさんは「四キロであっても被爆者は、被爆者ですよ。その立場でしか語れないこともある」と語る。

米山の言説分析は、Tさんと、Yさんが、このように語る社会的、文化的コンテクストを説明する。たしかに、米山が指摘するように、彼らは「上からのまなざし」である同心円イメージを内面化し、何キロで被爆したかを告白し、被爆者としての「主体」を形成した。そして、上からのまなざしを内面化する彼らは、他の被爆者の語りに否定的な意味を与える。

米山が導入した言説分析は、こうした語りが形成されるコンテクストを説明したが、彼らが日常生活のレベルで直面する「批判的知」とは、およそ程遠い現実をいかに解釈し、いかに語ればよいかを示すには至らなかった。米山が導入した言説分析に限界をおぼえ、石田の「反原爆」思想にリアリティをおぼえることができない〈わたし〉は、TさんとYさんの心情の吐露にいかに向き合い、いかに記述すればよいかわからない。こうした「語りえなさ」とともに、長崎でのフィールドワークは始まった。

そこで出会ったのが、Mさんである。彼は、一五歳のときに、四・八キロで被爆を体験した。彼は、「たいした怪我をしたわけでもないのに、偉そうな顔をして話すな、という声もあるんですけどね」と微笑みながら、インタビューへの協力を了解してくれた。

6　ライフストーリー・インタビューから、新たな地平を切り開く

ヒロシマ・ナガサキのイメージが複製され、増殖し、リアリティの実感が困難な現代社会において、長崎における被爆者とのインタビューには、どのような意味があるのか。石田は被爆者の〈苦悩〉に向き合った。石田にとって、被爆者の〈苦悩〉とは、福田須磨子の生活史において「漂流」として括られる被爆後の生活と、その後、彼女が被爆者運動に出会い「抵抗」する主体性を獲得し、

「漂流」してきた自己と格闘する一連の状態を指している。石田は、こうした〈苦悩〉の根底に、福田の戦後の生活史を支配する「鮮烈な記憶」、「罪意識」、「無感動」、「生の意味の喪失」、「再生と挫折」としての「魂の破壊」というリアリスティックな現象があると指摘する。

一方で、本書のキーワードとなる「語りえなさ」とは、こうした石田が福田の生活史において観察したリアリスティックな「魂の破壊」に起因する〈苦悩〉ではなく、いわば「魂の破壊」と隣りあわせた場所で原爆被災を体験し、福田に象徴される「第一級」の被爆者と出会い、葛藤する心理を抱きながら「被爆者になる」人々の語りにより表現される「心の揺れ」を指している。

このように、本書が対象とする「被爆者」は、Yさんの表現を用いれば「被爆者と非被爆者の過渡的」な立場を生きてきた人々であり、「魂の破壊」を体験した人々の痛みに想像力を及ばせながら、戦後を生きてきた人々である。こうした人々を対象とする研究上の利点のひとつは、「第一級」の被爆者イメージを自明視する認識を相対化し、現代社会においてヒロシマ・ナガサキを語る別の視点を設定する点にある。

自明視される被爆者イメージの相対化、それ自体に研究の目的があるわけではない。被爆体験の序列化に直面してきた「被爆者」たちが、「魂の破壊」を体験した「第一級」の被爆者と共に生きるプロセスで感受されてきた心の揺れの描写により、Mさんの「被爆者になる」という語りの意味を明らかにしていきたい。それは、ヒロシマ・ナガサキという社会現象を社会学的に書く視点を、語りの記述により明らかにしていく作業である。この「被爆者になる」という語りは、「第一級」の被爆者である福田須磨子の生活史から形成された『反原爆』とは別の、ヒロシマ・ナガサキの書き方の手がかりを与えてくれる。

米山リサが「記憶のポリティクス」の視点から描きだしたヒロシマのエスノグラフィーは、「長崎」を書くための、重要な「地図」となる。米山の研究では、被爆者の複数の立場性を書くことに力点がおかれ、石田が重視した調査者の立場性という問題は理論的に回避されている。本書は、米山リサがカルチュラル・スタディーズの視座から力強く提示した言説の権力と語りの視点を前提とし、石田が打ち出した調査者の立場という問題について、ライフストーリー・インタビューの実践から浮上した「わたし」という位相に移して再検討する。それは、米山が提示した語り手の立場の複数性と、石田が重視した調査者の立場性のふたつの論点を、調査者自身の身体や、感情、語りを観察する対象としてまなざし、フィールドワークの経験を書くことを意図する社会学的実践である。

本章を閉じるにあたり、これまで検討してきた、調査する〈わたし〉という視点をフィールドワークの記述に導入する意味について、具体的な調査のプロセスに触れて確認しておきたい。〈わたし〉とは、筆者のフィールドワークの経験にもとづいて設定された、仮設的な主体である。つまり、被爆者にインタビューする〈わたし〉である。インタビューにご協力いただいた三名の語り手は、それぞれ、Tさん、Yさん、Mさんとして、いわば「被爆者」としての自己を語ってくださった。三名の語りを比較することはできないし、その語りに、価値判断をくだすのではなく、語りにより提示される「生きられた現実」を書くこと、書く方法を考えることが、インタビューの目的である。この意味において、語り手と聞き手のあいだには、語ること、聞くことをめぐる、目的の非対称性が生じている。たとえば、Mさんは、インタビューという行為の性質を鋭く見抜いており、しばしば、「あなたとのインタビューは、これまで生きてきたことを、みつめなおす時間になっています」と、指摘している。

三名の語り手は、みずからの体験を言語化し、あるいは身体的な実践により表現し、社会的には、それらの営みを「継承」という位相で意味づける。しかし、個人的な体験の語りと、社会的な言説のレベルでの意味づけのあいだには、ときに相容れない、いわば語りと言説が抗争する状況が生じる。ひとくちに「継承」といっても、それは、たんに、体験者から非体験者へのバトンタッチといった常識的な理解におさまるものではない。第3章以降の個々の語りの記述に明瞭なように、継承という言説そのものに抵抗する実践もあれば、継承という言説にみずからの体験を重ね合わせ、そこから被爆者としての主体性を形成する立場もあれば、より包括的に、みずからの体験を社会的な位相で位置づけ直し、被爆者というアイデンティティのありかたそのものを問い直す語りを展開する者もいる。

こうした、さまざまな、社会的な立場に生きる語り手の語りを、他者にも理解可能なかたちで書くための視点として設定された〈わたし〉は、三名の語り手と同じように、「継承」という現象をめぐり、ときには語り手の苦悩に共感し、その苦悩を考えることにより、みずからの日常生活をふりかえり、みずからの生に別の意味をみいだしていく。

石田は、福田との面接調査において、生身の「わたし」として被爆者である福田と「対峙」した。しかし、筆者は、生身の「わたし」としてではなく、調査する〈わたし〉として、インタビューにのぞんだ。こうした、インタビューのありかたが、かならずしも、調査協力者に理解されたわけではない。とりわけ、インタビューをはじめてから、しばらくのあいだは、語り手たちは、聞き手にたいして「あなたは、いったい、なんのために調査をしているのですか」と問いかけることがあった。その問いかけにたいして、聞き手は、明確な答えをもちあわせていない〈わたし〉を分析対象にする視点を内包していく。こうした認識の変容にともない、語り手と聞き手のコミュニケーションは、聞き取りから、語り手と聞き手の双方向的インタビューに展開していく。

語り手から、聞き手にたいする「いったい、なんのために」という問いかけと同時に、聞き手から、語り手にたいしても、「なぜ、語り続けるのですか」という問いかけがなされる。第4章の記述に明瞭に現れるように、こうした問いかけの連鎖が、インタビューを、「聞き取り」や「聞き書き」ではなく、双方向的なインタビューへとむかわせていく。そして、そのプロセスを書くことが、石田の反原爆調査との差異になる。仮説的な主体であるのは〈わたし〉だけではない。これまで取り組んできた長崎でのインタビューをふりかえると、語り手もまた、生身の「わたし」ではなく、被爆者としての〈わたし〉としてインタビューに応じる傾向があった。この理想的な関係性が実現したのが、Mさんとのライフストーリー・インタビューである。筆者は、調査をはじめた当初から、こうしたライフストーリー・インタビューの方法を念頭においていたわけではない。結論からいえば、調査を継続するプロセスで〈わたし〉という主体が立ち上がり、フィールドワークの記述に前景化したのである。その変化を、どのように書いてきたかを説明するために、二〇〇五年に長崎でのフィールドワークをはじめてから三年が経過した頃の記述をふりかえっておきたい。筆者は、Mさんの語りについて、つぎのように記しているが、この当時、聞き手の存在を問題として意識していたわけではない。長崎における原爆被災の記憶を、ライフストーリー・インタビューをとおして、いかに書くことができるかという問いにアプローチするにあたり意識されていたのは、Tさん、Yさん、Mさんという三名の語りをいかに書くかという問題である。そして、Mさんという語り手の語りが、インタビューをとおして、どのように変化し、インタビューをとおして、どのように体験が語られているのかに着目した記述となっている。

つぎに示すのは、長崎におけるライフストーリー・インタビューの中間報告としてまとめた論文のむすびの部分である。この論文は、第2章の原型となるものであり、三名の語り手の立ち位置を書くことと、インタビューを継続するなかで印象にのこった「被爆者としての深まり」や「被爆体験の広まり」という語りを、トランスクリプトを提示する形で記述している。こうした、論文を執筆するなかで、その当時、筆者自身に生じた、家族における喪失の体験を、三名の語り手に語りかけたことに触れ、とりわけ、その語りに反応を示してくれたMさんの語りを、「継承」をめぐる考え方の変化という文脈で記録している。

長年、継承という問題に関わってきたMさんとお会いした当初、彼は継承運動の現状について次のように語った。

「今、原爆のことを風化したって言うけれども、その（原水禁世界大会が長崎で開催された）一九五六年までの一一年間っていうのは、被爆者っていうのは、社会的な存在すらも、認知されないほどに無視されていたわけですから。だから、そのときの状態を考えれば、まあ実態が十分に認識されていない部分はあるかもしれないけども、原爆っていうのはどんなに恐ろしいものであり、そして残酷な兵器であったかを世界中の人が知っているっていうのは、そのときの自分の周囲のことを考えると雲泥の差ですよ」

このように被災後、継承という問題に長く向き合いつづけてきたMさんにとって、継承するということは「とにかく自分の体験と重ね合わせるという、重ね合わせながら、その話を、被爆者の話をきっかけにしながら、その人の痛みであったり、苦しみであったりしたものを、イメージするというのかしら。イメージしながら、そういうものを、その人の体験を、まあ追体験するという。そういう営みっていうか、作業というか」と語る。

こうした「他者の痛みへの共有」といえる継承観は、多くの生存者の語りを聞き取り続けた

Mさん自身の経験によって培われたものだろう。そしてこのMさんの継承観は、多少の表現の変化はあれ、インタビューに協力して頂きはじめた当初から大きく変化することはなかった。原爆被災の経験をもたず、身内に被災者もいない筆者にとって、こうしたMさんのライフストーリーや、その数多くの経験に基づいた継承観には幾分圧倒されるものがあり、Mさんへの聞き取りを始めてから長い間、インタビューの場は文字通り「聞き取り」に終始するものであった。しかし、Tさん、Yさんを含め、三人の生存者の方の話を聞き続け、それを解釈するというプロセスのなかで、おそらく最も明確に継承という営みを定義づけているMさんの「痛みの共有」という語りには、素直に頷けないところがあった。調査をはじめて約三年が経ったインタビューの場において、筆者はその疑問をMさんに投げかけてみた。それは、筆者自身に生じたひとつの喪失体験を例えにだし、被災者が被爆体験を語り、それを聞くことによって他者の痛みを共有することが、その出来事の継承に繋がるとは思えない、という問いかけとなった。

Mさんはその場においては、明確な回答を示さなかったが、それから約四ヶ月後、ある会合の場で出会ったとき、「その後、継承とはどういうことかと考えていく中で、被爆体験を聞いたときに、それを聞いた人が、その被爆体験のどの部分にどういう風に感動したかという、その感動を伝えることではないかと最近は思う」という言葉を筆者に投げかけてくれた。このMさんの語りの変化に、どういった背景があるのか、この語りの意味することは、現時点では明確になっていないし、今後の調査のなかで検討していく予定である。（高山 2008: 49-50）

米山リサが与えた、同心円イメージにともない生じる言説の権力という「地図」により、インタビューをとおして出会った人びとを位置づける作業から、長崎の記憶の「地図」の作成に着手した。その「地図」を作成する視点は、同心円イメージにより測定可能となる被爆当時の爆心地からの距離であり、彼らが、語ることにより意味をおびる、当時の年齢である。しかし、こうした「地図」には、彼らの生きられた経験が反映されていない。たとえるなら、調査者自身を、上空から長崎という都市をまなざす視点におき、同心円イメージの内部に、語り手を位置づける作業である。

米山は、広島のエスノグラフィーを作成する際に、こうした同心円イメージに抵抗する語りに注目し、文化理論を援用して記述した。筆者は、米山の方法を意識しながら、同時に、調査者の経験や感情を、フィールドワークの記述に反映させる方法の可能性を模索した。なぜなら、さきの引用に、その徴候があらわれているように、調査者である自分自身を、語り手と同じように問題としなければ、表現することができない経験の領域があるように思われたからである。

もちろん、こうした問題意識は、インタビューを継続するなかで生成したものであり、第3章以降のフィールドワークの記述は、インタビューの継続と、インタビューを分析し、解釈し、書くなかで、徐々に形成されつつある、プロセス志向の書きかたとなっている。引用のなかに記された「筆者自身の喪失体験」は、長崎の被爆者とのインタビューとの関係において、どのような意味をもつのか。当然のことながら、身近な他者の死、そのものに、あるいは、そのものだけに、重要な意味があるわけではない。その体験が、長崎被爆者という他者にむけて語られ、そこに、その出来事の意味をめぐる対話が生成するときに、はじめて、個人的な体験に、社会的な意味が付与され、他者とのコミュニケーションの可能性が芽生える。

Mさんが、筆者の問いかけにたいして、明確な回答を示さない理由もまた、ここにあったのではないだろうか。他者の死を体験し、その体験にむきあい、その体験の意味を考えるときに、人は、すぐには明瞭な結論をだせないはずである。他者の痛みを共有するという語りを理解する困難さを、さきの引用の記述は示している。

Mさんの語りに登場する「他者の痛みを共有する」という言葉をどのように捉えればよいかわからず、彼の語りをどのように解釈し、どのように理解すればよいかと考えながら、〈わたし〉は、Mさんとの対話をつづけていく。Mさんとのインタビューだけではなく、Tさんと、Yさんとのインタビューを継続するなかで、同心円イメージの権力作用という視点だけでは、理解することができない、個々の語り手が生きてきたプロセスの語りに耳を傾け、どのように、彼らが、みずからの体験を語る「語り手」になってきたのかと考えるようになる。こうしたインタビューにたいする認識の変化をもたらした契機が、〈わたし〉に生じる喪失体験であったのではないだろうか。

長崎でフィールドワークをはじめてから二年半が経過した、二〇〇七年一二月に、彼は他界した。〈わたし〉は、死とされる状態にある弟を見つめたとき、その死の意味を考えた。長崎でのインタビューの経験と、身近な他者の死というふたつの出来事のあいだに、意味の連関があるのではないかと考えた。それは、言語化される寸前の段階にある、明瞭な意識であった。こうした体験を、その数ヶ月後に、インタビューの場においてMさんに語りかけた。弟の死から三ヶ月が経った二〇〇八年二月、〈わたし〉は長崎でMさんと再会し、みずからに生じた喪失体験を、つぎのように語りかけた。

弟の死という出来事を体験した母の立場を想像すると、母の悲しみと、原爆被災を体験した被爆者の体験は、悲しみの体験という意味では同じだと思います。しかし、被爆者の方々の体験が社会的に語り継がれる一方で、病いにより子を亡くす体験が社会的に語り継がれないのは、なぜでしょうか。

当時の〈わたし〉は、弟という身近な他者の死を体験し、その死を冷静にみつめることを意識した。彼の死を冷静にみつめるなかで、理不尽さと、容易には言語化できない、表現しえない、感情をいだいた。こうした感情が〈わたし〉に生じる要因を理解することができず、その感情が、どのような感情であるかを明確にすることもできなかった。そうした、語りえなさを、Mさんに語りかけた。

Mさんは、インタビューをすすめるなかで、彼自身の「継承」にたいする考え方が変化したと語り、〈わたし〉の問いかけをいなすように、つぎのように答えた。

お母さんが息子さんをなくされた悲しみは、とても深いものだと思うし、まだ、そのことに直面してから時間が経っていないので、とても客観的にみつめることはできないと思います。けれども、時間が経過すると、その体験は昇華され、思想化されるかもしれません。

この日のインタビューを契機として、Mさんと〈わたし〉のインタビューは、これまでの「聞き取り」から、対話の様相をおびるインタビューに変容していく。当時の〈わたし〉は、弟の死に冷静に対応することを意識し、彼の死にたいして悲しみの感情が現れることはなかった。この日のインタビューは〈わたし〉にとって印象的であり、この日を境として、Mさんとの関係に変化が生じつつあるように思われた。しかし、このインタビューの経験が、Mさんの「被爆者になる」という語りを理解する手がかりになると明瞭に認識するに至るには、一定の時間の経過が必要であった。

ここに紹介した、Mさんと〈わたし〉のライフストーリー・インタビューを、より広い文脈で解釈するには、野家啓一による「歴史叙述」と「記憶の共同化」に関する叙述が参考になるだろう。野家は、「死児を想う母親」をたとえとして、つぎのように述べている。

死児を想う母親の技術が単なる思い出に留まるならば、それは甘美な個人的感懐ではあっても歴史ではない。感懐は母親の肉体とともに消滅するほかはないであろう。思い出が歴史へと転生を遂げるためには、「言語化」と同時に「共同化」という契機がぜひとも必要とされるのである。いかにかけがえのない個人的な感懐であれ、母親がそれを物語るときには、公共的に流通する手垢にまみれた言葉を使わざるをえない。その時おそらくは、彼女の感懐がもつ微妙な私秘的彩りは、言葉の砥石によってそぎ落とされることであろう。しかし、言語化された感懐は、そのことによって逆に「普遍性」と「抽象性」とを獲得し、一個の自立した「作品」となって「記憶の共同体」へと登録されるのである。その意味で、物語行為は個人的悲しみ（私秘的体験）を普遍的悲しみ（共同体的経験）へと昇華し、「公共的過去」としての歴史を紡ぎ出す言語装置にほかならない。（野家 2005: 172-3）

野家の表現を参考にするならば、本書が論点とする「語りえなさ」の核心は、普遍的な言説や、共同体的な語りとの緊張関係から紡ぎだされる個人的な語りに内包される「微妙な私秘的彩り」にある。Mさんは、数多くの被爆体験の「聞き書き」に携わるなかで、個人の語りに現れる「私秘的彩り」を聞き取りつづけてきたのではないだろうか。すくなくとも、〈わたし〉の関心は、そこにある。

普遍的な言説としてのヒロシマ・ナガサキや、そうした文脈で語られる「継承」と、本書が射程におさめる継承をめぐる語りは無縁なものである。Mさんと〈わたし〉は、インタビューをとおして良好な関係を形成していったと思われるが、二人は、けっして「共感の共同体」を形成していたわけではない。二人のあいだには、相互に受け入れられない認識の差異がある。たとえば、Mさんの語りにしばし登場する「思想化」という作用は、二人の認識の差異が顕在化する要因になる。かつて、石田は「反原爆」調査をとおして、被爆体験の「思想化」をキーワードとした。〈わたし〉は、「反原爆」という思想に、さほどの関心を示さない。いまとなっては、そうした思想が形成される基盤となるはずのフィールドのリアリティを感じとれないからである。

しかし、それとは別のリアリティを感じとれたのではないだろうか。それは、Mさんが、インタビューをつづけるなかで、〈わたし〉に語りかけた「案外、客観的に、原爆というものをみつめてきたと思います」という、静かな語りに示唆されるなにかである。Mさんは、〈わたし〉に、被爆という体験の凄惨さを語ろうとしたのではない。〈わたし〉もまた、そうした彼の体験を聞こうとしているわけではない。ある出来事を体験し、その体験を語ろうとするときに生じる、さまざまな感情、心情を内省的に見つめて解釈する営み、その営みを他者に理解可能な形で説明する営みについて、彼は語りつづけている。

「被爆者になる」という語りは、かならずしもヒロシマ・ナガサキを問題とする語りではない。彼自身は、長崎で実際に被爆を体験した被爆者である。しかし、その後の生活を営むなかで、自分とは異なる立場で被爆を体験した人びとに想いをはせて、自分自身の被爆者としての認識を広めていく。その広まりは、リフトンの同心円の図に示された、死者、生存者、日本人、世界各国の人びとというカテゴリーを越境していく。認識の広まりと、深まりにともない、語りの意味は変容しつづけていく。彼は、こうした認識の変容を「被爆者になる」と表現する。このように、被爆を体験していない者には想像さえできない語りを、〈わたし〉は、これから、どのように理解していくのだろうか。

第2章　「長崎」の記憶の地図

1　問題の所在

前章までに、検討したことを確認しておこう。本書の基本的な問題意識は、凄惨な出来事を体験した人びとは、その体験を言語によりいかに表現することが可能かというものである。本書は、この問いに、語り手と聞き手の相互行為に注目するライフストーリー・インタビューの方法を用いてアプローチする。

語り手と聞き手の相互行為に注目するインタビューを継続するなかで、語り手が内面化している「継承」という語りにたいして、聞き手である〈わたし〉が、いかに応答するかを、調査者は観察してきた。この観察により、語りえない体験を言語化するフィールドとして、継承にたずさわる人びとの実践をとらえることができるようになる。それは、継承という現象に託して、人びとは、いかにみずからの語りえない体験を言語化するのかを観察する視点である。

こうした視点を形成する際にモデルとしたのは、死者を中心として、被爆者、非被爆者である日本人、アメリカ人を含む世界各国の人びとへと同心円状に広がっていく罪意識の連続体のなかに、調査者である自分自身を位置づけるリフトンである。序論と、第1章では、リフトンの視座をふまえて、石田忠、米山リサの被爆者調査をとりあげ、被調査者である被爆者と、調査者である〈わたし〉の関係性が、これらの研究で、どのように記述されているかに焦点をあてて検討した。

こうした検討をふまえて、第2章では、第3章以降で個別にとりあげる三名の語り手（Tさん、Yさん、Mさん）について、フィールドの記述という水準における位置どりを提示する。ここでは、三つの指標に従って位置づけを示したい。ひとつは、前章で確認した語り手と〈わたし〉の関係性という視点、もうひとつは、「爆心地からの距離」と「被爆時の年齢」にしたがって被爆者を序列化する言説の権力を、どの程度内面化しているかという、長崎に特有の「平和教育」をめぐるポリティクスにおける立場のとりかたである。

2 「劣等被爆都市」へのアプローチ

前節で示した本章の記述を提示するにあたり、長崎原爆被災の記憶という問題を、より広いコンテクストから概観しておこう。高橋眞司は、長崎での被爆者調査の経験をふまえて、この都市を「劣等被爆都市」と名づけている（高橋 2004）。高橋は、永井隆の「浦上」をめぐる言説の曖昧さと、平和教育をめぐる言説編成のありかたに「劣等被爆都市」の形成要因を求めている。すでに確認したように、筆者が取り組んだインタビューにおいては、平和教育の受容のありかたが重要な論点になる。具体的には、Tさんと、Yさんの体験を語る方法をめぐる認識の相違が現れる語りである。高橋が提示する二つの論点のうち、すくなくとも平和教育をめぐる論点については、筆者のフィールドワークの記述から形成される認識と論点を共有している。高橋は、劣等被爆都市を論じる際に、長崎に生きる被爆者の語りや声を記述に反映していない。そのため、言説のレベルの記述では十分に説明できない劣等被爆都市の現実を、いかに記述するかという課題がのこされている。

この課題にアプローチする方法として、個人の語りに焦点をさだめ、個々の体験が、たとえば平和教育の言説にいかに規定され、一方では、そうした言説に立脚して、個々のライフストーリーが語られてきたかを記述する方法には一定の有効性があるといえるだろう。たとえば、第3章で詳細に検討するTさんのライフストーリーは、平和教育の言説が、みずからの人生の物語に介入することを拒否しながらも、個人的なレベルでみずからの体験を教育の実践に活かしてきたことを、その土地にねざした言葉で紡ぎだす語りである。そこには、言説としての平和教育には否定的でありながら、継承の実践においては、身体的な位相で、みずからの体験を他者に伝達しようとしている。ここには、彼に固有の心理的な要因が介在しており、それは、劣等被爆都市という呼称が指し示す意味を、象徴的に体現しているように思われる。

あるいは、いわゆる常識的な理解として、ヒロシマ・ナガサキという記号を、字義どおりにとらえた場合、ふたつの都市を比較した際に、長崎が劣等であるという解釈もある。高橋の定義は、そうした意味をあたえるものであり、こうした解釈は、たとえば、Mさんの語りに現れることもある。石田忠、浜谷正晴たちとともに、長崎被爆者の生活史調査に携わり、その後、「長崎にあって哲学する」と題する著作を発表した高橋は、つぎのように、長崎における原爆被害の特徴を説明する。

世界の注目と脚光を浴びるのはいつも広島であって、長崎と長崎の被爆者ではなかった。それだけでなく、長崎はながく忘却と無視と誤解のうちに放置されてきたといって過言でない。私はそうした事態を「劣等被爆都市長崎」と呼んできた。(高橋 2004: 98)

これは、ひとつの長崎における原爆被災の語り方の典型といってよいだろう。つまり、ひとりの研究者が独自の見解として、こうした考え方を述べているのではなく、こうした長崎の語り方が、一定の範囲では共有されているという理解の仕方である。

高橋は、劣等被爆都市の特徴として、言説編成の「不分明さ」、「曖昧さ」にあることを指摘し、浦上をめぐる語りの曖昧さと、平和教育をめぐる言説のポリティクスを指摘する。本書で検討する三名の語り手との関係では、「平和教育」が重要な論点になる。Tさんはみずからの語りの実践から平和教育を排除して「一人芝居」に取り組み、Yさんは平和教育を内面化して「被爆教師」になる。Mさんは、平和教育について多くを語ることはない。ここでは高橋の考察に即して、平和教育による曖昧化と不分明性が、どのようなものであるか、簡潔に説明しておこう。

長崎における平和教育の発端は、一九七〇年に「被爆教師の会」が発足し、小中学生を対象とした「原爆意識調査」が実施されたことにある。原爆投下から二五年が経過した時点で、原爆投下の事実を知らない児童が一割程度存在するという調査結果に直面した学校教師が中心となり「被爆教師の会」が発足する。被爆教師の会は、『沈黙の壁をやぶって』(1970)、『原爆をどう教えるか』(1971)、『継承の証を絶たず』(1972)といった書籍を出版し、平和教育に用いる副読本として『ナガサキの原爆読本』を刊行する。

こうした平和教育は体験を次世代に語り伝えるために言説化する実践であり、長崎における被爆の語りのモデルを形成したといえる。インタビューにおいて、Yさんは、しばしば、長崎において平和教育の実践を説明する際に、「読本隠し」というエピソードについて語っている。それは、一九七七年五月に、長崎市内の小学校で、ある校長が一五〇冊の『原爆読本』を図書室から持ち去ったというエピソードである。第4章で検討するように、彼は、このエピソードを「象徴的なこと」と認識しており、このエピソードにより長崎における平和教育の行政との関係を説明しようとするが、こうした語りは、聞き手である〈わたし〉にとって、どこか、つかみどころのない語りである。第4章で詳細に検討するように、平和教育という言説に即して、みずからの体験を語り、継承の実践にたずさわる語り手において、被爆の体験が、その後、「被爆体験」を語りつづける動機を形成しているわけではない。いいかえれば、彼らは、被爆を体験したから、その体験を語りつづけているという常識的な理解を手放して、彼らのライフストーリーを聞かなければならない。長崎における被爆の語り手の語りを聞くときに、私たちは、彼らが「被爆体験」を語っているということを自明視している。しかし、それは、ひとつの解釈にすぎない。彼らは、かならずしも、一九四五年八月九日以後の体験や生活を語っているのではない。その語りには、語り手の生の全体が反映されている。たとえば、被爆を体験するよりも、さらにさかのぼった過去の体験や、幼少期の記憶や、あるいは、語り手としての立場性など、さまざまな要因が反映されている。しかし、被爆の語り手として、彼らをまなざすことにより、その語りの本来有しているはずの豊かさは、ヒロシマ・ナガサキという常識的な理解に回収され、語りが表現しようとする世界を想像することが困難になる。これは、語り手にとっての困難であり、聞き手にとっての困難でもある。

語りをとりまく言説は、こうした視点からとらえなければならない。たとえば、平和教育という言説は、Yさんのライフストーリーから理解できるように、社会的な規範により語ることができなかった被爆の体験を語るきっかけを与えてくれたが、一方で、その体験が本来もっていたはずの意味は、平和教育という言説により削ぎ落とされる側面もある。彼が、「わたしの被爆体験を話しても、三分でおわります」と意味づけるとき、彼は、爆心地からの距離によって被爆者を序列化する同心円イメージの権力作用を意識的に内面化している。あえて「三分でおわる」とみずからの体験を意味づけることにより、別の語り方があることを示そうとする。第4章の記述に明らかなように、そこでは、たしかに、別の語りが展開され、爆心地から近い距離で被爆を体験した者にしか語ることができない語り方とは、別の、体験を継承する可能性が模索されている。しかし、その別の語りかたもまた、継承という言説の権力作用に影響された語りである。インタビューにより、長崎の被爆者の生活世界にアプローチする意義は、こうしたさまざまな言説の権力と語りの関係を詳細に記述し、劣等被爆都市のエスノグラフィを作成する点にある。その際に、被爆により他界した死者との関係で、語り手の生活世界を読み解いていかなければならない。

前章で確認したように、石田の「反原爆」調査は、個人の生活史に焦点を絞り、福田須磨子の生活史をモデルとして、被爆者は被爆直後の「漂流」状態から、原爆に「抵抗」する主体に「飛躍」するという「反原爆」の思想を描き出すことを主題とした。そのために、『反原爆』では、高橋が指摘する、個人の語りと、語りを取り巻く言説に特徴的な、長崎に固有の「曖昧性」や「不分明性」は考察の対象から除外されている。ただし、この点については検討の余地が残されている。というのも、石田が福田に関する調査資料として用いた、福田による自伝的小説『われなお生きてあり』には、被爆後の長崎における複雑な人間関係が明瞭に現れており、この作品にあらわれる福田の語りには、高橋が、「曖昧」、「不分明」という概念で指示した現象と通底するものがあるように思われるからである。

語り手をとりまく種々の言説と語りの関係を描き出すためには、その準備作業が必要である。長崎でのフィールドワークをはじめた当初、この準備作業を進めるにあたり、ある人との出会いが重要な意味をもつことになる。いわば、フィールドとの仲介役をつとめていただいたKさんとの出会いは、その後、どのような方に長期的なインタビューを依頼するかという、フィールドワークの方向性を定めるにあたり、おおきく影響した。長崎でのフィールドワークに着手してから、三名の語り手とのライフストーリー・インタビューに着手するまでのあいだ、正確にいえば、二〇〇五年三月から、その中間的な調査報告の論文を執筆することになる二〇〇八年まで三年のあいだ、〈わたし〉にとってもっとも信頼できるフィールドでの相談役をつとめる方が、Kさんである。彼女は、被爆の語り手ではなく、自分自身について、多くを語ることはなかった。

Kさんはフィールドワークの進めかたに関して、つぎのような影響を与えている。彼女は、長崎で「語り部」として活動する被爆者をテーマとする社会学的調査に取り組みたいという要望に応じて、多くの資料を提供してくれた。そのなかでも、彼女が特に重要な論点になるはずだと強調したのが、「語り部」への政治的発言の自粛を要請する一枚の文書である。彼女の説明によれば、長崎市の外郭団体である長崎平和推進協会の「継承部会」では、「被爆体験」を語るときに「政治的な事柄」については発言を控えるように促す文書が配布された。これは、インタビューでは、比較的、語られにくいローカルな事情である。フィールドの現実を詳しく知るKさんと、何度も会い、話し合うなかで、〈わたし〉は彼女の認識を共有し、内面化し、フィールドへのまなざしを形成していく。そして、この文書に記された内容に肯定的なTさんと、否定的なYさん、中間的な立場をとるようにみえるMさんに調査協力を依頼する。「被爆体験」を語る意味を強調するTさん、有名な被爆者の「被爆体験」を相対化して平和教育を実践するYさん、この二人の語り手とは異なる立場から語っているようにみえるMさんである。

ただし、Kさんとの出会いには、こうした具体的な、インタビューの設計には回収されない、別の意味が含まれていたように思われる。三名の語り手とのインタビューの経験と深く関係しながらも、そこには、つまり、長崎原爆被災の記憶という文脈にはおさまりきらない、もうひとつのフィールドワークの体験として、彼女との出会いについて記しておきたい。というのも、Kさんとの出会いは、筆者の長崎にたいする認識を変容させ、いわばフィールドワーカーとしての〈わたし〉として、長崎というフィールドに参入する転機になったように思われるからである。調査をはじめた当初には、語り手との仲介役という以上の意味をもたなかった対象が、その後、フィールドワークの経験を書くなかで、体験を経験にしていくなかで、より重要な意味をもつ存在として立ち現れてくる。次節では、三名の語り手との重要な仲介役を果たしてくれたKさんとの出会いについて書くことで、〈わたし〉とフィールドとの関係を説明しておきたい。

3 重要な仲介役との出会いから、フィールドへ

〈わたし〉は、調査をはじめた二〇〇五年当時、東京から長崎に通うかたちで事前調査に着手した。長崎における被爆の記憶というテーマについて、知識をもたない〈わたし〉は、インターネットの検索をとおして知った長崎平和推進協会（推進協会）という組織にアクセスする。推進協会は、長崎市の外郭団体である。

推進協会に所属する「語り部」として活動する被爆者の活動を見学し、個人的に話をきかせていただくかたちで調査をはじめた。このころ、ある地元紙の記者のアドバイスをうけ、長崎の証言の会（証言の会）という組織でも「語り部」の活動がおこなわれていることを知り、証言の会にアクセスした。そこで、出会ったのがKさんである。彼女自身は、被爆者ではないが、Mさんの依頼により、「語り部」の裏方として、長年にわたり仕事をしてきた方であることを知る。

調査で長崎をおとずれたときには、Kさんに挨拶をして、彼女と話すことが多かった。当時、六〇名ほどの被爆者が「語り部」として活動していたが、そのなかで、どのような方にインタビューへの協力を依頼すればよいかという具体的な悩みについて相談にのっていただき、さまざまな資料を提供していただいた。

より重要なことは、彼女との対話が、被爆者とのインタビューを調査者としてまなざす視点を与えてくれたことだろう。彼女は自分自身について多くを語ることはなかった。彼女は、被爆を

体験していない。しかし、彼女は、長年にわたり被爆者のそばで生活するなかで、個々の被爆者が、どのようなライフコースを歩んできたのか、どのように被爆の体験を語っているのか、あるいは、長崎に固有の平和教育をめぐるポリティクスといった問題についても、ローカルな事情をよく知っていた。そして、被爆を体験した人びとに比べて、長崎という場所を客観的にみつめる立場にいた。そうした立場に生きる人との語らいから、「長崎」の地図を、同心円イメージの権力作用を意識しながらも、けっしてそれには回収されない、ライフストーリー論の視座から作成する方向性を模索するようになった。

Tさん、Yさん、Mさんという三名の語り手に、長期的なインタビューを依頼するにいたった、もっとも大きな要因は、Kさんとの長い時間の話しあいにあった。そのため、二〇〇八年一二月に生じた、彼女の他界は、〈わたし〉にとって、フィールドで出会う、他者の死という問題を、はじめて意識する、おおきな出来事であった。中間報告としての論文を作成し、それを手渡すことができないまま、彼女は他界した。このことは、フィールドにおける〈わたし〉という存在を、つよく意識するひとつのきっかけとなった。Kさんとの懇意にする方との語り合いから、〈わたし〉は、彼女の死にたいして語りえない感情を抱くようになる。その語りえなさを構成するひとつの要素として、罪意識という現象をあげることができるかもしれない。

この当時、筆者は、リフトンの罪意識を知りながらも、その問題が、具体的にどのような問題であるかを理解していなかった。Kさんの死は、Mさんにとっても、おおきな出来事であった。

彼女が他界してから、数ヶ月がたった、ある日、Mさんと〈わたし〉は、長崎市内を歩きながら、Kさんのことについて話した。そのとき、Mさんは、彼女の死について、「人の死というものが、こんなに、おおきなものであるのかということを、わたしは、あらためて、つよく考えさせられました」と語った。

被爆を体験し、長年にわたり被爆者の「聞き書き」にたずさわり、多くの死に直面したり、その死について考えてきたはずのMさんが、なぜ、これほどまでに、Kさんの死を、おおきな出来事として捉えているのか、〈わたし〉は不思議に思った。しかし、事後的に解釈すると、Mさんが、「被爆者になる」という語りによって説明しようとする「なにか」と、Kさんの死についての語りは、深く関係していることに気づく。

Mさんは、他者の痛みや、他者の体験を、自分自身の体験として内面化し、自分自身の体験を深めることと、広めることこそが「被爆者になる」という生き方の根本にあると、くりかえして、〈わたし〉に説明する。それは、人が生きていくなかで、くりかえして出会う、身近な他者の死について、そのことが、自分自身にとって、どのような意味をもつことなのかを、持続的に考える営みである。

このように、Kさんは、長崎というフィールドについてのローカルな知識を提供してくれるインフォーマントとして存在したのではなく、長崎というフィールドにおいて、生と死という問題を、身体のレベル、ないしは感情のレベルで考えるきっかけを与えてくれた。

このように、彼女との出会いをとおして、さまざまなことを考え、感じるなかで、フィールドにおける〈わたし〉という存在が立ち上がるようになった。三名の語り手とのライフストーリー・インタビューは、Kさんとの対話というフィールドワークの経験と、どのような関係にあるのだろうか。第5章において展開する〈被爆者になる〉という記述は、この問題にたいして、どのような回答を与えているだろうか。〈被爆者になる〉という考え方を理解するためには、フィールドワークの経験を、直線的な時間ではなく、循環する時間のなかで考え続けることが要求される。

4　三名の語り手との出会い

Kさんとの出会いをとおして、ライフストーリー・インタビューをはじめたわけだが、第3章以降で展開する、個々のライフストーリーの分析の前提となる知識を共有するために、三名の語り手が、どのような位置関係にあるか、その見取り図を提示しておきたい。その際に、座標軸となるのは、さきに述べたとおり、「爆心地からの距離」「被爆時の年齢」という指標と、平和教育という言説の受容という指標である。

こうした指標は、おもに、Kさんとの会話、三名の語り手とのインタビューをとおして、徐々に明瞭になってきた。具体的には、「爆心地からの距離」と「被爆時の年齢」により、「語り部」として活動する被爆者が、体験の序列化をはかる現実があること。そして、みずからの体験を平和教育とは区別し、体験をリアルに再現することに注力する語り手と、平和教育にそくしてみずからの体験を言説化し、おもに次世代に向けて継承することに注力する語り手がいることである。

米山リサが明らかにしたように、被爆者は、被爆者健康手帳を取得する手続きをする際に、みずからが被爆した場所と、当時の年齢を申告し、爆心地を中心とする同心円の地図により、自己の体験を意味づける（米山 2005）。後述する、Tさんと、Yさんの「爆心地からの距離」と「被爆時の年齢」を問題とする語りは、こうした先行研究の知見を反映した語りとして解釈することができる。

平和教育という言説の受容の程度についても、Tさんと、Yさんの立場は対照的である。Tさんは、「ぼくは、平和教育をふりかざして話すことはしない」と、平和教育という言説を排除し、自己の体験を芝居によって再現する実践に注力する語り手である。一方で、Yさんは、平和教育をつよく内面化する語り手である。彼は、「わたしの被爆体験を話しても、それは、三分でおわります」と、みずからの体験を意味づけ、体験ではなく、平和教育の実践として「語り部」を認識している。

議論をわかりやすくするために、単純化して説明しておこう。長崎市の外郭団体である推進協会は「平和教育」の言説を排除し、「被爆体験」を語ることを、個々の語り手に要請している。一方で、証言の会には、「元教師」の被爆者が多く所属し、彼らは平和教育を内面化した語り手である。Tさんは、一三歳のときに爆心地から一・六キロの銭座町で被爆を体験し、長崎平和推進協会に所属して、「一三歳の体験」を再現する一人芝居に取り組む語り手である。Yさんは、八歳のときに爆心地から四・三キロの浪の平町で被爆を体験し、平和教育に専心する語り手である。

つまり、TさんとYさんは、「当時の年齢」と「爆心地からの距離」という指標においても、平和教育の受容の仕方においても対照的である。調査者が対照的な語り手を意識的に選択したのか、それとも、調査者自身もまた、こうした対照性を構成する言説に支配されていたのか、その判断については、さしあたり留保し、調査のリアリティに照らし合わせて説明しておこう。後述するように、Yさんとの出会いは、Kさんの仲介によるものであった。Kさんは、長崎の証言の会の事務局の仕事を担当しており、その仕事には、「被爆遺構めぐり」とよばれ、屋外で実施されるスタディーツアーと、「被爆体験講話」という屋内で実施される平和学習のコーディネイトが含まれていた。筆者は、長崎での調査をはじめた当初、この二つの実践をできるだけ多く見学し、その実践にたずさわる人々と個人的にお話することにした。そのなかで、Yさんの被爆遺構めぐりと体験講話は、Kさんが説明するように、他の多くの被爆者の語りとは異なるものにみえた。

Yさんは、これらの活動のための準備を、入念におこなっていたし、この活動に取り組むことに、やりがいをみいだしているようにみえた。Yさんの被爆遺構めぐりを見学した経験を、事後的に解釈すると、彼の実践が、被爆の記憶の継承という「目的」のためだけではなく、教育という営みに長年従事してきたからこそできるという、自負のようなものがあったように思われる。

Yさんはインタビューをとおして、「爆心地からの距離」と「当時の年齢」をめぐる問題、「有名な被爆者」にたいする複雑な心境、そして、長崎市の行政と平和教育の複雑な関係を話題にする。それは、被爆遺構めぐりのなかでは語られることのない話題である。第4章では、この二つの問題の関係、つまり、被爆遺構めぐりを実践するYさんの語りと、この実践をとおしてYさんが感じてきたこと、考えてきたことにかかわる語りの関係を検討する。

調査をはじめた当初の筆者にとって、Yさんは「比較的、話しやすい」という印象を与える語り手であった。その理由を、筆者は、彼自身が、凄惨な被爆を体験したわけではなく、活動にとりくむことを楽しんでいるように見えること、あるいは、その語り口がわかりやすいことにあると考えていた。

しかし、実際にインタビューを進めていくなかで、そうしたYさんにたいする印象は、徐々に変化していく。それには、Yさん自身の変化も影響していたかもしれない。たとえば、彼は、自分自身の被爆体験については多くを語らない立場をとると語る一方で、何度も、被爆遺構めぐりや、体験講話を見学すると、ときに、多くの時間をとって、みずからの体験を語ることもあった。このことは、語り手としての立場性という問題の複雑さを示している。「わたしの被爆体験を話しても、それは三分でおわります」という彼の言葉を、どのように捉えるかという問題である。このように、Yさんが「有名な被爆者」として複雑な感情とともに、やや否定的に言及する人々の活動を見学したとき、筆者は、凄惨な体験を、リアリティをもって、感情をこめて語る姿に、ある種の感動をおぼえながらも、そこに、言葉にできない違和感をおぼえていた。

こうした活動にたずさわる人びとの語りに、ときに、心をうごかされることは、それ自体、なんら不思議なことではない。〈わたし〉が感じた違和感をあえて言葉にすると、おおよそ、つぎのようなことになるだろう。それは、自分自身の想像をはるかに超えた体験の語りと、彼らが訴える普遍的なメッセージに乖離があることにたいする違和感と、そのどちらにも、つまり、凄惨な体験の語りにも、普遍的なメッセージにも、わたし自身が関心をもつことができないという違和感である。とりわけ、後者の違和感は、その後の調査を進めるうえで、さけてとおることができない、いいかえれば、それこそが「問い」になりうる違和感であった。

Tさん、Yさん、Mさんという三名の語り手にインタビューへの協力を依頼した、もっとも、おおきな要因は、ふたつめの違和感にある。「有名な被爆者」にたいする思いとして吐露されるYさんの語りは、その当時の筆者のいだいていた違和感を、被爆者という立場から言語化された語りであるように聞こえた。Tさんは、Yさんとは対照的な立場性にいるようにみえたが、そこには、簡単には言葉にできない、彼に固有の語りえなさがあるように思われた。Tさんは、ある「有名な被爆者」と親しい付き合いがあることを、楽しそうに語り、自分自身が「語り部」をするときの参考にしていると語っていた。その語りを、言葉のとおりに、受け止めることができるなら、彼は、いわゆる「有名な被爆者」として理解され、〈わたし〉にとって、さほどの意味をもつ存在にはならなかったはずである。この点については、第3章における検討にゆずりたい。

Tさん、Yさんとのインタビューをつづける方針は、早い段階で決定されたが、Mさんという存在は、〈わたし〉にとって、理解しづらい語り手であった。なぜ、彼は、被爆について、語り続けているのだろうか。こうした素朴な疑問を、当時の筆者は、彼との面会を重ねるなかで抱いていた。彼との面会のなかでは、たとえば、Yさんが「問題」として語る、爆心地からの距離や、当時の年齢、あるいは平和教育と行政の関係といった、個別的な、具体的な事柄が問題とされることは、あまりなかった。あるいは、Tさんの実践である芝居を見学するときに、抱いた、身体的なレベルに直接的に訴えかけてくる「語りえなさ」を感じることもなかった。Mさんは、いつも、比較的おだやかな表情で、ひょうひょうとした振る舞いとともに、彼が「さいきん、考えていること」を楽しそうに話していた。

そうした彼の語りを、〈わたし〉は、どのように理解すればよいかという疑問が生じたが、さしあたり、Tさんでもなく、Yさんでもなく、もうひとりの語り手として、その語り手の重要性を説明することはできないが、印象的な語り手として、インタビューを依頼することにした。

議論を整理するため、同心円イメージを内面化する常識的な理解の仕方により、Mさんの立場性を説明すると、おおよそ、つぎのように説明することができる。Mさんは、インタビューをはじめた当時の〈わたし〉にとって、Tさんや、Yさんの語りにあらわれる「平和教育の受容の程度」、「爆心地からの距離」、「当時の年齢」といった指標によっては、説明できない語り手であった。彼は、一五歳のときに、爆心地から四・八キロの小菅町で被爆した。

彼は、このことにふれ「爆心地から遠いところで被爆を体験して、えらそうな顔をして、話すなという声もあるんですけどね」と、語る。彼もまた、Tさん、Yさんと同じように、「爆心地からの距離」を認識している。しかし、そのことを「問題」としてはとらえていないようにみえる。また、平和教育の受容という点に関しても、彼は長年にわたり高校の教員であり、平和教育にたいする理解があるようにみえるが、「語り部」としての活動においても、インタビューにおいても、平和教育そのものを問題とする語りが現れることはなかった。面会を重ねるたびに、さまざまな話題について、楽しそうに語るMさんとすごす時間は、とらえどころのないものでありながら、そこには、「別の位相」で、みずからのライフストーリーを紡ぎだそうとする語り手がいるように感じられた。

5 継承という言説をめぐる語り手の位置関係

ここまで述べてきたことは、「継承」という言説との関係で整理することができる。〈わたし〉は、三名の語り手と「継承」という社会的な現象を体現する場所で出会う。本書の基本的な問いを、もういちど確認しておこう。それは、極限的な出来事を体験した人びとは、その体験を、言語により、いかに表象、ないしは表現することができるかという問いである。この問いに、ライフストーリー・インタビューという方法からアプローチすると、出来事を体験していない〈わたし〉は、そうした他者の体験を、いかに理解できるかという、もうひとつの問いが浮上する。つまり、ヒロシマ・ナガサキの継承という支配的言説を自明視するのではなく、その言説と、個々の語りの関係をみつめる視点のとりかたである。こうして視点をとれば、「被爆体験」という聞きなれた言葉の意味は、その自明性から解放されて、それもまたひとつの言説であると認識できるようになる。

ふたつの問いにアプローチする際には、「継承」の実践にたずさわる人びとが、みずからの実践をどのように語るかという視点をとることになる。彼らは、継承という実践をとおして、みずからの語りえない体験や、記憶を、言語や、身体表現により他者に伝えようとする。調査者である〈わたし〉は、彼らに出会い、彼らの活動を何度も観察し、個人的なインタビューを継続する。観察とインタビューを継続するなかで、彼らは、ときに、調査者にむけて「あなたは、いったい、なんのためにわたしに聞き取りをしているのですか」と問いかける。

こうした問いかけにたいして、〈わたし〉は明確な回答を用意していない。こうした問いかけに、答えることができないところに、語り手と、聞き手のあいだに生じる、コミュニケーションのレベルでの語りえなさという、あたらしい問いが生成する。これは、たとえば、Tさんが、一三歳のときに体験したことを芝居により再現しようとするときに生じる「トラウマ」や「罪意識」のレベルの語りえなさとは、別の問題である。

こうした、体験のある者と、体験のない者のあいだに生じる、コミュニケーションのレベルでの語りえなさという問題は、これまでに述べてきた「被爆当時の年齢」と「爆心地からの距離」

により体験を序列化する現実にも通じる問題である。一三歳のときに、一・六キロで被爆を体験したTさんは、八歳のときに、四・三キロで被爆を体験したYさんを念頭において、「としはもいかない年齢で、遠いところで、被爆をしたものに、いったいなにを語ることができると思う」と、〈わたし〉に問いかける。一方で、Yさんは、「爆心地の近くで被爆した、有名な被爆者や、第一級の被爆者には語ることができないこともあるでしょう」と、〈わたし〉に問いかける。

体験のない〈わたし〉にとっては、Tさんも、Yさんも、おなじ「被爆者」である。しかし、被爆当時の年齢と爆心地からの距離により、みずからの体験を序列化し、区別する語りに出会ったとき、〈わたし〉は、そこに、体験者と非体験者のあいだに生じる「体験のない者にはわからない」という語りが象徴する「溝」との共通性をみいだそうとする。

Tさんと、Yさんと〈わたし〉の関係は、このように説明することができる。Mさんと〈わたし〉の関係は、これとは、異なる位相で考えなければならない。なぜなら、彼は、TさんとYさんが問題としている、爆心地からの距離や、当時の年齢、平和教育の受容の程度は問題とせず、彼らの語りを支配しているように〈わたし〉にはみえる言説を無効にするような語りを展開するからである。彼は、長期的なインタビューをとおして、ときには、みずからが長崎で体験した「被爆体験」を語ることもあった。それは、彼にとって、忘れることができない、語りえない体験である。

たとえば、Mさんと原爆資料館を見学したとき、彼は、ひとつひとつの展示を〈わたし〉に丁寧に説明してくれた。そして、ひととおりの説明を終えた後、彼は、「ここにいると、本当に、たくさんのことを思い出して、これ以上、ここにいるのは辛いので、私はさきに出ます」と語った。これは、ひとつのエピソードにすぎない。しかし、「私自身は、大きな怪我をしたわけではないし、親をなくしたわけでもない」と自分の体験を意味づける語りからは簡単に想像できない、彼にとっての被爆の体験の意味の重みを想像させるフィールドワークの体験である。

Mさんの語りにも、Yさんの語りと同じように「爆心地から遠いところで体験した者が、えらそうな顔をして、話すな」という他者の声が登場する。彼は、爆心地から一キロ以内で被爆した人びとの体験を聞き取る熱意を語るときもある。こうした語りには、彼の「爆心地からの距離」への意識が現れている。しかし、彼は、Tさんや、Yさんとは別の位相で、おなじ現象をとらえているように〈わたし〉には映る。

それぞれの語り手により展開されていくライフストーリーの差異は、次章以降で詳細に検討したいが、Tさん、Yさんと、Mさんの語りのおかれた位相の違いを〈わたし〉が意識した要因は、インタビューをはじめた当初の〈わたし〉には、曖昧であり、不分明にきこえた〈被爆者になる〉というライフストーリーにある。平和教育の受容の程度に関して、Mさんは、Tさんと、Yさんの中間的な立場をとっているようにみえる。

Mさんとの関係は、さしあたり、つぎのように整理できる。Mさんと〈わたし〉の関係は、TさんとYさんと〈わたし〉の関係において現れる、トラウマや罪意識のレベルでの語りえなさと、コミュニケーションのレベルでの語りえなさという、ふたつの問題を認識しながら、同時に、ふたつの問題を無効にし、みずからの主体性を形成する位相で「対話」を生成していく点に特徴がある。Mさんは、みずからの立場を、自明視される被爆者カテゴリーの内部において「案外、客観的に原爆というものを見つめることができる立場でした」と語っている。Mさんからみると、〈わたし〉は、被爆者という共同性に属さない者であり、外部から参入した「よそもの」であるはずである。

リフトンの罪意識の同心円は、死者を中心として、生存者、生存者以外の日本人、世界各国の人びとへと放射状に広がっていくものである。生存者にカテゴライズされるMさんからみて、生存者以外の日本人である〈わたし〉は、同心円の外側にいるはずである。米山リサが指摘した爆心地を中心とする同心円イメージにおいても、〈わたし〉は、被爆時の年齢も、爆心地から距離もない、外側にたつ者である。Mさんと〈わたし〉は、リフトンと米山が、それぞれに問題とした、ふたつの同心円を「地図」として、Tさん、Yさんの語りにたいして〈わたし〉が抱いた違和感を手がかりに、「被爆者になる」という語りの意味を明らかにしていく。Mさんとのインタビューの意味は、こうした方向で、徐々に明瞭になっていく。

6　Tさんとの出会い

長崎での調査をはじめてから、およそ半年ほどのあいだ、TさんとYさんの活動を何度か見学し、個人的に話をきくなかで、〈わたし〉は、Kさんとの話しあいを介して、Tさんと、Yさんの語り手としての立場が対照的であることに気づいていく。二人の語り手の対照性を形成する、ひとつの指標は「平和教育」の受容の程度である。〈わたし〉は、Tさんとお会いして、話すなかで、彼が、教員として小学校に勤めていたことを知る。

おなじ時期に、〈わたし〉は、Yさんとも面会をかさねている。Yさんもまた、Tさんと同じように、小学校の教員であった。Yさんは、教員として勤めるなかで平和教育に出会い、それが、自分の人生におおきく影響したと語っている。また、学校の教員としてつとめた経験のある「語り部」の多くが、平和教育にたずさわっていたことも、フィールドワークをすすめていくなかで理解していく。

そのように、徐々に、長崎のローカルな事情を知っていくなかで、〈わたし〉は、なぜ、Tさんが、長崎の小学校の教員でありながら、平和教育について語らないのかと疑問を抱いた。

＊：あのお、（Tさんが勤めていた）山里小学校は「被爆校」ですよね。
T：うんうん。
＊：で、僕はあまり詳しくないんですけど、平和教育もたぶん活発にされていたんじゃないかと思うんですけど、学校としては。
T：うん、うんうん。

＊：その、まあ山里小学校に勤務されていた頃は、Tさんはどういう風に、平和活動に、平和学習に取り組んでいらっしゃったんですか？
T：ぼくは、平和学習、学習っていう、障害児教育をしてたから。
＊：ああ、はあはあ。
T：障害児教育そのものが、平和学習だから。ひとりひとりの人間を大事にしようということを目標に、みんなに話しかけた。平和教育ということじゃなくてね。
＊：うーん。
T：つねに、そういうことを話しかけてはいた。ただ、平和学習っていうのを、ふりかざして喋ったことはありません。
＊：ああ。

長崎において、語りの実践に携わる人々には、学校教員として戦後を生きた人びとが多い。彼らの多くは、七〇年代に「被爆教師の会」を中心として広がりをみせた平和教育に関与した原爆被災者であり、Yさんは、そのひとりである。彼らは、被爆教師の会と、同時期に発足した証言の会にも所属し、みずからの体験を語るだけではなく、他の被爆者の体験の「聞き書き」に携わった。語り部としての活動は、体験を語る「体験講話」と、「被爆遺構めぐり」とよばれる、原爆被災の痕跡をのこした建物や、モニュメントをめぐるスタディーツアーに分類することができる。Mさんは、証言の会による、こうした活動のスタイルを考案し、みずからはマネージメントを担当したと語っている。初期の実際の活動を担ったのは、Yさんが「あの、有名な被爆者たち」と表現する人びとである。

しかし、Tさんが取り組む「芝居」の実践は、このどちらにも分類することができないものである。彼は、推進協会に所属し、体験講話にとりくむこともあるが、彼の実践の力点は、「命ありて」と題された「一人芝居」に置かれていた。第3章で検討するように、〈わたし〉は、体験の表現の方法には関心を抱きながらも、彼の体験を追体験することは不可能であることを、インタビューと、芝居の観察をとおして理解していく。こうした相互行為としてのインタビューにより浮上する問題についての検討は、第3章の記述にゆずりたい。

ある日、Mさんは、Tさんと〈わたし〉のインタビューに関心を示し、彼がどのような芝居に取り組んでいるのか、そして、インタビューではどのようなことを話題にしているのかを質問したことがあった。〈わたし〉は、Tさんの芝居をくりかえして見学するなかで考えたこと、あるいは、Tさんとのインタビューで語られたことを、どのように研究成果としてまとめればよいか悩んでいることを伝えた。このとき、Mさんは、〈わたし〉が伝えた内容から推測すると、Tさんは、長崎の小学校教員として長年つとめながら、教員としては平和教育に携わることなく、退職後に推進協会に所属して体験講話に携わっている点に、Tさんに固有のアイデンティティがあるのではないかと説明した。Mさんの語りを聞きながら、〈わたし〉は、ローカルな教育の事情から読み解かれた、Tさんのライフストーリー分析の視点を与えられたように感じた。

＊：そもそもTさんが、こうした「語り部」とよばれる活動に参加されることになったきっかけというのは何だったのですか？

T：あのね、もともと話したくないんですよね。この話。で、教員生活三八年のなかで、話してないんです。話せなかったんです。ところが、退職の年になって、それも間際、退職間際になった二月、山里小学校、平和集会っていうのがね。学期ごとにやるんですよ。で、若い先生たちが、係の先生ふくめて。

＊：はい。

T：T先生も体験者でしょうと。

＊：うん。

T：先生の体験を聞かせてくれ。一回、断った、「わたしは話せません」。

＊：はい。

T：二回ことわった、三回、四回、五回、なんかいも来るんですよ。「もう最後だからT先生、話をしません、してみませんか、してください、教えてください、わたしたちに」、ハハ（笑）。

＊：それは山里小学校で話してくれませんかと。

T：うん、小学校の教員だったから。「そうせんと、子供たちのまえでもう話す機会はないかもしれませんよ、先生」っていうんで、「どうして?」って。「体験を話してくれる人がいなくなったから」ってね。「そうかあ、いないのかあ。じゃあ、僕の体験でよかったら、一三歳の体験だよ」って。「うわぁ、それで結構ですよ」と。「じゃあ話しましょうか」ということで、退職の年、二月、まあ平和集会で話をしたのがきっかけだね。

(中略)

＊：その、まあ、お話をされたっていうのは、Tさんにとってはすごくその、なんて言うんですかね。これまでは、まあ、話したくなかったことを、いきなりこう、大勢の人のまえで話すっていうことだったんですよね。そのときは、どうでした。うまく話はできましたか。

T：ううん。原稿を書いてて、その原稿にしたがって話をするという形で、原稿といっても、おおまかな筋だけで。

＊：はい。

T：で、それを見ながらだから。見ながら話すっていうのはね。あの、訴える力も少なかろうし、そして、自分自身に感情を抑えることができるんですよね。

「教員生活三八年のなかで、話してないんです」という語りは、みずからの被爆の体験を、平和教育としては、語っていないことを意味している。また、「一三歳の体験だよ」という語りは、つぎに検討するYさんの語りとの比較により、その意味が明瞭になるはずである。

Tさんがとりくんだ「継承」の実践は、平和教育ではなく、芝居の実践であった。芝居は、八月九日から一〇日間の記憶を可能な限りリアルに再現する「一人芝居」である。彼は、この芝居をとおして、原爆被災により亡くした友人と母に、再会し、死者とのコミュニケーションを上演する。こうした、彼の実践は、証言の会の語り手に共有されている平和教育の言説や、普遍的な言説とは無関係である。

Tさんのライフストーリーの聞き取り、記述、分析は、三名の語り手とのインタビューの実践のなかで、とりわけ精神的負担のおおきいものであった。Tさんとのインタビューをふりかえるとき、Tさんとのインタビューの経験を書くことには、Yさん、Mさんとのインタビューを書くこととは、別の意味が付与されているように感じることもあった。

その意味とは、いったい、何だったのだろうか。彼は、みずからの体験を「一三歳の体験」として意味づけ、爆心地から「遠い」場所で被爆した人びとの体験と、自己の体験の意味を区別する。この語りを聞く〈わたし〉には、Tさんの「意味づけ」の仕方に、いかなる意味があるのかを理解することができない。彼は、みずからの体験を「年齢」と「距離」によって意味づけようとする傾向があるが、一方では、その体験が解釈されることを拒否するようにみえる。具体的にいえば、彼は、みずからの語りを、たとえば、トラウマ、罪意識といった概念により説明されることを否定する傾向があるように思われる。

こうした彼の語りを、どのように分析し、どのように解釈できるのだろうかという疑問をいだきながら、インタビューを継続し、この疑問に明確な回答を与えられないままに、彼は、他界した。Tさんの死後、〈わたし〉は、心理的に不安定な状態にさらされていく。リフトンであれば、死者への一体化と心理的閉め出しの相反する心理と説明するはずの状態にさらされていく。その後、筆者は、Tさんのライフストーリーを、くりかえし、書くことを試みた。そのなかで、つぎのように考えるようになる。Tさんの死に接することで、みずからに生じた心理的な揺れこそが、Tさんの生を書く手がかりであり、そこに、Tさんとのライフストーリー・インタビューの意味があるということに。第3章の記述は、こうした認識を獲得した地点からはじまる。

7　Yさんとの出会い

すでに述べたように、Yさんとの出会いは、Kさんの紹介によるものであった。Tさんの芝居の実践が、死者とのコミュニケーションを重視するのにたいして、Yさんの平和教育の実践は、次世代への継承に力点をおいている。彼は、インタビューをはじめた当初、みずからのライフストーリーを平和教育との出会いによる自己の変容というストーリーで語ってくれた。

Yさんとのインタビューは、体験の語りの位相で展開する傾向のある、Tさんとのインタビューと比較すると、体験の語り方という位相で展開したといえる。それは、それぞれの語り手の関心の所在が、体験と、体験の語り方にわかれていたためであろう。つぎのトランスクリプトの冒頭にある、「ナガサキを伝える」という言葉は、この日の面会の冒頭に、Yさんが地元紙に掲載された「ナガサキを伝える」という記事を話題として提示したためである。

調査をはじめた当初から、継承という問題が焦点化されていたわけではない。たとえば、Yさんとのインタビューをとおして、そうした論点が形成されたと言える。より、具体的に説明すると、Yさんのライフストーリーを聞くために、彼が関心をいだいている「継承」という話題にそくするかたちでインタビューは展開していく。聞き手が、記憶の継承という問題に、さほどの関心を抱いているわけではないことは、語り手であるYさんも気づいていたかもしれない。しかし、いずれにせよ、語り手の関心にそくして、インタビューを進めることが、彼の語りを聞く方法として適切であるように思われる。

＊：そもそも、こういった、その、「ナガサキを伝える」っていうようなことを考えるにいたった、こう、経緯っていうのをお伺いしたいんですけど。
Y：うん。
＊：どこから話しはじめてもらったらいいか、ちょっと、わからないんですが。
Y：それは、やっぱり、本人が、「自分が被爆者だ」と思ったのがいつかということですね。
＊：ああ、そうですね。
Y：うん。で、そっからしか、僕のははじまってない。だから七〇年なんです。で、七〇年の、

あのお、原爆意識調査なんです。子どもたち、一〇〇〇人、小中学生のね。
＊：はい。
Y：で、そのときに、そのお、長崎の子どもなのに、原爆投下の事実を知らないという子がいたり。あるいは、「被爆や戦争の話は誰から聞きますか?」っていう、その設問にたいして、選択肢がいくつかあったなかの、最低のところに「学校の先生から」っていうのがあったと。で、その二つが、他の人は知らないけども、わたし自身にとっては、これは、一大ショックだった。
＊：うん、うん。
Y：すべて、そっから始まったわけね。そうかって。私たちは、ちっとも、その、被爆のことを、あるいは戦争のことを子どもに語っていなかったんだということがでてきたわけでしょう。もろにね。それと、それが選択肢で低い。両親とメディアが、これ、もう一番、二番ですからね。
＊：ああ。
Y：それとねえ、被爆の事実を知らない子は約一割いたんだよ。
＊：はい。それもすごいですね。
Y：その二つ（のこと）が、わたしに「おまえは被爆教師だよ」と。
＊：うん。
Y：自覚させてる。

＊：うん。

Ｙ：そのとき、被爆教師になったと。

Ｙさんは、このように、「被爆教師になった」と語っている。しかし、このトランスクリプトを読むと、つぎのような印象をうけるのではないだろうか。はたして、このように、明確なストーリーで、自分自身を説明することが、できるのだろうかと。Ｙさんとのインタビューを継続するなかで、〈わたし〉は、そうした違和感をぬぐえない。

それは、けっして、Ｙさんの語りが、事実を歪曲しているとか、なにかを隠蔽しているといった、疑念や違和感ではない。そうではなく、Ｙさんが、それほどまでに「被爆教師」という自己を強調して語る背景には、彼が「被爆教師」としての自己を形成する転機として重要であると語る「原爆意識調査」とは別の、自己を語るコンテクストが存在するのではないかという素朴な疑問である。もちろん、こうした疑問を、当時の〈わたし〉が明確に意識し、言語化していたわけではない。

インタビューを相互行為として観察する視座を確保する重要性はいうまでもないが、それを遂行するにあたり、被爆者調査という経験が調査者にあたえる心理的負荷は、あまりにもおおきい。それは、すでに検討したリフトンの自己言及的記述からも明白である。たしかに、ある視点をとれば、ヒロシマ・ナガサキという社会的、歴史的現象のリアリティは失われつつあるのかもしれない。しかし、そうした社会認識とは別の位相で、実際に、出来事を体験した人びととのインタビューの営みは、聞き手を独特な心理状況に追い込んでいく。それほどに、語りには力がある。もちろん、石田忠が福田須磨子に生活史を聞き取った時代と、記憶や語りの位相でライフストーリーを聞き取ろうとする調査する側の認識の変化はある。その認識の変化に対応して、語り手は、福田須磨子から、三名の語り手に移行する。Yさんは、福田須磨子を「有名な被爆者」として自分自身と区別するが、〈わたし〉からみれば、Yさんも十分に「被爆者」である。かつて、石田忠が福田須磨子に対峙したように、〈わたし〉もまた、三名の語り手に向き合い、罪意識の作用により相反する心理状態にさらされていく。

先述したように、インタビューは継承を自明視する常識的な理解を相対化する作用をもつ。ただし、語り手において自明視される「継承」の意味を相対化してインタビューを分析する視座は、調査当初から明確に意図されたわけではなく、そうしたかたちでしかインタビューを継続できない状況を捉え返そうとするなかで浮上した視座である。はたして、Yさんのライフストーリーを聞く社会学的意味は、どのようなところにあるのか。そうした疑問を抱きながら、彼とのインタビューを継続するなかで、インタビューを分析する視点が浮上したといえる。

第4章の検討は、ここに紹介した論点をめぐり、具体的なYさんの語りと、その語りを取り巻く言説との関係で書くかたちで進められていく。Yさんは、長年にわたり平和教育の実践に取り組んできた。聞き手である〈わたし〉は、Yさんの経験を聞き取り、その意味を考える。Yさんの実践を、具体的に書くこと、Yさんとのインタビューについて書くことをとおして、「平和教育」という特定の文脈とは別の位相で、彼のライフストーリーの意味をみいだすことが、第4章の記述の方針となる。

8　Mさんとの出会い

Mさんとの対話は、リフトンの罪意識の同心円と、爆心地を中心とする同心円イメージという、ふたつの「地図」を手にたずさえて、「被爆者になる」というライフストーリーを探求するプロセスである。ただし、彼との対話が、このような意味をもつことを知るのは、彼とのインタビューをはじめてから、およそ八年の時間が経過し、インタビューの分析に、おおよその方向性がみえてからのことである。さきに述べたように、Mさんと出会った当初、彼が、〈わたし〉にとって、どのような意味をもつ存在なのかはよくわからなかった。トランスクリプトには、「被爆者になる」という語りが明瞭に現れているのだが、その語りの意味するところは曖昧であり、つかみどころのない印象をおびていた。

Tさんのように、みずからの被爆の体験を多く語ることはなく、Yさんのように、被爆の体験の語り方について、具体的に語るわけでもないMさんは、いったい、なにを語ろうとしているのだろうか。これが、インタビューをはじめた当初の〈わたし〉が、彼にたいして抱いていた率直な印象であった。彼の語りが、どのような意味で、長崎原爆被災の記憶というテーマにおいて重要なのかということは、Tさんとのインタビュー、また、Yさんとのインタビューの記述と解釈をへて、はじめて明らかになる。

Mさんは、インタビューという営みの性質を、もっとも理解している語り手である。彼は、長年にわたり、数多くの被爆者の体験を聞き取り、記録する、「聞き書き」の実践にたずさわってきた。彼自身の「聞き書き」の経験が、インタビューに作用したといえるだろう。彼にとって、被爆者への聞き取りは、被爆体験を記録する「聞き書き」として認識されていた。そのため、語り手と聞き手のあいだには、インタビューの場の定義に関して認識の差異があった。彼にとって、聞き取りは、体験の「聞き書き」を目的とする。

Mさんは、〈わたし〉がフィールドに入り、間もなくの頃に、出会った被爆者である。被爆体験講話にたずさわる、ある語り手と個人的にお話をしていたとき、Mさんが、そばを通りかかった。その語り手は、〈わたし〉に、「この方は、とても勉強熱心な方です」と、Mさんを紹介した。長崎の被爆者をテーマとする「聞き取り」に取り組む大学院生として、紹介された〈わたし〉は、その後、Mさんと何度か、個人的にお会いして、話をするようになる。このようにして、出会ったばかりのころ、彼は、被爆者調査の古典的研究として、リフトンの著作にふれ、リフトンの『死の内の生命』をはじめて読んだときに抱いた印象を丁寧に説明してくれた。

彼は、被爆直後の生存者の心理は「精神的麻痺」の状態にあるとするリフトンの分析を読んだときに、「当時の、わたしの心理をするどく突いていると思い、たいへん感銘をうけたことを覚えていますよ」と語ってくれた。被爆者である彼が、リフトンの分析を自然に受け入れ、どこか楽しそうにさえ語っているMさんの様子をみて、〈わたし〉は無意識のうちに抱いていた「被爆者」イメージとは異なる存在に出会ったように感じた。

Tさん、Yさんとのインタビューにくらべて、Mさんとのインタビューは、語り手にとっても、聞き手にとっても、その意味が明瞭になるまでに長い時間を要したと思われる。Mさんは、〈わたし〉にたいして「いったい、あなたは、なんのために、わたしに聞き取りをしているのですか」と素朴に問いかけ、〈わたし〉もまた「なぜ、被爆について語り続けるのですか」と、Mさんに問いつづける。

序論で確認した本書の視座を再確認しておこう。極限的な状況を体験した人は、その体験を、どのように言語化していくのだろうか。こうした「問い」を、実際に出来事を体験した人びととのインタビューをとおして考えていく。これが、長崎におけるフィールドワークの基本的な問題意識である。しかし、語りえない体験が言語化されるプロセスをライフストーリー論的に考察するフィールドワークは予想以上に困難であった。語りえなさを言語化する語り手と、語りえなさを聞き取ろうとする聞き手の関係を分析する視点を確保するという課題が浮上するからである。こうした課題にアプローチするには、さきに紹介したように、語り手はなぜ語ろうとするのか、聞き手はなぜ聞き取ろうとするのかという問いを、双方に持続的に問いかけ続ける必要が生じる。こうした、きわめてシンプルな問いかけを、おたがいに続けるなかで、語り手と聞き手のコミュニケーションが成立していく。それは、他者の体験を聞く意味、自己の体験を語る意味を対話的に考えていく営みである。インタビューをはじめたころの〈わたし〉は、こうしたやりとりに、どのような意味があるのか、よくわからなかった。Mさんは、どのように考えていたのだろうか。Mさんがすでに他界したいま、その意味を直接的に聞き取ることはできないが、生前の彼のインタビューを扱う第5章の分析には、Mさんにとってインタビューがどのような意味をもっていたかを知る手がかりが残されているだろう。生前の彼が、くりかえして語りつづける「被爆者になる」、あるいは「被爆者になる」という語りの意味の在所を明らかにする。それが第5章での検討課題になる。

9 他者の語りを聞くことを、書くこと

ふたたび「劣等被爆都市」という問題について検討することで、本章をとじたい。高橋は、劣等被爆都市を構成する要素として、平和教育と、永井隆の言説をとりあげた。平和教育をめぐる語りの問題は、前節までに検討したとおりである。三名の語り手とのインタビューにおいて永井隆は問題とならないため分析の対象としない。ただし、この問題と関連のあるローカルな語りについて、Mさんとのインタビューに触れて言及しておく。それは、しばしば、ローカルなレベル

で問題とされる、「浦上」と「長崎」という認識をめぐる語りである。Mさんは、ある日のインタビューのなかで、つぎのように語っている。

長崎のこちら、いわゆる「内町」にいた人たちは、浦上、その「浦上」と「長崎」は違うというふうな明確な意識があったわけではないにしてもね。やっぱり、浦上に原爆が落とされたという感覚はちょっとあったと思うんですよね。あの、その、それを。あの。「浦上だけ」っていうとか、それから宗教的ななんとかで、矮小化するのは、わたし、間違いだと思うけれども。

この語りは、浦上と市街地を、文化や宗教に本質的なアイデンティティを求める歴史観により、浦上と市街地を二項対立としてとらえるローカルな言説を相対化する語りである。カトリックの信者が多く居住したという浦上の歴史と、原爆被災の記憶を重ねあわせて、あたかも、そこには、ひとつの歴史があるかのように語られる。いわば、ローカルな語りの典型として位置づけられる語り方である。Mさんは、こうしたローカルな言説を相対化しており、「永井隆」を神聖な対象とする歴史認識や、「浦上」を特別な場所として意味づける歴史の語り方にたいしては、懐疑的な眼差しを向けている。

「被爆者になる」という、彼の生き方の語りに照らしあわせて解釈するなら、そこには、原爆被災の記憶を矮小化する作用がともなう。聞き手である〈わたし〉は、その語りを聞きつづけることで、彼がいわんとすることを徐々に理解していく。彼自身は、引用した語りに登場する「内町」にうまれた。その後、さまざまな経験をつみかさねるなかで、被爆者になるという生き方に出会い、みずからが生まれ育った「内町」を、そこに生活した当時とは別の視点でまなざすようになっていく。

M：その、浦上に落とされて、長崎に落とされたのではなかったんだという言いかたは。ええ。一部、わたしたちが住んでいた頃の、内町のほうの、長崎の内町のほうではですね。

＊：はい。

M：カトリック、戦争中、まあ、カトリック、カトリックというのは、敵性の宗教だという、やっぱり差別観がありましたからね。そういうことで、バチがあたったんだという。浦上が灰燼にきしたのは、「バチがあたったんだ」ということ。ぜんぜん、耳にしなかったわけではない。

＊：耳にしなかったわけではない。

M：ええ、聞いたことはあります。

＊：それは、まだ覚えてらっしゃいます？

M：うん。「バチがあったんだ。浦上が、あんなに、焼け野が原になったのは、バチがあったんだと。その敵性の国の、キリスト教というのを、あれしてたからだ」というね。

＊：それは（笑）、具体的にどういう状況でお聞きになったんですか？
M：ははっ（笑）。なにかを話したときに「浦上はひどかったね」と言うたら、「いやバチのあたったとさ」というな。
＊：ああ、そういう感じ。その、ふつうの日常会話のようななかで。
M：言う人もいた。で、言うことについてですね。カトリック部落と、それから、かつて伝統的な長崎の内町との、対立という形で。で、それと、もうひとつは、永井博士の影響がどんなに大きかったかということにたいする。
＊：うん。
M：それを際立たせるための、論文のなかで言われたことであって。あの。さっき、さっきのように。長崎の街の全体が、街の機能を失った意味では、長崎市は全部、被爆地だったと、わたくしは思ってます。
＊：なるほど。
M：うん。だから、それは、その、際立たせるために、論文を書くときとか、あの、自分の主張を強くするために、よく言いますからね。
＊：まあ、そうですね。
M：そんなに、あの、強いというのか、えー。あとになって、何十年もたって、論文で言われているような、あの、際立った言い方、際立った意識ではなかったと思います。やっぱり長崎

はやられたと。わたし自身も思ったし。
＊：うんうん。
Ｍ：しかも、三分の一が死んだんですから。長崎の二二、三万のうちの、七万数千人が死んだんですから。誰かしら、知り合いが死んだ。わたくしの場合は、まあ、いとことか、あの、叔母ですけど。
＊：ああ。
Ｍ：家族をもちろん亡くした人もいましたしね。その、こちら側にいてもよ。働きにいっていて、三菱兵器で死んだ人もいますから。
＊：そうですよね。
Ｍ：そんなに、あの…、よほど、被害の少なかった人たちが、バチがあたったんだと言う以外に、そんなに、あの、受け止める人は、長崎ではいなかったと、わたしは思いますけどね。
＊：なるほどね、それは、そう、そうだったのかなと思いますね。
Ｍ：ねえ、そうでしょ。
＊：うん。
Ｍ：だから、やっぱり、わたくし自身にとっても、あのー、やっぱり、ずーっと、ひきずっていたというのかな。
＊：それは、やっぱり、いとこの方と、叔母さんですか、叔母さんも亡くなられた？

M：ああ、叔母は亡くなりました。それで、いとこは帰ってきませんでしたね。その朝、わかれたきり。

Mさんは、「浦上」と「市街地」を差異化する言説を歴史的事実により説明しようとする。たとえば、爆心地から遠く離れたと認識される市街地では、爆風や火災による被害は比較的軽微であったとしても、そこでも電気、ガス、水道等の「まちの機能」が麻痺した事実を確認すれば、そこは、浦上と同じ「被爆地」であるということ。また、これらのことは、生存者による「証言」記録や、長崎市により編纂された『長崎原爆戦災誌』からも理解できる歴史的事実であるということ。

同時に、彼は、このことを個人的な記憶にねざしても説明する。浦上には当時、長崎三菱製鋼所、三菱兵器大橋工場、およびその下請け工場が立ち並び、そこでは多くの人びとが働いていた。Mさんのいとこも、松山町付近の下請け工場へ勤務中に、被爆により死亡したと推測されている。こうした個人的な記憶を参照すれば、浦上において被爆した人々が、かならずしも浦上に居住した人々ではないという事実の確認による説明である。

この論点は、第5章で検討する「被爆者になる」というMさんのライフストーリーの検討とも関連している。彼は、戦後を生きるなかで「在外被爆者」、「外国人被爆者」といった社会問題に出会い、その問題に当事者として関与することをとおして、「被爆者」としての自己を「深めた」

と語っており、それは「体験」の広まりであったと説明している。このように語るMさんにとって、「浦上原爆」という言葉は、被爆の記憶を矮小化する作用をもたらしたと感じとられたのではないか。

こうした過去にたいする彼のまなざしは、つぎの語りにもあらわれている。トランスクリプトにあらわれた、「カトリック部落と、それから、かつて伝統的な長崎の内町との対立という形で。それと、もうひとつは、永井博士の影響がどんなに大きかったかということにたいする。それを際立たせるための、論文のなかで言われたことであって」という語りに注目したい。この語りは、「浦上」を特殊な場所と認識する語り方を、彼の生活の経験にねざして、婉曲に批判する語りである。Kさんとの対話を重ねていたところ、彼女は、カトリックと原爆被災の記憶という問題の重要性を指摘した。ローカルな知識に通じており、被爆の語り手とともに生きる彼女は、「神と原爆」という課題が重要であり、その問題にたいする十分な調査がなされていないこと、すでにある研究の知見が、かならずしも適切な解釈とは思えないと語ることがあった。こうした認識は、Mさんにも共有されていた。

しかし、この問題についてMさんが多くを語らなかった。彼は、ライフストーリー・インタビューをとおして、ときに、みずからの信仰にかんする考えかたを語ることもあった。しかし、そうした経験が、被爆者としての自己、あるいは、いわば生の全体としての自己を形成するにあたり、どのような影響を与えたかを分析的には説明しなかった。

ここでは、さしあたり、長崎というローカルな地域のなかで生活を営んできた語り手が、みずからの生活の体験にねざして、「浦上」という場所をみつめ、その状況を聞き手に伝えようとしたことを確認しておきたい。第5章で検討するように、彼は、みずからの体験を、冷静にみつめること、書きとどめること、他者の体験に、心情的に寄り添い、聞くこと、そして書きとめることにたずさわってきた。この積み重ねが、「被爆者になる」と表現される生き方を形成してきた。彼の語りに内包される、社会へのまなざし（視点）は、本書に設定された〈わたし〉にかさなるものである。いいかえれば、それは、Mさんのまなざしを理解するために、仮設された視点である。

ここまで検討してきた三名の語り手は、いずれも、被爆を体験し、その体験を、言語や身体的表現により表現しようとしてきた人々である。彼らは、みずからの体験を他者に伝えるために、みずからの体験を客観的にみつめる視点のとりかたを探求してきた人びとである。次章以降の検討から明らかになるように、彼らは、「語り部」として、たんに過去のみずからの体験をくりかえして語っているだけではない。彼らは、本来、客観的にみつめることができない、切実な、語りえないものを、他者に伝える営みについて考えつづけてきた人びとである。こうした営みにたずさわる人びとの語りを、どのように聞くことができるのか。そして、こうした人びとの語りを聞くことを、どのように書くことができるのか。次章以降の記述の指針は、この点にある。

第3章 「被爆体験」の身体的複製

1 問題の所在

前章までの検討をふまえて、本章から、三名の語り手との具体的なライフストーリー・インタビューについて検討していく。これまでの議論を簡単に整理しておこう。

これまで議論のポイントは、ふたつの同心円イメージにある。ひとつは、爆心地を中心とする同心円イメージであり、もうひとつは、死者を中心とする罪意識の同心円イメージである。

このふたつのイメージが、私たちに与えられた「地図」である。ふたつの地図は、まったく異なる性質を帯びている。爆心地を中心とする同心円イメージは、被爆を語ろうとする者に超越的な視点を付与し、科学的言説にもとづいて被爆を語る視点を与える。たとえば、本章で検討するTさんは、「四キロで被爆した人にいったい何が語れるだろうか」と語る。これは、超越的な視点を内面化した語りである。〈わたし〉は、こうした語りに出会い、そこに矛盾を感じる。

被爆を体験していない〈わたし〉にとって、次章で検討する四・三キロで被爆したYさんも、「被爆者」であり、「語り部」である。Yさんは、「爆心地の近くで被爆を体験した人だけが、被爆者ではない」と語る。〈わたし〉は、TさんとYさんの認識の違いをどのように解釈すればよいかを考える。そのときに、リフトンが提起する罪意識を図示した、死者を中心とする同心円イメージが、あらたな手がかりとなる。

死者を中心とする罪意識の同心円イメージは、死者の存在を可視化し、死者との関係で被爆を語る視点を与える地図である。米山リサが指摘するように、爆心地を中心とする同心円イメージは、原爆被災を体験した場所を「爆心地」からの距離により測定することを可能にする。このことにより、原爆被災を体験した人びとは、みずからの体験を「爆心地から何キロの体験」であると認識するようになる。

こうしたプロセスは、「語り部」として活動する人びとの意識にも影響をおよぼしている。Tさんの語りや、Yさんの語りは、その象徴的な事例といえるだろう。直接的には被爆を体験していない〈わたし〉も、この同心円イメージの権力作用から自由ではない。Tさんは、一三歳のときに被爆を体験し、友人と、母を亡くした。彼は、被爆を体験してから十日間の記憶を芝居により表現しようとする語り手である。

Tさんによる、芝居で体験を再現する実践を見学するなかで、〈わたし〉は、彼の芝居の実践が、記憶の継承や、平和教育ではなく、死者とのコミュニケーションに力点をおいていると気づいていく。罪意識の同心円イメージは、長崎におけるフィールドワークとの関係で、どのように理解できるのか。三人の語り手とのインタビューを検討するときに、Tさんのライフストーリーは、罪意識の同心円の中心に位置する死者との関係で、生きられた経験の語りを検討するにふさわしい対象になる。

2　ふたつの違和感

インタビューのプロセスで、Tさんは他界した。Tさんとのインタビューの意味は、彼の他界にある。〈わたし〉にとって、被爆を体験した人の死に出会う経験となったからである。本章では、彼が他界するまでのインタビューをふりかえりながら、彼が生きていた時間と、死後の時間を、〈わたし〉がどのように考えたかを記述することにより、「被爆者になる」という考え方の基礎的な考察をおこないたい。

「被爆者になる」という考え方は、他者の記憶、死者の記憶を、自己の経験として内面化していくプロセスをさしている。この考え方を理解するにあたり、Tさんとのインタビューの経験は、もっともリアリティのある体験となっているはずである。

そもそも、なぜ〈わたし〉は、数多くいる「語り部」のなかから、Tさんにインタビューへの協力を依頼したのか。その契機は、調査の仲介役として重要な役割をはたしてくれたKさんからいただいた、ある新聞記事を読んだことにある。その新聞記事には、つぎのような出来事が記されていた。みずからの被爆の体験を「一人芝居」の形式で上演するTさんにたいして、芝居の上演中に、客席にいる中学生がヤジをとばしたり、なめていたキャンディーを投げるなど「非常識」な行為をとった。

この「非常識」とされる行動と、〈わたし〉が抱いていた違和感とがむすびついた。この記事を目にしたときに、〈わたし〉は、長崎でのインタビューをすすめるなかで抱いていた違和感と、この出来事がむすびつくように感じた。この出来事が「非常識」とされることに違和感をおぼえるわけではない。出来事そのものは、Tさんも語るように「語るに値しないこと」である。

調査をすすめるなかで〈わたし〉に浮上した違和感とは、被爆の体験を「継承」するという自明性にたいする違和感である。Tさんは、「語り部」として活動する人びとのなかで、「継承」にたいして独自の視点をもつ語り手である。彼は、ある日のインタビューで、つぎのように語っている。

継承、継承というけれど。それは、受けとる側の問題であって、伝える側が、「これを継承しろ」っていうのはおかしいよね。

この語りには、Tさんの語り手としての立場が明確に現れている。彼は、「一三歳の被爆体験」をくりかえして上演している。〈わたし〉は、彼の芝居をくりかえして鑑賞する。彼は、芝居を上演するたびに、ともに上演に携わるスタッフとともにミーティングをおこなう。

「あの場面は、もっと、こういう風にした方がいい」、「あのナレーションは、おかしい」、「前回とは、ここを変えてみた」等々。彼は、大学生の頃から芝居が好きだった。だから、そこには芝居の方法論に関する意識もあっただろう。しかし、彼が、もっともこだわったのは、「一三歳の体験」を、いかにリアリティをもって再現するかにあったように思われる。

〈わたし〉には、彼が取り組む芝居は、とても不思議なものに映った。この芝居は、Tさんが舞台にひとりで立ち、ナレーターをつとめるふたりが状況を説明する形式で上演される。Tさんが上演する「一三歳の体験」は、当然、彼にしかわからない体験である。修学旅行生を対象として上演するため、形式上は「平和学習」と位置づけられているが、〈わたし〉には、彼の実践が、そうした言説には回収されない、別の意味を内包しているように映った。

「命ありて」と題された芝居をくりかえして鑑賞するなかで、〈わたし〉は、ある日、この芝居がなにを伝えようとしているか、まったくわからない、ということに気づいた。鑑賞をくりかえすなかで、「よくある、どこかで聞いたような話」といった感想を耳にすることがあったが、〈わたし〉には、そうした感想は「わかったつもり」にすぎないように思われた。さきのTさんの語りは、この芝居の「わかりにくさ」を説明する語りである。

彼は、基本的に、個人的な体験を再現することに力を注いでいる。その姿勢は、死の間際まで、一貫したものであった。継承とは「受けとる側の問題」であるという、彼の語りが重要である。〈わたし〉は、Tさんとのインタビューをつづけるなかで、彼の被爆の体験に関する語りには、共感することも、共鳴することもできなかった。もちろん、彼の語りを理解することは、〈わたし〉にはできない。インタビューをつづけるなかで、〈わたし〉には、「Tさんのお話は、基本的にはわからない」と答えることしかできなかった。

しかし、〈わたし〉にとって、唯一、インタビューに応じてくれたTさんにたいし、その言葉の真意を知りたい、考えてみたいと感じた語りが、上述の「継承」に関する語りである。次章で検討するYさんは「継承」の重要性を強調する語り手である。彼は、次世代への「継承」を前提とし、その価値観を自明視する「平和教育」に取り組んでいる。次世代への継承を意識するゆえに、Yさんが取り組む「被爆遺構めぐり」の実践は、Tさんの一人芝居に比べると「わかりやすい」ものである。しかし、〈わたし〉は、わかりやすく「継承」することを自明視する「平和教育」に違和感をおぼえる。

ここに、〈わたし〉とTさんのコミュニケーションを可能にする手がかりがある。彼は、「継承っていうけれど、それは受けとる側の問題であって、わたしには関係ない」と言い放つ。この語りに、〈わたし〉は共感の感覚をおぼえる。〈わたし〉は、この語りを「継承」の自明性を根本的に疑う視点として理解し、内面化する。Tさんがそのように考えているのであれば、彼の芝居が「わかりにくい」ものであることにも納得がいく。彼が語るとおり、彼は、みずからのかつての体験を可能な限り忠実に、リアリティをもって再現することに専心しているのであって、彼の実践は、それ以外のなにものでもない。彼の実践は、他者にたいして開かれた実践と考えることも可能だろう。彼は、リアリティをもって体験を再現することに専念し、それを、どう受け止め、解釈するかは、それを見たものの問題である。これが、Tさんの基本的な考え方である。観客の反応の「非常識さ」が、Tさんにとって「語るに値しない」ことがらであることは、いうまでもない。Tさんの語りを受け止め、解釈する〈わたし〉は、彼の語りの意味を、彼の生と死に求める。

Tさんとの対話から〈わたし〉に生じた「継承」にたいする違和感は、つぎのように整理することができる。第一に、なぜ、被爆を体験した者は、その体験を語らなければならないのか。語りたくない、語りえない体験を語ることを語り手に強いる「権力」にたいする違和感である。第二に、なぜ、被爆を体験していない者は、体験した者の語りを聞かなければならないのか。後述する、直野章子が「原爆の絵」の書き手へのインタビュー経験から指摘するように、「追体験」とは、けっして心地の良いものではない（直野 2004）。なぜ、誰にとっても、けっして心地の良くはない体験を、みずからに強いる必要があるのか。これが第二の違和感である。Tさんは、第一の違和感に直面する語り手であり、〈わたし〉は、第二の違和感に直面する聞き手である。

Mさんは、みずからの体験を語るだけではなく、他者の体験を聞き取ることにより「被爆者になる」と語る。とりわけ、他者の体験を「聞く」ことに重点を置いている。しかし、他者の体験を聞くとは、言葉でいうほどに容易なことではない。みずからの体験を語ることにも、他者の体験を聞き取ることにも、おおきな精神的な負担が生じる。他者の痛みを聞き取り、みずからの被爆体験を広め、被爆者として深まることにより「被爆者になる」と語るMさんの生き方を理解するプロセスに、Tさんとのインタビューの時間がある。〈わたし〉にとって、Tさんとのインタビューは、これらのふたつの違和感に向き合う時間として位置づけられる。

3　死との遭遇

Tさんのライフストーリーを聞き取る経験をとおして、〈わたし〉は、彼が、ヒロシマ・ナガサキの普遍的な言説、あるいはローカルなレベルで共有される言説に回収されることに抵抗する姿勢を示して生きてきたことを知り、そうした考え方を内面化していく。彼は、みずからの体験が核廃絶や平和といった普遍的な言説に回収されることに抵抗の姿勢を示した。より正確にいえば、彼は、それらの言説や実践に無関心であった。彼は、普遍的な言説を否定したわけではない。そのようなことは、そもそも不可能である。彼は、みずからの体験を「体験そのもの」として表現することに専念するため、「命ありて」と名づける舞台をつくり、社会的言説と体験を区別する空間を確保しようとした。

彼は、「語り部」であるが、YさんやMさんと比べると、言葉に重きをおかない語り手であった。

彼は、みずからの身体と感情に、活動の力点をおいていた。たとえば、彼は、被爆体験を言説化する「平和教育」に否定的である。彼は、みずからの「一三歳の体験」が平和教育の実践によっては、けっして表現しえないものであり、みずからが取り組む「命ありて」の芝居は、平和教育とは別の営みであることを強調した。

しかし、生前のTさんとのインタビューによって、〈わたし〉は、彼がいわんとすることを充分に理解することができなかった。もちろん、彼が、平和教育とは距離をおいて生きてきたこと、長年にわたり体験を語らなかったことは、彼の語りを聞き取ることにより理解することができる。しかし、なぜ、彼が、平和教育と距離をおき、芝居にこだわったのかを理解するには、彼との出会いから一定の時間を経過した後、彼の死に直面し、彼の死について考える一連のプロセスを経験することが必要であった。生前の彼と〈わたし〉のインタビューにおいて、彼は、みずからの語りえない体験をいかにリアリティをもって表現するかという問題に直面しており、〈わたし〉は、なぜ、彼の「体験」を聞かなければならないのかと考えていた。両者は、そもそも、「問い」を共有していない。

〈わたし〉は、Tさんの死後、生と死（具体的には、死者にたいする罪意識）という認識の枠組みを設定し、彼の語りを読み解く視点を広めることにより、彼がインタビューをとおして、なにを語ろうとしていたのかを徐々に理解していったのである。こうした意味で、本章の記述は、被爆者の生と死にかかわる分析となっている。なぜ、爆心地を中心とする同心円のみならず、罪意識の同心円が重要となるのか。本章の記述により、そのことの意味がより明瞭になっていくだろう。

ここに述べたことは、たとえば、直野章子のつぎの記述との関係で理解することができるだろう。直野は、「原爆の絵」の書き手へのインタビュー経験にもとづき、つぎのように述べている。

「原爆の絵」は、被爆直後の「地獄絵」の光景を視覚を通して伝えるため、私たちにも「脳裏に焼きつく」という疑似体験を迫る。絵や作者の語りを通して、その惨状に間接的にしか触れていない私でさえ、死臭を嗅いだようなめまいに襲われることがある。この「追体験」はけっして心地よいものではない。心地悪さから逃げるために、被爆者の証言を「核兵器廃絶と世界恒久平和への願い」という定型化した「ヒロシマの心」として矮小化しがちになるのではないだろうか。被爆者たちが、私たちの想像力を超えたところに佇みながら語っているにもかかわらず、私たちはわかったような気になっている。（直野 2004: 62）

直野が指摘するように、Tさんの被爆の体験や、その後を生きる心的状況は、私たちの想像力をはるかに超えたところにある。被爆を体験した「語り部」としてTさんをとらえるかぎり、〈わたし〉は彼のライフストーリーを理解することはできない。彼は、そうした理解の枠組みを、はるかに超えたところで、みずからの体験の表現という問題と格闘していたのだろう。定型化されたヒロシマ・ナガサキという言説が指示する現象と、Tさんの生の営みは、別の次元の問題である。彼が、死の間際まで「一三歳の体験」を上演しつづけた意志は、〈わたし〉には到底理解することができない、ときには狂気とも感じるような語りえなさにより形成されていたのではないだろうか。

〈わたし〉は、彼の死後、彼の語りを反芻するなかで、死者の存在をリアリティをもって感じるようになる。後述するように、彼は芝居の上演に取り組むなかで、亡くなった友人の力により、声がでなくなることが何度かあったと語っている。彼が芝居を上演する舞台は、彼が被爆を体験した場所と、彼の友人が多く亡くなった学校の中間地点にある。彼は、声が出なくなる理由は「亡くなった友人が許してくれない」からではないかと推測することがあると〈わたし〉に語りかける。

それは、偶然のことであり、過剰に意味を与えることは誤りなのかもしれない。その語りを聞いたときには、とりたてて気に留めなかった言葉を、〈わたし〉は、彼の死後、しばしば思い出すようになる。あのとき、なぜ、彼は、〈わたし〉にその体験を語ったのか。その体験には、どのような意味があるのだろうか。

〈わたし〉は、彼の死について考えることをとおして、彼が、亡くなった友人や、母の記憶に苛まれ、その体験をくりかえして上演する心的状況を「追体験」するようになる。〈わたし〉は被爆を体験したわけではないし、大切な友人を一瞬にして亡くした経験もない。けれども、彼が、一三歳のときに体験したこと、その後、長いあいだ、その体験について語らなかったことを想像するとき、そこには、「被爆」という言葉だけでは説明することができない、より複雑な、彼自身に内包された、より根源的な問題があったのではないだろうかと考えるようになる。そして、〈わたし〉が、その体験を聞き取ることができないまま、彼は他界した。彼が他界したことにより、〈わたし〉にとって、Tさんの存在は、生前の彼以上に大きなものになった。

当然のこととして、彼とは二度と会うことができないし、話すこともできない。しかし、彼の死が、〈わたし〉にとっての彼の存在を大きなものにしたことは、はからずして、リフトンの罪意識の同心円の存在を気づかせることにある。つまり、調査者である〈わたし〉もまた、Tさん、Yさん、Mさんとのインタビューを継続するなかで、死者にたいする罪意識を内面化し、死者を中心とする同心円の内部に生きていることに気づいたのである。

長崎でのインタビューに着手したばかりの〈わたし〉は、Mさんの語りに登場する「被爆者になる」という語りを理解できず、体験を語り、聞くことの意味について考えようとするが、その手がかりを得ることができなかった。当時の〈わたし〉にとって、唯一の手がかりは、同心円イメージにより規定された「距離」と「年齢」が被爆の語りに影響を与えるという視点であった。しかし、Tさんとのインタビューにより、死という現象に直面し、語りという問題を、死との関係で考えることの必然性に直面したのである。

4　生を回想すること

Tさんと〈わたし〉のインタビューは、つぎのようにはじまった。〈わたし〉は、長崎での調査を継続するなかで、多くの「語り部」の体験講話を見学していた。芝居という形式で体験を表現するTさんの活動は、他の語り手とは異なる。その芝居の最中に、なめていたキャンディーを投げつけられたと報じる記事を読んだ〈わたし〉は、この出来事がTさんにどのような影響を与えたのだろうと考えた。こうした関心から〈わたし〉は、Tさんにインタビューを依頼したのである。

しかし、こうした〈わたし〉の仮説めいた考えは、Tさんとの対面により、あっさりと否定されることになる。彼は、このことについて「たいして気にしていない」と語り、「あえていうならば、そのことを『継承』の問題にしつらえて、くりかえし報道するメディアにたいして違和感がある」と語った。彼が、そのことについては語るに値しないと考えていることは、彼の表情や、語り方から容易に理解することができた。

彼が感じると語るメディアにたいする違和感は、「継承」という言説に定型化することで被爆の体験を報道するメディアにたいして抵抗する姿勢を示している。彼の芝居の実践は、つねに、みずからの体験をいかにリアルに再現するかという点に力点がおかれている。彼は、しばしば「純然たる体験」という言葉を用いて、みずからの実践を説明する。メディアの権力作用により定型化された「継承」の語りや、教育との関係で言説化された「平和教育」の語り、あるいは体験の普遍化を意図する「核廃絶」や「平和」といった語りは、彼が取り組む芝居の実践の意図とは、無関係なものとして認識されている。

〈わたし〉は、彼とのインタビューを進めていくなかで、このことを徐々に理解していく。〈わたし〉はMさんとのインタビューを継続するなかで、Tさんの実践について、Mさんに語ることがあった。語り部の活動に携わる人びととは、他の語り手の体験講話や被爆遺構めぐりを見聞きする機会をもたない傾向がある。とくに、Tさんのように、長崎の証言の会や、長崎平和推進協会といった組織をはなれて、独自に芝居の上演に取り組む語り手の活動は、他の語り手の活動とは隔絶された場所で営まれることになる。Mさんは、〈わたし〉にTさんの活動の内容をたずね、彼がどのような心理で芝居を上演しているかを推察し、彼の立場は、長崎の被爆者においてきわめて特殊な立場にあると推論した。

つぎに示すトランスクリプトは、Tさんとのはじめてのインタビューからの抜粋である。

＊：まず、こう、そもそもTさんが、こうした「語り部」と呼ばれる活動に参加されることになったきっかけというのは何だったのですか？

T：あのね、もともと話したくないんですよね、この話。で、教員生活三八年のなかで、話してないんです、話せなかったんです。

＊：はあはあ。

T：ところが、退職の年になって、それもまぎ、退職間際になった二月、山里小学校、平和集会っていうのがね、学期ごとにやるんですよ。で、若い先生たちが、係の先生もふくめて。
＊：はい。
T：「T先生も体験者でしょう」と。
＊：うん。
T：先生の体験を聞かせてくれ。一回断った、「私は話せません」。
＊：はい。
T：二回断った、三回、四回、五回、なんかいも来るんですよ。「もう最後だからT先生、話をしませんか、してください、教えてください私たちに…」、ハハ（笑）
＊：それは山里小学校で話してくれませんかと?
T：ううん、小学校の教員だったから。「そうせんと、子どもたちの前でもう話す機会はないかもしれませんよ、先生」っていうんで。「どうして?」って、「体験を話してくれる人がいなくなったから」ってね。「そうかあ、いないのかあ、じゃあ僕の体験でよかったら、一三歳の体験だよ」って、「うわあ、それで結構ですよ」と。じゃあ話しましょうかということで、退職の年の二月、まあ平和集会で話したのがきっかけだね。

「あのね、もともと話したくないんですよね、この話」と〈わたし〉に語りかけていることを、私たちは、なによりも強く認識する必要があるだろう。〈わたし〉は、Tさんとインタビューを継続したわけだが、そこで、彼が語ろうとすることのすべては、この言葉により指示される心理に基礎づけられている。彼の言葉を参考として、もういちど確認しておこう。

もともと話したくなかったことを、人は、なぜ、語ろうとするのか。これは、本書の基本的な問いである。Tさんは、このことを、折に触れて確認した。「人間、だれしも、語りたくないですよ。つらいことは」と。しかし、インタビューを始めたばかりの〈わたし〉には、この言葉の意味を充分に理解することができなかった。言葉の意味とは、いいかえれば、その言葉の重みである。

ただし、事後的に解釈すれば、こうした重みを〈わたし〉の問題として受け止めることができていないからこそ、長期的なインタビューが可能になったともいえるだろう。もしくは、このように説明することもできるかもしれない。わたしは、これまでの人生では経験することのなかった、けっして言葉にできない出来事を経験した人びとに、仮設的に設定した〈わたし〉を出会わせることにより、わたしに内包された語りえないものを見いだし、そこからの解放の理路を見いだそうとしていた。いずれにしても、ここから、Tさんと〈わたし〉のライフストーリー・インタビューがはじまった。Tさんは、もともと話したくなかったことを話すようになったきっかけは、周囲の教員から「話をしてほしい」と依頼されたことにあると説明する。

このことを、Tさんの個人的な語りを社会史的な視点から説明しておこう。この語りの背景には、一九七〇年代後半以降、長崎において「証言運動」が盛んになったことや、学校教育の場において「平和教育」が盛んになったという社会的なコンテクストがある。Tさんは、学校教員として戦後を生きるなかで、こうした証言運動や平和教育の実践とは一定の距離をとってきたと語る。彼の語りから、当時の心境を想像すると、その心境は、つぎのように説明することができるだろう。

Yさんや、Mさんのように「わたし自身はたいした怪我をしたわけではないし、親を亡くしたわけでもない」と自己認識する語り手と比較すると、Tさんは、親を亡くした語り手である。彼は、原爆被災により友人を亡くし、その後、母を亡くす。彼は、当時をふりかえり、「原爆のことを話すことは、もうやめよう」と生き残った友人たちと決意したと語っている。被爆から二五年間、自分自身が被爆者であることを意識することはすくなかったと語るYさんとは対照的である。

体験があまりにも過酷であるゆえに、語りたくない、この体験にとらわれずに、生き残った者にあたえられた時間を生きていこうと決意したTさんにとって、Yさんのように、体験を語ることの意義を社会的なコンテクストに即して、理路整然と説明することに違和感をおぼえることは、想像にかたくない。ここには、Tさんに特有の被爆者としての「抵抗」のあり方をみてとることができる。それは、かつて石田忠が福田須磨子の生活史にみいだした「抵抗」とは異なる抵抗の姿勢である。

彼は、教員を退職後にとりくんだ、みずからの体験を演じる芝居の実践において「核廃絶」や「平和」のメッセージを前景化することはなかった。彼は、核廃絶や平和といった普遍的なメッセージを否定するわけではないが、こうした普遍的なメッセージや、抽象的な理念により展開される社会運動から捨象される、個別的な体験を表現する実践に専心したと、さしあたり整理できるだろう。

ただし、彼のライフストーリーは、Mさんも指摘するように、このような整理によっては充分に説明することができない、複雑な心理から紡ぎだされるものである。〈わたし〉は、その複雑さを、彼とのインタビュー実践をとおして、折に触れて感じた。被爆教師としてのライフストーリーを論理的に語り、平和教育を生きがいとするYさんや、「自分自身の人生を整理する」ことを、どこかで楽しみながらインタビューに応じてくれたMさんと比べると、Tさんとのインタビューは、〈わたし〉にとって精神的な負担が大きいものであった。

その精神的な負担とは、いったい、なんだったのだろうか。おそらく、ひとつには、コミュニケーションにともない生じる「語りえなさ」の問題がある。つまり、体験者と非体験者がインタビューをおこなうと必然的に生じる、認識の相違である。「体験のない者にはわからない」という語りが象徴するように、常識的な意味での被爆者と非被爆者とのあいだには、つねに体験の有無をめぐる認識の相違がある。たとえば、Yさんは、こうした認識の相違を前提として、非体験者がすこしでも体験者の語りの世界に近づけるように工夫する。

第4章で検討する「被爆遺構めぐり」は、こうした体験者と非体験者の非対称性を乗り越えようとする教育実践である。あるいは、Mさんの「被爆者になる」という語りは、体験者と非体験者を区別する常識的な意味での被爆者という社会的カテゴリーを問い直す語りである。しかし、

Tさんの語りには、Yさんのように体験者と非体験者の認識の相違を乗り越えようとしたり、Mさんのように、自明視された社会的カテゴリーを相対化しようとする視座は内包されていない。Tさんは、あくまでも、みずからの体験にねざして、みずからの体験を語ろうとする。そのため、Tさんとのインタビューは、語り手と聞き手のあいだに、体験をめぐる認識の相違がもっとも顕著に現れた。

こうしたコミュニケーション的要素としての語りえなさは、たとえば、つぎのようなトランスクリプトから観察することができる。ここで、彼は、障害児教育にささげた教員生活をふりかえり、その生活がいかに「楽しい」ものであったかを、〈わたし〉に説明しようとしている。しかし、〈わたし〉には、彼の語りにより再現される当時のTさんの生活が、どのように「楽しい」ものであるかを理解できない。〈わたし〉には、彼の語りの根底には、どこか「ねじれた」感情があるように思われて仕方なかった。インタビューにともない生じる、このような感情を彼に伝えることができず、彼との認識の相違はさらに深まっていく。

〈わたし〉が彼にたいして感じた「ねじれた」感情とはなにか。このことを具体的に示す語りとして、つぎのような事例をあげることができる。彼とのインタビューをはじめてから、しばらくのあいだ、彼は、「語り部」としての彼について、多くのことを語ってくれた。それは、たとえば、長崎平和推進協会に所属するなかで、日常的に感じる「平和教育」の実践にたいする違和感であり、平和教育に携わる人びとの思想的な語りとみずからの実践の違いであり、体験した者にしかわからない心理の問題にかんする語りである。

こうした語りをくりかえし聞きながら、〈わたし〉は、「なぜ、彼は、それほどまでに、みずからの体験にこだわるのか。平和教育の語りとみずからの実践を区別するのか。あるいは、爆心地から遠い場所で被爆した人たちと、彼自身を区別しようとするのか」と疑問をいだくと同時に、こうした語りを聞くだけでは、彼がかかえている「語りえなさ」を十分に聞き取ることはできていないと考えていた。

そこで、「もうすこし、Tさん自身の人生、いいかえれば、語り部として活動するようになるまでのお話をきかせてください」と依頼した。この依頼に応じてくれたTさんは、〈わたし〉を自宅にまねき、教員生活の話を中心として、ライフストーリーを語ってくれた。彼は、「障害児教育」に取り組んだ生活をふりかえり、その記憶を詳細に語ってくれた。当時をふりかえり、「本当に楽しかった」と語っている。しかし、〈わたし〉は、その「楽しさ」を想像し、共感して聞くことはできなかった。〈わたし〉には、彼が、事実を話しながらも、その当時の複雑な心理や心情を「楽しい」と意味づけて語っているように感じられた。

もちろん、それは、〈わたし〉の受け止めかたであり、彼が、本当にどう思っていたかを「理解」することはできない。彼の心理を分析することは、本書の目的とするところではない。彼の心理や、過去の体験を「理解」することは不可能である。しかし、彼のライフストーリーを聞き取り、その語りの内容を理解するだけではなく、彼の語りを聞き取るなかで〈わたし〉が感じたことを振り返り、記述することにより、すでに死者となった彼と〈わたし〉とのコミュニケーションのありようを描くことはできるはずである。

さしあたりの整理のために、彼のライフストーリーを解釈するならば、つぎのように整理することができるだろう。彼は、たしかに障害児教育にかかわるなかで、子どもたちと楽しい時間をすごした。しかし、彼が、障害児教育にたずさわることになった背景には、教員として「エリート」とされるライフコースを歩むことに抵抗する心があった。

彼自身、「希望していく者は少ない」と言及する障害児教育に携わった経験の語りは、彼の生き方を象徴する語りである。彼は、障害児教育に携わることに生きがいを感じると同時に、長崎の教育において「主流」の意識を形成する制度に違和感をおぼえ、「主流」に抵抗する姿勢を保持してきた。つぎの語りは、障害児教育にたずさわった半生をふりかえる語りの一部である。彼は、「浦上学園」に勤務していた当時のことをふりかえっている。


小学生から中学生までぜんぶ集めてね。浦上学園は一年生、小学校の一年生から中学校の三年までいるもんだから、小学校にも中学校にも関与できる。そういうことで、いろんな行事、市内の特殊学級の行事。それを考えてやったりね。で、そのソフトボール大会ばやろうって言ったときに、子どもを鍛えよったら。やって(しまい)。椎間板ヘルニア、三ヶ月入院。へへへ(笑)。その頃、そうねー。僕、ほかの先生から言われたことのあっとね。「ひょっとしたらピカドン病いつでるかわからんばい」って。一言、耳に（笑）。あの、言わんやったけどもね。「どげん形で、でてくるかわからんとよね。まあ気にせんで、頑張って生きなさい」。あの先生の、女＊＊＊先生みたいなのね、僕にとっては天使のような先生だったけども、あの言葉は耳からはなれんで。しかし、その言葉もずっと忘れるような、楽しい生活をずっと送っていたからね。演劇で楽しみ、ハハ（笑）、放送劇団で楽しみ（笑）、学校で楽しみ、もう職場が楽しかったしね。

「しかし、その言葉もずっと忘れるような、楽しい生活をずっと送っていたからね」という言葉に注目したい。入院先の「先生」から、「どげん形で、でてくるかわからん」と示唆された「ピカドン病」に不安をおぼえながらも、演劇や、放送劇団、あるいはソフトボール大会などを企画し、子どもたちと過ごした時間は、Tさんにとって、とても楽しかった思い出として語られている。とくに、子どもたちと取り組んだ演劇、放送劇の経験は、Tさんにとって印象的な記憶として語られているように思われる。つぎのトランスクリプトには、演劇、放送劇に取り組んだ当時をふりかえるTさんの、活き活きとしたとした記憶の風景が現れている。このトランスクリプトの冒頭には、「ぼくは、ぼくの幼稚な話し方でいきましょう」という語りが登場する。

この背景には、つぎのようなコンテクストがある。〈わたし〉は、彼に、Yさん、Mさんにもインタビューを依頼していると伝えていた。すでに確認したように、Yさんと、Mさんは、平和教育や、証言運動など、いわゆる「知的」、もしくは「思想的」な実践に携わる語り手として、

Tさんには認識されている。二人の語り手とは別の立場で、彼は、彼の語り方でインタビューに応じてくれた。彼は、大学を卒業してから障害児教育に携わり、そのなかで原爆に起因する病いの兆候があったと語っている。また、後年、「命ありて」と題する一人芝居として実践することに通じるであろう、子どもたちとの被爆の体験をテーマとする演劇に取り組んだ経験が活き活きと語られている。少々長くなるが、Tさんの生き方や、当時の心的状況がよく表現されている。そのために、そのままのかたちで引用したい。

T：ぼくは、ぼくの（笑）、幼稚な話し方でいきましょう。
＊：いえいえ。あのー、まあ前回、八月に市民会館のまえでお話させてもらった。
T：はいはい。
＊：ときには、基本的には山里小学校を退職されてから、現在にいたるまでの話を伺ったと思うんですね。
T：うん。
＊：どういうふうに被爆体験を語り始めたのかとか、お芝居をどうして始められたのかとか。その、お芝居をしていくなかで、どういうことを考えだしたのか、と、そういうことをお聞きしたんですけれども。今日は、あの、まずその、Tさんが、その、山里小学校を退職されるまでですね。その、それまで、そのなんっていうんですかね。たぶん、かなり小さな頃のこ

とは覚えてらっしゃらないと思うんですけれども、その、すごく簡単にいうと、どういう風な人生を歩んでこられたのかっていうことを、お聞きしたいなと。
＊：人生ってなんね（笑）。へへへ。
T：人生っていうと、あの、すごく大げさなんですけど（笑）
＊：ははは（笑）もう、ごく普通のね。
T：はい。
＊：はい。教員生活をしてましたけど。ただ、人と違うのは、障害児によって、僕は育てられているという気持ち、育まれているという気持ちで、障害児教育に取り組んできた。
T：あの、そもそも、その、障害児教育に携わろうとされたきっかけとか、大学に進学されたとか……。
＊：いやいや、大学卒業と同時に盲学校にね、っていうのは。あの、どこでどう話がいったのかわからんけども。卒業の時期に、盲学校の校長から話がきて、会いたいということで、県に呼び出されて、県となんか話があったんでしょうね。県にこいってことで。一〇時に、もう校長がきて待っとる、そのあいだ話がない、急にね、その話がきて、出て行ったら、出て行って、いろいろ話をして。
T：はい。
＊：盲学校、盲教育のことはなんにもしてないし、盲教育、僕は点字ぜんぜんしりません。い

や、点字は一週間で覚えられる。最初そんなこと言うのはいないぞ、君ひとりくらいだ（と）、言われてね。「なんで、ぼく、盲教育に向きますか？」。「きみの人柄をもらう」。

＊：ああ。

T：ただ、それだけで、盲学校に行くようになってね。もう人が決まる前に、うーんと、何月だったろ、あれ。卒論を出すまえだ。出してからか。一月か、二月だったかな。寒いし、もう決まった、決めたということでね。決まったらしいよ。だから、卒業のときは盲学校に行くのも、もう決めたって言って、やってるうちに、七年間たってね。そのあいだにね、僕の目が、最初、四月から五月にかけて、みえないっていうか、邪魔者が、こう。どっちの目、左の目か。なんかおかしか、おかしかっていうような感じでね。そしたら盲学校ってのは、眼科の先生、大学から、月に一回ずつきて、いろんな検査をしてて、その頃ね。で、そこでみてもらってたら、＊＊＊においでって言うんで、五月、六月からかな。大学に行くようになって、もう、それからずーっと眼科に通いづくめ。

＊：ああ。

T：「なんか、おかしいな。おかしいな」っていいながらね。そのころ、眼圧をはからんやった、手動でね、金具をもって、おおーってあてて、目ん玉にあてて、そして、眼圧はかりよった。いまはもうプシュって覗いておけば、プシュプシュってやってから、眼圧、「えー、四五」とかいう、「えー、四五、先生が言ってるです」くらいだけどね。まあ、そういう、そういうことで徐々に。その、そのときには、まだ原爆のどうのっていうのは、言ったことなかったね。
＊：原爆の。
T：原爆のせいとか、なんとかね。えー、原爆の話も、その頃は、入った年、二年目だったかな。六年生をもったときに、「先生、なんか劇ばしよう」ってことになってね。
＊：はあはあ。
T：どこ、そしたら、そうだ、ああー。あのときにね、閃光、ん?、閃光のもとに生きて、か。なんかそういうね、芝居をした。原爆を生きるって。なん、なんやったかな、そんなんやったわけ。あの、原爆の話はしたことないけども、そういう物語、脚本を書いて、子どもたちにさした記憶はありますね。原爆のね。
＊：それは、Tさんが書かれた?
T：うん、書いてね。書き下ろして。
＊：へえー、閃光のもとに生きて。
T：うん。
＊：これは、どういう風な物語だったんですか?
T：ははは(笑)。なんかピカドンにあった人が、あのー、普通の生活をしてて、で、ひょこっと。このー、なんかなー。小豆色の斑点がでて、倒れて、死んでってなってね。それを、

子どもが、学校に通ってる子どもがね、どうしたのかって。そしたら岩川町で、へへへ（笑）。原爆にあって、ピカドンにあってね、倒れた。怪我はしなかったけども。

＊：それは何か、あのお、たとえばモデルになる人がいたりだとか？

T：ふふふ（笑）。いとこの話しばね、思い出したりしてね。そんなに、きて、亡くなっていったわけじゃないんだけども。そういう人がいるって、原子爆弾の後遺症で、ひょこっと、ある日、倒れたと思ったら、斑点がでて、えー、そして、髪の毛が抜けて、死んでいったとかね。そんな話しをいろいろ聞いとったもんだから。ああ、こういう死に方もあるんだあ。じゃあ、原子爆弾っていうのは、こんなに恐いんだよっていうのをね、そのー、みんなに知ってもらうためにしたら。中学、高校生の演劇よりも、いちばん良かったと。校長は、「あんな泣かせる芝居はするなあ」、って言われたけど。校長が。

＊：ああ、そのお芝居をされたのは、だいたい何年頃の話し？

T：三〇ねえ、えーっと、三二年か。昭和三二年か。二九年に奉職して、うん、三二年やったかな。三三年の三月かな。したのは。三月か、二月か。文化祭でやった。

＊：それは、何小学校でされたんですか？

T：盲学校、盲学校。天主堂の裏にあって、横にあっとね。いまの中国領事館のところ。あそこ一帯は盲学校だった。長崎県立盲学校、聾学校は大村にあったけど。むかしむかしは、戦時中は、盲唖学校っていってね、盲聾は一緒やった。その、天主堂の裏に。そこは全滅してしまってね。で、そのね、盲学校にいって、それで七年間、六年間あそこにいて。

＊：はい。

T：子どもたちと楽しく過ごしてねー、いろいろ研究したよね。この子たちに色を教えるのにはどうしたらいいか、道を一人で歩くのには、どんな指導をしたほうが、一日も早く歩けるようになるだろうとかね。そういうことを毎日、毎日、考えながら過ごしたり。それから、朗読劇とか、放送劇とかね。いろいろ、指導法を考えたりして。それとか、朗読、それから「はや読み」って、点字の早読みってあっとね。全国大会の、新記録を、つくらした（笑）。九州大会では、もう一位、一位、一位。小学校も中学校も。早読み競争、って。わあああああって読んでくとね。あの、一分間に何時読むか（笑）。そしたら、その頃ちょうど放送局にいってたから。ほんで、発声法と滑舌法を一緒に練習さして。もう、「はや読みで読むだけなら、やさしかとぞ」ってからね。「あ、おまえ、感覚のよかけん読めるはず。ただ、滑舌をきちっとすれば。はっきりモノを言おうね」。そしたら、たいてい。二人とも一位、二位になった、九州大会でね。で、朗読劇になったら、朗読は放送劇なんで、いくらか慣れてたもんだから。それでもう。

Tさんは大学を卒業後、定年にいたるまで、盲教育と障害児教育に携わった。彼は、「もうごく普通の教員生活をしてました」と語る。そして、「ただ、人と違うのは、障害児によって僕は育てられているという気持ち、育まれているという気持ちで障害児教育に取り組んできた」と語っている。こうした語りは、〈わたし〉には、Yさんの「平和教育」の語りと同じように、彼が携わった教育の規範を内面化した語りであるように聞こえる。

Tさんとのインタビューでは前景化することがなかったが、〈わたし〉は、Yさんとのインタビューをとおして、平和教育という語りの規範に違和感をおぼえることがあった。その違和感とは、彼が、平和教育という実践を継続し、平和教育という言説に即して被爆を語ることには、それなりの意義があると思うのだが、〈わたし〉は、彼の語りに内面化されている規範的な言説に共感することはできないし、そもそも共感することを「目的」としていないという感覚である。

Tさんが、インタビューに応じる基本的な姿勢として示した、「僕は、僕の話し方で、話しましょう」という言葉は、こうした文脈を意識して解釈する必要がある。Tさんが携わった障害児教育の実践、言説は、さしあたり原爆被災の記憶の語りと重なり合うことはないだろう。もちろん、それらは、彼のライフストーリーを形成する重要なファクターであるにちがいなく、「障害児によって僕は育てられている、育まれているという気持ち」が、彼の生き方におおきな影響を与えたことを想像することはできる。しかし、彼は、被爆の体験の語りにかぎらず、これまでの生活体験を、言説のレベルで語るのではなく、あくまでも日常的な経験の位相で語ろうとした。これは、彼が、その後、取り組むことになる「命ありて」の芝居の実践のありかたにも通じる考え方である。

障害児教育に携わる契機は、「卒業の時期に盲学校の校長から話しがきて、県に呼び出されて、県となんか話があったんでしょうね、『きみの人柄をもらう』という一言で、一月か、二月に決まった」と語る。その後、長崎県立盲学校、浦上学園をはじめ、複数の小学校で障害児教育の教員として勤め、被爆校として有名な山里小学校に赴任する。

このあいだには一年間、長崎市郊外にある日見小学校で「普通学校」の教員となったこともあり、当時のことを「そのときの子どもたちの目の輝き、忘れられなくてね、いっかい普通学校に行ってみたかと思ってた」と振り返っている。しかし、彼は、教員生活の大半を障害児の教育を担う立場として過ごした。

彼は障害児教育にかかわった半生を「楽しい生活だった」とくり返し、ひとつひとつの思い出を豊かな描写で語っている。しかし、〈わたし〉は、こうした彼の語りを、さまざまなヴァージョンで聞きつづけることをとおして、彼には「楽しい生活」という言葉だけでは語りつくせない「ねじれた」心情があったのではないかと考えた。その「ねじれた」心情とは、ある種の「権力」にたいして抵抗の姿勢をもって教員生活を送ったと語る点に現れている。ある種の「権力」とは、Tさんにとって、具体的には「長崎市教育委員会」のあり方である。

次章の検討から明らかになるのだが、この「権力」にたいする抵抗の姿勢は、私たちにとってTさんとは対照的な立場に生きるようにみえる、Yさんにも内包されている心理である。Tさんは、長崎市の小学校教員として生活するなかで、つぎのような違和感をおぼえていたことを語ってくれた。

T：（日見小学校の勤務から）一年も経たんうちにさ、もうでていく、ここにいってくれ。浦上学園ならいいでしょうと。勝山小学校、勝山（そこに勤務することはエリートコースとよばれる小学校）とか、むかしから好かん。嫌いやったと。

＊：そうなんですか（笑）

T：というのが、市教委のすぐ近くで。もうー、そうね、市教委のほうばっかりみて教育をしてる学校で。

＊：ああー。

T：先生たちがすべてそう。まあ、いい先生がなかにはいたけどね。ほとんどの先生が「上のほう」ばっかりみて、子どもたちと共にあるのか、この学校は、っていうね。

E：市教委が近いからってね、みなさんの朝の出勤と、帰りの時間が、極端にいって早く行って、遅く帰るっていう、先生がたばっかりだったのね。

＊：あー、そういう。

T：うん。

＊：勝山小学校ですか？

T：うん。

E：校長先生になるまえのあれとか、なんかみんな出世コースをあれしたら、そこに行くような。

＊：あー、なるほど。

T：「勝山小学校にいってくれんか?」、「いやです」、「銭座小学校に新しくできる学級」、「いやです」。「うーん、あたらしく、私はできません」と。「経験がないので新しい学級もてん」、と。そしたら残りの浦上学園だけしかないけど（笑）。「そこがいいんです!」って。「勉強できるから、そこにやってください」って。その「勉強できる」っていうのが気に入ったらしい。きてくれた人たち、「わあー行ってくれるか、ありがとう」ちて。「あそこ希望する者がいないんだよね」って。ハハハハ（笑）

Tさんと同じように、長崎市の教員として生活する人びとにおいて、彼が選んだ教員としての生き方は、希望する人がすくない生き方であった。Tさんは、障害児教育を専門とする浦上学園を「勉強できるから」という理由により選んだと語る。彼は、「勝山とか、むかしから好かん。嫌いやったと」と語り、「権力」にたいする抵抗の姿勢を示したと語る。

ここに示した語りは、長崎市教育委員会という具体的な対象にたいする抵抗の姿勢を示しているが、〈わたし〉は、彼とのインタビューをつづけるなかで、彼には、こうした具体的な語りによっては表現しえないが、生涯をとおして抵抗することをつづけた対象があるのではないかと考えた。

あるいは、「上のほうばかりみている」多くの人びとにたいする複雑な心理が、彼を社会的に弱い立場にいる人びとへのまなざしとなり、彼を障害児として生きる子どもたちとの教育実践に誘ったのではないかと考えた。それは、みずからが被爆を体験することで、友人を亡くし、母を亡くし、複雑な心理のなかで青年期を生きたことと、なにか関係があるのではないかと。

しかし、インタビューをすすめるなかで、こうしたことを漠然と考えながらも、〈わたし〉は、その印象や、感情を彼に十分に伝えることができなかった。〈わたし〉のなかには、彼の語りに同情する感情と同時に、彼の語りに共感することができない相反する感情が生じていたからだろう。こうしたことを、比較的冷静に考えることができるようになったのは、彼が他界し、一定の時間が経過してからのことである。

彼は、「盲教育」にたずさわる教員としての生活を、「市教委のお偉いさん」や、「うえのほうばかりみている教員」たちの生活と区別して語る。しかし、教員生活のなかでは、「盲教育」ではないクラスを担当することもあったとふりかえっている。そのときのことを振り返り、彼は、「目が見える」子どもたちとのコミュニケーションが印象的であったと語る。彼は、「語り部」として活動することを決意したきっかけとして、被爆の体験を話したときに、彼の語りを聞く子どもたちの「目の輝き」に勇気づけられたと語っている。

彼は、さまざまな障害とともに生きる子どもたちとの生活をとおして、目がみえないこと、目がみえることを、どこかで自分自身のことのように感じながら、生きていたのではないだろうか。このように、〈わたし〉は、彼の語りを聞きながら、盲教育にたずさわる経験的な語りと、被爆の体験にかかわる語りのあいだは、どのような意味連関があるのだろうかと考えていた。彼は、当時をふりかえり、つぎのように語っている。

一年間（日見小学校で）楽しく過ごしてね。終わろうとするころ、市教委のお偉い、お偉いさんが、五人か。きて、校長が「今日はね、急にね、市教委から偉かとばっかいくっとばい。おまえに会いにくっとぞ」って（笑）。「なんしにくっとですか？」、「なんか特殊教育に引っ張ろうと思ってる」、特殊学級に。ほんで「なんか五人で見にくっとげなばい」っていうことで、＊＊とかなんとか、うん、五人おった。課長、係長、いれてね。そいで授業してたら、僕の大嫌いなねえ。あのー、図画。図工やった。図工のときに、うわー、図工のときにきた、＊＊＊、でありのままの授業せろって思ってから。「まあ楽しくやろう、楽しくしよう」ったら、ぞろぞろーって入ってきてから、僕の様子を一部始終をメモしよっとさ。それで、終わった後、ちょうど四校時目おわってから、宿直室にこいって。宿直室っていうのが、会議室もなんもなかったもんだからね。そのときね。宿直室に、そしたらTさんはそしたら特殊学級に行ってくれませんか。特殊学級って、ここに、わたし今年きたばっかりでねー。楽しくてねー、楽しくてねー、目があるんで楽しくてたまらんってやってます。うん、それはわかるけども、特殊学級にいってもらえば助かる。盲学校から来たもんだから、特殊教育はできるとおもとっとね。もうー。いや僕でできますか。どういうところかわからんとですよ、僕は、特殊学級は。はあ、充分＊

＊＊でも大丈夫ね、はずれたクラスだから。ぼくはー、四〇人も、五〇人も、そういう子ども集めるとですかって言ったら。いやいや四、五人だって。ああ、そしたらできるかもしれんなー。僕でできますか、今日あのご覧になって、あの調子でできますかって言ったら。できるっちゃー、できます。あんたより他におらんごたって言うから(笑)そんなおだてかたをされてね(笑)じゃあ、行きましょうかねー。じゃあ、どこに行ってくれるっていうから、どこにって、どこどこあるんですか?勝山小学校につくるし、銭座小学校と、それから浦上学園っていうところに施設がある、それ山里小学校からの分校で派遣教員になるんだ。ああ、そこにも先生がた何人ぐらいいますか。うーん、派遣教員が小学校から三人、中学校から二人、ああ五人もおっとですか。それにー、その、県からの事務員とかなんとか、多いよ。あー、そしたらその人たちに教わっていいですね。って言ったら。そんなにしてね、好んでいく人いなかった。

〈わたし〉は、「そんなんしてね、好んでいく人いなかった」という語り、障害児教育に携わった「楽しい生活」の語りを聞きながら、Tさんの語りには、どこかに「ねじれ」があるように感じていた。この感情は、Tさんの語りだけではなく、Yさんの語りにたいしても共通して感じていた。それは、彼が原爆被災を体験したことだけに起因するものではなく、それとは別のコンテクストから生じる感情なのではないだろうかと考えた。

この点については、Tさんとのインタビューでは十分に明らかにすることができなかったが、次章において、Yさんとのインタビューを詳細に検討するなかで明らかになる。端的にいえば、彼らが、長年にわたり、Tさんの場合は、死の間際までみずからの体験を上演しつづけた意志を形成する、被爆の体験とは別の「要因」である。

インタビューをつづけるなかで、Tさんが〈わたし〉に伝えようとしたことは、長崎市の教育制度や、そこにおける障害児教育の位置であるはずはない。すくなくとも、〈わたし〉は、そうしたローカルな「事情」に関心がない。しかし、こうした語りは、語り手としての彼の立場を説明する上では一定の有効性をもっているだろう。

「語り部」として活動する人びとのなかには、長崎市内の学校教員の経験をもつ人々が多い。Tさんもその一人である。一九七〇年前後に、「被爆教師の会」と「長崎の証言の会」が発足し、Yさんと、Mさんは、こうした会に所属しながら証言運動や、平和教育に取り組んできた。Yさんは、とくに「被爆教師の会」に関与することをとおして、被爆教師という自己同一性を形成していく。Mさんは、一九七〇年以前から、たとえば「長崎原爆青年乙女の会」など、被爆者の集まりに「お世話係」として参加することをとおして、凄惨な被爆の体験を有する人びとと日常的にコミュニケーションをとってきたと語っている。

「被爆教師の会」や、「証言の会」の活動は、被爆の体験を言説化する役割をはたした。Yさんとのインタビューをつづけ、関連する資料を読むなかで、〈わたし〉は、学校教師として被爆を語る方法を探求することが平和教育の基本であることを理解していく。あるいは、長崎の証言の会の成員たちが、被爆の体験の「聞き書き」の実践を継続することで、「被爆体験」という言説が形成されてきたことを理解していく。

Yさんのライフストーリーは、こうした平和教育の展開と、個人的な体験を重ねあわせることにより整理される傾向がある。たとえば、被爆から二五年後に実施された「原爆意識調査」にたずさわったことが、自分自身を「被爆教師」と認識させたといった語りである。彼は、一九四五年から、この調査にかかわるまでの生活を「空白の二五年」と表現するが、こうした語りは、長崎の平和教育の言説と類似している。

一方で、Tさんの語りに、こうした証言運動や、平和教育の展開に関する歴史が現れることはない。彼は、みずからのライフストーリーの語りから、こうした「思想的なもの」を注意深く排除している。もちろん、YさんやMさんのように証言運動や、平和教育の語りを内面化していない語り手も一定数存在する。みずからの被爆の体験をリアリティをもって語り、みずからの体験から、聞き手になにかを学びとってもらいたいと考えるタイプの「語り部」である。

これは、Yさんが「一部の有名な被爆者たち」と認識する人びとである。Yさんが、平和教育の言説を内面化する語り手であることは、〈わたし〉には、比較的自然なことのように思われる。なぜなら、彼は、幼少期に、爆心地から比較的遠いとされる場所で被爆を体験したため、記憶が曖昧であり、リアリティをもった体験の語りを展開することはむずかしいからである。記憶が曖昧であっても、語ることができる、別の語り方を探求したと解釈すれば、納得がいく。

しかし、Tさんが「一三歳の体験」のリアリティの追求にこだわり、平和教育や、証言運動を排除する理由は、Yさんの場合にくらべて不明瞭である。「有名な被爆者たち」とよばれる人びとは、端的にいえば、Yさんや、Mさんのように「言葉」をもっていない。ここでいう「言葉」とは、思想や、実践の「言葉」である。彼らは、身体的な外傷や、精神的な外傷の経験的な語りを展開し、そうした経験を有する人びとの語りに現れる、聞き手に訴えかける力をもって、社会的な運動にたずさわってきた人びとである。

端的にいえば、Tさんは、体験を語ることも可能であり、教員としての立場性からいえば、思想を語ることも可能であったはずである。しかし、彼は、体験を語ることを長年にわたりことわりつづけ、思想的なものにたいしても距離をおきつづけた。インタビューでは、学校教員を退職する間際になり、周囲の教員からのすすめにより語るようになったと語っている。こうした語りもまた、継承という言説の作用を反映した語りである。こうした言説の権力作用を読み解き、個人的な語りの領域に接近しなければならない。

このように考えるとき、Yさんの語りを参照すると、そこには、ひとつの手がかりが残されている。Yさんは、インタビューを進めるなかで、彼自身が幼少期に体験した、学校という場所における「職業差別」の経験について語ってくれた。学校に勤務するYさんの父親にたいする「管理職」の立場の人びとの振る舞いが、Yさんにとって、きわめて許しがたいものであったというエピソードである。

〈わたし〉は、このエピソードを聞いたときに、Yさんが、なぜ「平和教育」の実践に携わってきたのかを理解できたように感じた。つまり、Yさんのライフストーリーは、彼自身が説明する「原爆意識調査」の経験にのみ起因するのではなく、別のコンテクストとして語られた、被爆を体験する以前の幼少期の体験によっても規定されているのではないかと考えたのである。

ここで、本章の冒頭で触れた「ふたつの地図」にもとづいて、議論を整理しておこう。私たちに与えられた地図は、爆心地を中心とする同心円と、死者を中心とする罪意識の同心円である。前章で確認したように、TさんとYさんは、爆心地を中心とする同心円イメージを内面化し、何キロで被爆したかによって双方の立場を区別している。罪意識の同心円においては、二人とも生存者であり、同じ位相に属している。大切なことは、二人の語り手が、すくなくともインタビューの場では、爆心地を中心とする同心円イメージが表象する現実の位相で、みずからの立場を語る傾向が強いことであり、罪意識の同心円のポイントとなる死者の存在が、語りから排除されていることである。

私たちの分析の方向は、罪意識の同心円という地図を手がかりとして、彼らの語りを死者との関係で読み解くことにある。論点をさきどりすれば、Mさんの「被爆者になる」という語りが指し示す考え方も、この分析の方向と軌道を同じくするものである。

Yさんが平和教育を内面化し、Tさんは平和教育を排除する。Yさんは「わたしの被爆体験を語っても三分でおわる」と語り、Tさんは「一三歳の体験のリアリティー」を追求する。平和教育、ないしは証言運動という「思想」は、爆心地を中心とする同心円、罪意識の同心円とは、異なる位相にある二人の語りを区別する言説である。〈わたし〉は、Tさんとのインタビューを継続するなかで、彼が取り組んできたと語る障害児教育の経験と、Yさんが取り組んできた「平和教育」のあいだに、おおきな違いがあるとは感じなかった。

Tさんは、Yさんが平和教育に出会う以前に、被爆による死をテーマとする演劇をみずからの教育において試みている。〈わたし〉は、その演劇を詳しく知ることはできなかったが、Tさんの演劇は、Yさんが平和教育の教材の作成に試行錯誤することと、ほとんど同じことなのではないかと考えている。〈わたし〉が両者の違いとして認識するのは、「体験」の表現の仕方である。両者に共通する傾向は、学校教育にたずさわるなかで、「偉かと」や「校長」「市教委」にたいして、けっして従順にはならない姿勢の強調である。

たえず、権力にたいする抵抗の姿勢で語ることで、みずからの学校教員としての立場を説明する点は、Tさんも、Yさんも同じである。「あそこ希望する者がいないんだよね」と意味づけながら、「そこがいいんです!」と希望したという語りは、彼の生き方を象徴しているように思われる。彼は平和教育について直接的には語らないが、生活綴り方運動について、つぎのように語っている。

(盲学校にいた)その頃、まだ学級文集なんてね、たいして流行ってなかったみたいだけど。うちの学校でしてたのは僕ひとりだった。僕はじめてから、あら、それ面白かねーっていうことで。まあ、生活、作文の会では、そういうのは当然しよったかもしれんけど。僕は、そげんとに入っとらんやったしね。

「僕は、そげんとに入っとらんやったしね」という語りが示すように、彼は原爆被災の記憶を知的な実践とむすびつけて語ることにたいして否定的であった。Tさんは、Mさんの説明によれば「エリート校」である旧制中学に進学し、地元の国立大学を卒業している。〈わたし〉には、こうした「高学歴」のTさんが「知的なもの」にたいして、なぜ、こうした複雑な感情を抱くようになったのかという疑問が生じることもあった。

しかし、彼の複雑な心理を分析することには、さほどの意味はないだろう。Tさん自身が述べるように、被爆を体験した者は、誰しもが、複雑な心理をもって被爆後の生活を営んできた。私たちは、彼らの心理を理解することはできない。重要なことは、私たちは、彼らの心理を理解することができないという前提にたち、彼らの「語りえない」経験にふれたときに生じる〈わたし〉の心理的な、あるいは感情的な揺れを冷静にみつめ、彼と〈わたし〉のコミュニケーションのありようを記述する方法を探求することにある。社会学的な視点から被爆者にアプローチするにあたっては、インタビューをとおして形成された、彼と〈わたし〉の関係性をいかに記述しうるかに力点がおかれるはずである。

5　反復する死についての語り

平和教育と距離をとることにより、被爆の体験を語ることなく、教員生活を送ったTさんであるが、退職間際に他の教員からの勧めにより、自らの体験を語りはじめた。はじめて被爆体験を話したときのことをふりかえり、Tさんはつぎのように語っている。

＊：Tさんにとってはすごくその、なんて言うんですかね、これまでは話したくなかったことを、いきなりこう、大勢の前で話すっていうことだったんですよね。そのときは、どうでしたか、うまく話はできましたか？

T：ううん。原稿を書いて、その原稿にしたがって話をするという形で、原稿といっても、おおまかな筋書きだけで。

＊：はい。

T：で、それを見ながらだから、見ながら話すっていうのはね、あの、訴える力も少なかろうし、そして、自分自身の感情を抑えることができるんですよね。

＊：ああ。

T：文字を見ながら話すというのは、思い出しながらね、なにかこう、思い出しながら話すのと、文字を見ながら話すのはぜんぜん違う。

＊：ふうん。

T：だから、原稿を見ながら話す、話したときには、そう感情はでてこないし、けっこう話せましたね。

（中略）

T：うん、しかしだんだん慣れてくるにつれて。

＊：はい。

T：困ったことに、友達の顔がすーっと走るようになるよ。フフ（笑）。ね、こみ上げてくるそれを抑えながら話すから、やっぱり苦しいですね。

＊：慣れてくるにつれて。

T：フッフ（笑）、うん。見ないで話せるようになってきたらね。そしたら記憶をたどりながら話すもんだから。

＊：はい。

T：記憶のなかの友達がでてくるじゃないですか。うーん。たいていあれはねシナガワ君とトミナガ君と、そして、あのお＊＊＊君。名前をだす、涙がでてくる。友達が、製鋼所で死んだとかね。

次世代への継承を重視するYさんの語りと比較したときに、Tさんの語りの特徴は、死者にたいする「感情」と向き合う姿勢をつらぬいてきた点にある。このことを、彼が「爆心地から近い場所で被爆したからだ」と説明したり、理解してはいけない。前章で確認したように、生前のTさんは、Yさんのように遠い場所で被爆した人たちの「語り方」を意識的に批判していた。彼は、「四キロや、五キロで被爆した者に、いったい何が語れるか」、「体験のない者にいったい何が語れるのか」と語っていた。

生前のTさんとインタビューをつづけていた〈わたし〉は、彼の語りの真意が、その「言葉」にはないことを推察することができなかった。彼は、「四キロや、五キロ」といった距離を問題にしていたわけではない。あるいは、「当時の年齢」を問題にしていたわけでもない。さらにいえば、かならずしも「体験の有無」を問題としていたわけではないのではないかと、Tさんの死について考える〈わたし〉は思う。

「僕は、僕の話しかたで、話しますよ」という言葉で語りだされたライフストーリーには、彼が、生きてきた時間において出会った、さまざまな体験、記憶、感情が散りばめられている。彼は、みずからの生のプロセスを語ることにより、〈わたし〉になにを伝えようとしたのだろうか。彼が伝えようとしたことは、原爆被災の「体験」そのものではないはずだ。原爆被災の「体験」を語ること、演じることをつうじて、彼は、なにか別のことを伝えようとしていたのではないだろうか。

そして、彼が伝えたいことは、彼自身によっても明確には意識化されていなかったのではないだろうか。彼は、原爆被災という出来事の記憶に、現在を生きている彼自身を投じるようにして、「命ありて」という芝居を上演しつづけた。声がでなくなることがあっても、彼は、体験を上演しつづけた。その心的状況は、当時の〈わたし〉には理解できないものであった。しかし、彼が、死の間際まで、文字どおり「身体」のレベルで立ち向かおうする語りえなさを、いまは、すこしは理解できるようになりつつある。なぜなら、〈わたし〉は、彼について考えるという、持続的な時間を経験したからである。

彼もまた、被爆を体験した後、他者について考える持続的な時間を経験した。彼は、当時の心的状況について、つぎのように語っている。

自分の苦しい体験、悲しい体験、話したくないですよ。人間だれしも。ところが、とくにね。友達が、仲の良かった友達が死んだ。まったく帰ってこない、そういうのを、あのお中学の2年生のね、学校が再開されたときにね、おい昨日どうしてた、八月九日どげんしとった、それからそこにどうしたどうした、そんな話ばっかり一ヶ月、二ヶ月つづくでしょう。つづいたんですよね。あのときどうした、会う人、おう生きとったねっていうわけでしょう。そしたらね、やっぱ、そんな話ばっかりして、暗い日常生活、いつの日かね、みんなでこの話はやめようということになったんです。それからね、今度もう忘れよう忘れようとして、どうしても忘れられない友達のことが頭に浮かんだときには、涙がでるんですよ。小学校の頃からの友達、あれがいなくなった、どうして。あのマジメな男が、マジメだったからあれ死んだんだ。製鋼所にいって、なんか下敷きになって、鉄骨の下敷きになって死んだんだとかね、そういうことを聞けば、いまでも名前が浮かんできただけで涙がでる。原爆っていうと、その友達とむすびつく。顔が浮かんでくるね。そしたら、もう胸が苦しくなって話せなくなる。それと当時の悲惨な状況を思い出したくない。その証拠に、自分の家だった銭座町、その（家の）まえの通りをね、まあ芝居をしはじめてから、はじめて通ったよ。

長崎市内の地理的な感覚からいえば、彼が、インタビュー当時居住していた大浦地区と、銭座町はけっして遠い距離にはない。銭座町の当時の自宅のまえを歩くことを避けて生活するという語りは、彼にとって、原爆被災の体験がけっして忘れることができないものであったことを明確に物語っている。

〈わたし〉にとって、Tさんは、長崎被爆者のひとつの典型として位置づけることができる。Yさんは、平和教育という言説を挿入することにより被爆体験を語り、Mさんは、長崎における原爆被災の語りの布置図を意識した語り方を展開する。Tさんは、すでに確認したように、体験と言説を峻別することを強く意識した語り手である。

たとえば、Yさんの平和教育の実践は、体験が言説化されているゆえの「わかりやすさ」という特徴がある。彼は、目の前の子どもたちにむけてわかりやすく「平和」について語る。〈わたし〉は、その「わかりやすさ」と「平和」という抽象的な概念にたいして懐疑的である。一方で、Tさんの芝居の実践を何度も見学する〈わたし〉には、彼の提示する世界を理解することができない。くりかえし芝居を見学することにより、〈わたし〉に理解できることは、被爆の体験とは、けっして容易には他者に伝達することができないという単純な事実である。しかし、これは、被爆の記憶という問題を考えるにあたり、もっとも重要なことである。Mさんが「被爆者になる」と語り、その考え方を〈わたし〉に説明するときに、その考え方のもっとも基礎にあるのは、このTさんの語りに現れているコミュニケーションの不可能性の問題である。極限的な状況を体験した者が、その体験を他者に伝達することは基本的に不可能である。

みずからの体験をできるだけ「わかりやすく」伝達しようとする語り手の心情に寄り添うことは倫理的に求められる態度であるだろう。しかし、語り手がわかりやすく語ろうとすることと、聞き手が、その語りを「わかった」と思うことは、別の次元の問題である。〈わたし〉は、Tさんとのインタビューをつづけるなかで、語り手と聞き手のおかれた非対称な生活環境や、経験の異なりがあることをふまえれば、「わからない」ということを認めることが、Tさんとコミュニケーションを継続する唯一の方法であると考えるようになる。

Tさんの語りについて考える醍醐味は、ここにある。彼の語りは、既存の言説に従属することを明確に否定する意志にもとづいて発せられた声である。それゆえに、その解釈は、聞き手にゆだねられ、私たちは、彼の語りを自由に解釈することが許される。ヒロシマ・ナガサキという記号により示唆される普遍的な言説や意味から解き放たれ、ある一人の人間が、極限的な状況を生き残り、その体験を表象する姿に立ち会うことができる。ここに、〈わたし〉にとって、Tさんとのインタビューを継続する意味がある。

Tさんの死後、〈わたし〉は死者となったTさんとの対話を継続する。死者となったTさんは、〈わたし〉にとって、生前にまして大きな存在となる。Tさんが他界した日、〈わたし〉は、生をまっとうし、それまでにみたことがないほどに、すっきりとした表情で目を閉じている彼の姿を見ることができた。このときに、はじめて、〈わたし〉は、彼が「命ありて」と題する芝居に取り組んできたことの意味を、すこしだけ理解することができたように感じた。

〈わたし〉は、彼が、死の間際まで、芝居の上演をつづけたことを伝え聞いた。死をむかえる間際に、彼が、〈わたし〉のことを思いやってくれていたことを伝え聞いた。すでに他界したTさんが、どのようにして死を迎えたのかを想像することは、彼が体験を上演しつづけたことの意味を考える手がかりとなった。彼に、問いかけつづけた「なぜ、語りたくない体験を語りつづけるのか」という問題は、生前の彼にとっては、十分に説明することができなかったことなのかもしれない。

体験を語りつづける理由を明確に説明できるならば、彼は、苦しい思いをして、体験を語りつづけることはなかっただろう。自分自身でも、けっして説明することができない、納得のいかない「語りえなさ」ゆえに、彼は、死の間際まで、みずからの体験を語りつづけたのである。さきに紹介したトランスクリプトの冒頭にある、「自分の苦しい体験、悲しい体験、話したくないですよ。人間だれしも」という言葉は、こうした文脈で理解されなければならない。

Tさんの死後、〈わたし〉はTさんに一体化し、Tさんを心理的に閉め出そうとする感覚におそわれた。生前のTさんとのインタビューでは体験することのなかったフィールドワークの経験である。日常生活において、生前のTさんとのインタビューの印象的な場面が、くりかえし想起された。とりわけ、つぎの風景が印象的によみがえってきた。

Tさんの芝居を最後に鑑賞したときのことである。芝居がはじまる数時間前には楽屋に入り、気心のしれた芝居のスタッフとともに、上演の準備にとりかかるTさんと、共に時間をすごしていた。それまでに何度も、芝居を見学しており、インタビューも繰り返していた。とりたてて、あたらしく話したいことや、聞きたいこともなく、いつものように芝居を見学した。この日、めずらしく、Tさんは、「一緒に打ち上げにいかないか」と誘ってくれた。スタッフたちと別れ、Tさんと二人で、市街地にある店に向かう途中で、彼は、〈わたし〉に、つぎのように語りかけた。

この芝居ね。もう何度もやめたいと思ったことがある。芝居の数日前から声がでなくなることが何度かあった。亡くなった友人がね。声がでなくなって、困ったなー、待っていてくれる子どもたちがいるから。とにかく会場までいって、声がでないなかで、準備をして、舞台にあがったときに、声がでるようになる。そういうことが何度かあったよ。

〈わたし〉は、彼の死後、この日のことを、何度も思い出した。なぜ、彼は、あのとき〈わたし〉にあのように語りかけたのだろうか。横断歩道をわたり、市街地へむかうバスの発着所にむかう途中で、彼は、とつぜん、そのように語りかけたのだ。唐突な語りに、〈わたし〉は、すぐに反応することはできなかった。そして、その後、このことを思い出すことは、あまりなかった。

この語りを印象的に思い出すようになるのは、Tさんの死後である。彼が芝居に取り組んだ会場の近くでとりおこなわれた葬儀の場で、〈わたし〉は死者となった彼に再会した。ふりかえってみると、〈わたし〉にとって、Tさんとのインタビューは、このときからはじまったのではないかと考えることもある。

Tさんの芝居を見学し、インタビューに着手したばかりの頃、芝居に同席したマスメディアの関係者は、「どこかで聞いたことのあるような話で、さして面白くない」という感想を〈わたし〉に述べたことがある。彼女の感想にとくに反論することはなく、たしかにそうかもしれないし、いったい、〈わたし〉は、彼の芝居や、彼の生き方のどういうところに関心をもっているのだろうかと自問していたように思う。

より正確にいえば、そのように自分自身の存在を問い直すことが必要であるということも、明確には意識化できてはいなかったのではないだろうか。もっと漠然と、三人の語り手とのインタビューをつづけ、インタビューをつづけるなかで、〈わたし〉という意識が浮上してくることを待っていたのかもしれない。〈わたし〉という意識は、インタビューをはじめてから経験することになる、複数の死に出会い、死の意味を反芻し、インタビューという営みと、他者の死の関係を考えるなかで浮上してきたといえる。

6　死の衝動により現象する〈わたし〉という意識

Tさんの死は、〈わたし〉という意識を浮上させる契機となった。Tさんの死を知ったとき、さほど動揺したわけではない。そのときには、彼が他界したことを、静かに受け止めたように思う。彼の他界から時間が経過するにつれて、彼のライフストーリーをどのように解釈し、どのように分析できるだろうかと試行錯誤した。このプロセスで、〈わたし〉は、日常的に彼について考えるようになり、リフトンの一体化と心理的閉め出しという感情をリアルに体験することになる。なぜ、〈わたし〉は、Yさんではなく、Mさんでもなく、Tさんとのインタビューにより、こうした問題を考えることになったのか。次章以降で考察する、Yさん、Mさんのライフストーリーは、Tさんのライフストーリーと比較すると、言説化されており、論理的に語られる傾向がある。Yさんや、Mさんのライフストーリーを検討する方法、彼らとのインタビューの仕方では、Tさんのライフストーリーを検討することはできない。

なぜなら、くりかえして確認したように、彼は、みずからの体験を言説との関係で語ることを徹底して否定したからである。彼は、あくまでも「体験」の位相にとどまり、被爆を語る規範とされる普遍的な言説と決別する姿勢を保持し、個人的な体験の表象に、みずからの生を捧げた。彼とのインタビューは、既存の言説や、枠組み、方法によっては表現しえない感情や体験を、リアルに実感する時間であったといえるだろう。

この経験をふまえて指摘できることは、インタビューにのぞむ〈わたし〉の感情の変化を問題とすることの重要性である。「継承するかどうかは、受けとる側の問題である」という彼の言葉を、つぎのように解釈することは許されるだろう。他者の語りを聞くことは、〈わたし〉という問題を考えることである。被爆を体験した人の語りを理解することはできない。他者の体験を、追体験することは、かぎりなく不可能である。

しかし、ある出来事を体験した人が、死の間際まで、その体験について語りつづける心理について想像することは可能である。生きていくにともない、けっして、語りえないことがある。誰に向けて語ればいいのか、語りえない感情の矛先さえも、みさだめることができない。みずからの語りや、表現をどのように受け止めようが、それは、受け手の問題であって、表現する側が考えることではないという語りは、語りえない感情を内包するTさんであるからこそ、発せられる語りである。

Tさんの生き方をみつめ、その心理を想像する〈わたし〉は、彼の個人的な体験が、ヒロシマ・

ナガサキといった抽象的な言説に回収されることに強く抵抗する心理を共有していく。死の間際まで上演をつづけた彼の姿を想像するとき、彼のまえには、生と死の境界といえる領域が広がっていたのではないだろうか。

彼は、日常的に、舞台に立ち、死者との再会をつづけた。舞台に立つ、彼の目には、亡くなった友人、母、当時の風景の他にも、なにかを見ることがあっただろうか。芝居の上演をつづけるなかで、彼にとって「社会」は、どのように変化していったのだろうか。彼が死をむかえるとき、彼は、なにを考えたのだろうか。このような、さまざまな問いが、彼の死について考えるとき、浮上してくる。このような、さまざまな問いが浮上することにより、〈わたし〉という存在が形成されていく。

彼が、本当に満足した表情を、充分に生き抜いた表情を、最後に見せてくれたことを思い起こすたびに、〈わたし〉はTさんの「生」を感じることができる。生前のTさんと「対話」することができなかったこと、いまであれば、あのときとは別のかたちで質問を投げかけたり、彼の語りを「聞く」ことができたのではないだろうかという感情が、〈わたし〉には残されている。

その感情は、冷静にみつめることができないものである。極限的な状況を生きのび、その体験を死の間際まで上演しつづける彼の語りを、くりかえし聞き取り、持続的に考察することにより、〈わたし〉は、死という現象を強く内面化していく。それは、生と死の境界の時間を生きることであり、日常生活の自明性の揺らぎをおぼえる時間である。彼が、死の間際まで上演を続けた意志は、彼が、死をみつめつづけることによって養われた「力」といえるだろう。

彼は、その「力」を、〈わたし〉に与えようとしたのではないだろうか。けっして、冷静にみつめることができない、死にたいする衝動を抑えようとする感情が、生涯をかけて格闘した「語りえなさ」を形成していたはずである。

第4章　被爆体験の言説化

1　問題の所在

長崎で被爆を体験したある語り手は、原爆被災という社会問題との出会いについて、つぎのように語っている。

　すべて人間はそうなのですが、人生のどの時点でいろいろな関わりを持つようになるか、それが生涯の運動の中でどのように位置づけられるかが問題です。これが広い意味での平和運動を形成していくことになる。この意味で証言の会に参加できたことが、私の人生の中でエポックメイキングなことだと思います。（『長崎の証言三〇年』：8）

Yさんは八歳のときに原爆被災を体験したあと、長崎大学教育学部を卒業し、小学校教員としての人生を歩み始める。彼は、被爆者としての自己認識を形成する契機として、七〇年に実施した小中学生を対象とする原爆意識調査の結果を目にした過去についてくりかえし語っている。このように、被爆後の生活において自らを被爆者として認識する契機となる体験は、引用した語りを参照すると「人生の中でエポックメイキング」なことであり、原爆被災の体験と同様、転機をもたらす出来事としてライフストーリーに位置づけられている。

引用の語りにあるように、被爆を体験した人々のなかで、一定数の人々は、証言運動、爆心地復元運動、平和教育、あるいは核廃絶運動との出会いをとおして、被爆者としての自己をつよく認識するようになったと語る。本書は、こうした被爆者としての主体性が生成し、被爆者として深まっていく認識のプロセスを、Mさんの語りにあらわれる「被爆者になる」という生き方のストーリーの問題として考察している。「被爆者になる」という語りの重要性は、自らのライフコースにおいて、自らを被爆者として認識する契機となる出来事に出会うことにより、法的言説との関係のなかで形成される被爆者という主体性とは、さしあたり無関係に「被爆者」としての自己同一性を確立していくプロセスを表象している点にある。

第3章で検討したTさんは、このように「被爆者」になっていく人々において特異な立場に生きる人であったといえるだろう。彼は、平和教育の実践と自らの継承の営みを明確に区別し、社会運動、市民運動をとおして原爆の記憶を継承する営みとは距離をおいた生活を営むなかで、独自の立場を形成していた。

Yさんは、こうしたTさんとは対照的な立場を形成してきた語り手である。ふたりの語り手の対照的な立ち位置については、第2章で検討したとおりである。本章では、これまでの検討をふまえて、Yさんが平和教育に出会うことをとおして、どのように被爆者になっていったのかという問題について考察したい。その際に、被爆体験を言説化する実践として平和教育をとらえ、ライフストーリーと平和教育の実践として彼がとりくむ「被爆遺構めぐり」の関係について検討することにする。

彼は、インタビューにおいて、原爆被災から二五年のあいだ、自分自身が被爆者であることを認識することはほとんどなかったと語っている。小学校の用務員を職業とする両親のもとに生まれ、幼少期から学校という場所で生活をおくったYさんは、大学を卒業後、小学校教員となる。被爆を体験したのは八歳のときであり、当時の記憶は、明瞭に語られている。しかし、当時の記憶を明確に意識するようになった契機は、一九七〇年に実施された小中学生を対象とする「原爆意識調査」にたずさわったとき、被爆を体験したにもかかわらず、生徒たちに体験を語らずに生きてきた自分に気づいた点にあると語っている。

Yさんのライフストーリーは、Tさんとは対照的に、平和教育の言説を内面化したものである。彼は、七〇年の「原爆意識調査」に出会ったことをきっかけとして、平和教育に積極的に関与するようになったと語っている。

彼は、みずからの平和教育の実践について説明するときに、「被爆遺構めぐり」や「体験講話」をおこなうときには、「被爆者と非被爆者との過渡的な語りかた」を意識していると語っている。つまり、実際に被爆を体験した「被爆者」として自己を認識する一方で、平和教育や継承の営みの場では、「被爆者と非被爆者の過渡的な語り」を展開することによって、継承の担い手としての語り手の立場性を形成してきたといえるだろう。ここに、語り手として認識される自己と、生存者としての認識される自己の微妙な差異を読み取ることができる。

「語り方としては」という留保をもって、自らを「被爆者と非被爆者の過渡的な」位置に同定するYさんによる継承の実践を読み解くことをとおして、継承の困難さと、そこに示唆される可能性を検討することが本章の目的となる。この検討は、次章におけるMさんの「被爆者になる」という思想をめぐる考察に連接されるものである。

平和教育という言説実践は、長崎の記憶（の曖昧性と不分明性）を形成する重要なファクターである。前章で検討したとおり、Tさんは、この平和教育の言説実践を一貫して排除するという関与の仕方をとることにより「一三歳の被爆体験」を継承しようと試みた。平和教育のライフストーリーへの介入を否定するという意味で、ひとつの長崎の典型的な語りを形成したといえるだろう。

一方、Yさんは、平和教育の語りをライフストーリーに積極的に取りいれてきた語り手である。Yさんの語りは平和教育という言説実践を被爆の語りとして方法化する典型として位置づけることができる。次章で検討するMさんの語りは、さらに多様な言説や実践を内面化しているため、Yさんに比べると、平和教育の言説が前景化することはなかった。ただし、Mさんとのインタビューにあらわれる「被爆者」としての主体性から語られる「被爆者になる」というライフストーリーは、本章の検討の延長上に位置づけることができる。とりわけ、原爆被災を語る視点をめぐるMさんの語りは、重要な論点を提起しているため、さきに紹介しておきたい。

2　原爆を語ること

浜日出夫は、広島での調査経験をふまえて、つぎのように指摘している。

直接広島を訪れる人びとばかりでなく、無限に複製されるキノコ雲や被爆者の映像を通して、広島を訪れたことのない人々によってもヒロシマは想起され、そのような想起のなかでヒロシマは無限に増殖しつづけている。このように流れ去り、また降り積もるヒロシマという現象は、有限な能力と時間しか与えられていないどの研究者にとっても、もはやその全体を把握することは不可能なほど無辺際なものである。

だが、これだけであれば、研究者がそれぞれの問題意識にしたがって取捨選択を行えばすむことかもしれない。ヒロシマという現象の全体をその複雑さのままにまるごと捉えることなどいずれにせよできないのであるから、研究者はそれぞれの視点に立ってヒロシマという現象を縮減して、いわばその縮図を提示するしかないのである。だが、困難は、ヒロシマという現象を観察し、縮図を作るための外部の視点というものがそもそも存在しないところにある。（浜 2004: 239）

Mさんは、八月九日の記憶を回想する手記のなかで、彼が目にした風景について、つぎのように綴っている。この文章は、被爆者として生きてきたMさんが、被爆体験を回想するなかで、自らの記憶がモノクロームの色調によって構成されていることを語ると同時に、目撃した「キノコ雲」の記憶を〈被爆者の記憶〉として保存したいという意志について語っている。この文章には、リフトンが「精神的麻痺」として観察した被爆者の当時の心情についても触れられており、重要な記録と思われるため、少々長くなるが、引用しておきたい。

被爆体験やその前後のことを書くように言われてふと気が付いたことがある。被爆前後のことで鮮明に記憶に刻み込まれていることはたくさんある。しかし私の網膜にしっかりと定着しているそれらの鮮明な映像はすべて灰色一色のモノクロームの映像である。カラーフィルム以前のあの白黒写真と思えばよい、ただし例外が二つあった。

原爆が炸裂した時、私は爆心から四・八キロ離れた小菅町の勝廊寺というお寺の本堂にいた。

戸町のトンネル工場の事務所としてお寺の本堂が接収されていたのである。

炸裂の瞬間は、目の前に強烈な青白い閃光、稲妻のような目を射るような閃光、しかし稲妻のようにピカッと一瞬光るのではなく、ぴかぴかぴかと数秒も光り続けた。この青白い光だけが今もカラーで私の網膜に残っている。他はすべてモノクロームの映像であるのに。

私は驚いて立ち上がった。事務所にいたほかの人がどう反応したのか全く覚えていない。立ち上がって隣の机との間の通路に立った。入り口から出てその閃光の正体を確かめようとしたのである。そのとき、ずずーんというような音を聞いた。「爆弾だ！」私はとっさに両手で耳と目と鼻の穴を抑えて通路に伏せた。次の瞬間、強烈な爆風がきて事務所の入り口のガラス窓の破片が、伏せている私の背中にばらばらと降って来た。

やがて、あたりがシーンとなって物音ひとつ聞こえない。私はこわごわと体を起こした。背中からざらざらとガラスの破片が落ちる。立ち上がったときにすぐ目に飛び込んできたのは今まで仕事をしていた事務机の上に五センチ間隔ぐらいで突き刺さっているガラスの破片だった。きらきら光るその破片を見てぞっとした。もし私がそこに坐っていたら私の体中にガラスの破片が突き刺さっただろうと思った。私の両腕からも血が流れていた。飛散したガラス片でむき出しの腕をけがしたらしい。夏だったので作業服の両袖をひじの上までまくり上げていたのだ。刺さったガラス片がないのを確かめると事務所の入り口からとび出した。

事務所の前はバス道路が走っている。バス道路までは十段ほどの階段を下りなければならない。そこまで来て目に留ったのは、事務所の前のバス道路に沿って並んでいる電柱の電線がみなだらりと垂れ下がっていたことだった。電線の一方は電柱についたまま他方は地面に垂れ下がっている。それは見慣れない異様な風景だった。やっぱり近くに爆弾が落とされたのだ！と思った。

階段を駆け下りてトンネルのほうへ走った。トンネルの中は電気が切れて真っ暗。入り口の明るい方へ同級生が集ってきている。

「おい、どうしたとか？なんのあったとか？」

「わからん。なま暖かか風のビュウと吹いてきて電気の消えた！」

私にも何が起こったのかわからなかったが、トンネルのなかにいた彼らにも何が起こったのかさぱりわけがわからなかったらしかった。

私は自分の任務でもあったので、何が起こったかを調べようと思い、トンネルの山の上にかけ上がった。かけ上がる途中ですぐ真下に港が見えた。二隻の輸送船が煙をあげているように見えた。港の船がやられたのかと思いながら北の方を見たとき、長崎駅の向こうに巨大な雲がもくもくと立ちのぼるのが見えた。白い煙の混じったものすごく大きな雲の塊であった。その煙は身をくねらせ、のた打ち回りながら天に向かって上昇していた。

今私たちが見ることのできる原子雲の映像は、原爆搭載機と一緒に飛来した偵察機から撮影したものである。地上からあのきのこ雲を撮影した写真は一枚もない。でも、その映像は私の網膜にはしっかりと焼きつけられている。できるものなら、私は自分の網膜に焼き付けられた地上から見た「きのこ雲」の映像を現像して残したいといつも強く思う。

私にはもうひとつカラーで思い出す映像がある。

立ち昇るきのこ雲は白黒でしか思い出せないが、小菅町の丘の上から長崎駅のほうを見たとき、駅からこちら側の家がみんな潰れて一軒一軒の家からめらめらと炎が上がっていた。その炎の色が美しかったことを忘れない。「美しい」という表現は不適切な表現であるが、まるで映画のオープンセットのようだと思いながら呆気にとられて立ちすくんでいた。そして私はその雲と炎の下で何が起こっているかをそのときは知らなかった。

原子雲は間もなく崩れ始め、午後になると町全体が薄暗くなってきた。浦上地区は全滅らしいといううわさが流れ、救援隊を組織するかも知れないから生徒は指示があるまで待機せよという命令であった。

午後三時ごろであったろうか。負傷した兵隊が担架で運ばれてきた。四人だった。トンネルの入り口に下ろされた兵隊は、服はぼろぼろ、顔は全面やけどして崩れてしまい目鼻口が定かには判別できなかった。全く動かなかった。もう死んでいたのではないかと思う。しかしその異様な姿を見ても私には怖いとか、かわいそうとかいう感情は起こらなかった。おそらく原爆炸裂からそのあとに見た情景で気持ちが動転してしまっていたのだろう。その日の夕方帰宅する途中で出会ったたくさんの人が、人の死を悲しむ感情を奪われてしまって無表情だったのを思い出す。

この引用にあらわれる、「できるものなら、私は自分の網膜に焼き付けられた地上から見た『きのこ雲』の映像を現像して残したいといつも強く思う」という語りが指し示そうとする心情は、わたしたちの想像力をおおきく超えるものである。

同時に、「その炎の色が美しかったことを忘れない。『美しい』という表現は不適切な表現であるが、まるで映画のオープンセットのようだと思いながら呆気にとられて立ちすくんでいた」という語りは、彼が、被爆者になる生き方を形成した核心に触れているように思われる。彼は、この風景を目にしたとき、原爆に魅せられたのである。

「そして私はその雲と炎の下で何が起こっているかをそのときは知らなかった」という語りが示しているように、彼は、この風景を目にしたとき、いまだ原爆被災という出来事の凄惨さを知りえていない。リフトンが精神的麻痺という概念により説明したとおり、あるいは、瀕死にある兵士の姿を目撃したことをふりかえり「その日の夕方帰宅する途中で出会ったたくさんの人が、人の死を悲しむ感情を奪われてしまって無表情だった」という語りがしめすように、彼はきわめて特殊な精神状況にいた。

しかし、「人の死を悲しむ」という、もっとも人間的な感情を保持することもできない、きわめて特殊な心的状況におかれたからこそ、彼は、目の前の風景に感動することができたのではないだろうか。私たちは、このときの彼の心情を想像するしかない。この心情は、私たちの想像をはるかに超えるものであるが、彼は、この「感動」をこそ、私たちに伝えようとしているのだから。

Mさんは、自らの被爆者としての生き方を「被爆者になる」というフレーズにより説明する。この営みは、彼が「美しい」という「不適切」な表現によってしか、いまだ語りえない「感動」をめぐる一連の行為を指しているように思われる。一連の行為とは、原爆を目撃した瞬間の心象風景だけではなく、その後の人生をとおして、キノコ雲の下で、より直接的に原爆の惨禍に見舞われた人々の体験に想像を及ぼすこと（聞き書きの実践）、被爆者の体験に想像をおよぼすことの意味を社会的に語ること（語りの実践）、この二つの営みを両輪として、被爆者としての自己を深める営為を継続すること（語りえぬものから自己を解放すること）に取り組んできた。こうした一連の行為を継続するなかで生じる「感動」を他者に伝えること、その「感動」を社会的に共有することが、原爆被災の記憶を継承するという営みである。

彼は、原爆被災を体験したのち、みずからの体験の意味について考えつづけてきた。引用した手記は二〇〇二年に記されたものである。つまり、出来事を体験してから、およそ六〇年の年月が経ってから綴られた文章である。彼は、この手記を記すまでに、数多くの被爆者に「聞き取り」をおこなってきた。聞き取りという営為をとおして、被爆者として深まり、自己の内面において被爆体験を広めていった。

Mさんの語りと、他の多くの被爆者の語りとの差異は、彼自身が、他の被爆者の被爆体験を内面化することにより、自らの体験を相対化するかたちで語ることが可能となった点にみいだすことができる。たとえば、記憶を映像のメタファーで説明し、その風景をモノクロームとカラーに区別して想起する自己を客観視する語りには、被爆という体験の特徴を理解し、その語りえなさを、どのようにすれば語ることができるのかを考えつづけてきた個人の語りの可能性が示されている。それは、とりもなおさず、本書の主題である、語りえない出来事を表象する方途としての個人の語りと、深く関係する語りである。

3 被爆遺構めぐり

「起源」と「目的」という神学的表象により歴史の肉体性と生動性を奪われた、「年表」に象徴される歴史の側面図にたいし、歴史の正面図を語ることを、野家啓一は提起する（野家 2005: 125-8)。こうした野家の歴史哲学は、極限的な歴史的出来事の体験を語る方法を、個人の語りに視点をさだめて検討するライフストーリー研究にとって示唆的である。

ここで一つの情景を思い描いてみよう。故老が冬の炉端で子や孫に、あるいは村の老若男女に向かって、おぼろげな記憶を頼りに自らの経験や祖先から伝え聞いた村の歴史、あるいはすでに知る人も少なくなった故事来歴を語り伝えているという情景である。歴史の正面図の具体的イメージは、おそらくこのような「口頭伝承」の物語行為の中に求めることができる。故老が語っているのは、自らが記憶し、伝聞し、想像しえた限りでの過去の出来事である。それゆえ、彼は鉄の必然性をもって貫徹される歴史法則や世界史の発展段階について語ることはないであろう。彼は歴史の流れを「俯瞰する」ような超越的視点に身を置いてはいないからである。故老が身をおいているのは、歴史に「内属する」者の視点であり、そこで語られるのはまさに「生きられた過去」にほかならない。(野家 2005: 134)

Mさんが「被爆者になる」と語るとき、私たちは、彼の語りを、歴史に内属する者の視点を確保する重要性を示すものと解釈してよい。「私はその雲と炎の下で何が起こっているかをそのときは知らなかった」というMさんの語りは、原爆被災者としての自己を、ちょうど「その雲」を上空から俯瞰するように眺める視点と、「その雲」の下に存在する人々を見つめる視点の両方を含んだ語りである。上空から俯瞰する視点をとると、出来事を体験した人びとの生と死の様相をみつめることができなくなる。一方、「その雲」の下で、生と死をさまよう状況を生き延びた人びとは、他者の死に直面した体験に苛まれ、みずからの体験を客観的に語ることができなくなる。こうした語りは、リフトンの一体化と心理的閉め出しの心理を、視覚という身体のレベルで説明した語りとして解釈することもできるだろう。

彼は、その雲と炎の下に生きた人々の語りを聞き取り、彼ら、彼女らの語りを内面化する営みをとおして、「被爆者になり」つづけた。いいかえれば、「生きられた過去」に内属していく姿勢を、「聞き書き」の実践をとおして持続してきたのである。

彼は、みずからの人生を、被爆者としての深まりという言葉で説明する。「被爆者として深まっていった」という語りにより形成される自己は、被爆者の「典型」とよぶにふさわしい。注意すべきは、被爆者になるという語りにより形成される被爆者としての自己は、彼に固有の体験に根ざしたものではないことである。他者の〈痛み〉や〈苦しみ〉に出会い、戸惑い、苦悩し、他者の痛みを内面化する行為を継続することにより、被爆者として深まっていったのであり、彼は、社会関係のなかに自己を位置づける行為をとおして、被爆者になっていったのである。

こうしたMさんの自己形成のありかたは、たとえば、Yさんが取り組んできた「被爆遺構めぐり」という継承の実践を考えることにより理解を深めることができる。Yさんは「長崎の証言の会」に所属する語り手であり、平和教育にたずさわった経験をもとに、被爆体験講話と被爆遺構めぐりの実践に取り組んでいる。

前章で検討したTさんは、「証言の会」の活動と、みずからの芝居の実践を明確に区別していた。Tさんは、あくまでも「一三歳の体験」をリアルに再現することに注力した。彼は、みずからの体験の語りに、平和教育や、核廃絶の言説が介入することを拒み、身体のレベルで、みずからの体験を表象することに専心した。Yさんの実践は、Tさんの芝居の実践と対照的である。

Yさんの実践において重視されるのは、体験のない人びとが、いかに体験を理解することができるかというテーマの探求である。彼は、みずからの実践を特徴づけるのは「想像力」であると説明する。インタビューを継続すると同時に、〈わたし〉は、Tさんと、Yさんの対照的な実践を何度も見学した。

Yさんが、具体的には、どのような実践に取り組んでいるかを紹介しておこう。つぎに、あげるのは、長崎市内にある平和公園での、Yさんのある日の語りである。

被爆遺構めぐりっていうのは、六一年前におこった、そして、そのあとが残っているところを「歩いて学ぼう」というわけで。みなさんが経験しなかったこと、経験できなかったことを学ぼうとするわけですね。

その場合に、非常に大事になるのは、いま、目の前でみているもの、あるいは、わたくしの説明とか、あるいは写真とか。そんなものを、フルに活用してですね。なるべく、その当時の状況を自分の頭のなかで思い描いてみる、イメージをしてみる。そのことがないと、なかなか、六一年後のみなさんが、六一年前の事実に近づくということは難しいと思うんですね。

その力というのは「想像力」とよくいわれる力です。みなさんがたも、頭のなかで、想像する力をつかってね。そして、六一年前に、自分ができるかぎり近づいてみる。そういうことをしてほしいと思います。今日歩くなかで、いちばん遠いのは、ここから八〇〇メートルから九〇〇メートルぐらいのあいだ、ここがいちばん遠いところです。そうすると、そのぐらいの距離は、当時、つまり六一年前の「あの日」には、すべてのものがですね、消えていた。

いまね、建物がここにあったら、一〇〇メートルむこう、見えないでしょう。まして、一〇〇メートル先の様子はみえないですね。ところが、八月九日の一一時二分、以降はですね。ずっと見通せたわけです。今日バスをだしていただくということだけれども、バスに皆さんが乗り込んで、山王神社の鳥居の下にたどりつく、わずか八〇〇メートルから九〇〇メートルの、その間に、家らしきものはなかったはずですね。そのことをね、普通、「焼け野原」という言葉を使うんです。

野原っていうのは、みなさん、想像できますね。実際に、みなさんの生まれた土地にも野原っていうのはたくさんあると思うんですね。「焼け野原」っていうのはなにか。建物がびっしりと道沿いに並んでいたのに、「あの日」を境にして、そこには、なんにも見えなくなった。つまり、焼けて、なくなった。それが野原の状態になってるので「焼け野原」という言葉をよく使うわけですね。

だから、一瞬でもいい。みなさんは、バスに乗って、山王神社に着くあいだ、自分の目のなかに入ってくるのは、びっしり並んでいる建物が目に入るわけですよね。しかし、頭の中では、一瞬、その風景を消して。ずっと焼けてですね、なにも建物がないという、その状態を、一瞬でも想像してみるというのが、どうしても必要だと思うんです。いいでしょうか。

そういうなかを、被爆者たちは逃れていったり、あるいは、この「中心」の人たちは、ほとんどいなくなってるわけですね。だから、六一年後のいま、みなさんが、被爆地を歩く場合、みなさんの目には、隙間なく、建物があるわけですね。

しかし、本当は、今日、私たちが歩いてまわる四カ所は、まわりにはなんにも建物が残っていない。そんなところを歩くのだ、ということを、短い時間でもけっこうだから、自分の頭のなかで、いまの風景を消してみてね、そして、その当時の「焼け野原」、焼けたために、野原のようになってしまった。という、その風景を思い描いてみてほしい。

という、その仕事をね、やってほしい。という風に思いますね。

じゃあ、前置きはそれぐらいにして、今日の説明に入りましょう。ここは「平和公園」と呼んでますね。この平和公園にはね、わたし流にいえば、顔がふたつあります。ひとつは「観光」という顔があります。この観光客の方は、この「平和祈念像」以外は、ほぼ関心はありません。バスのガイドさんが説明されると思うんだけども、右手を上にあげてますね。この右手の意味とか。あるいは、左手を伸ばしてますね。そういう意味とか。あるいは、顔だとか。足の組み方だとか、背の高さだとか。そんなことを説明していただけると思うんですが。わたしは、それ以外のことについて言いたいと思うんですね。

平和祈念像が建ったのはいつかというのは聞きましたか。被爆後、一〇年。西暦でいうと、一九五五年ですよね。一九五五年にですね、内外の浄財によって、お金をだしていただいてね、そして建てられた。当時ね、三千万円というお金だった。現在の、お金の値打ちになおしたら、億がつく金なんですね。五億か六億ぐらいになりそうなんです。一九五五年の三千万円。その多くのお金を、いただいて、建てられた、この平和祈念像ですけど。これが建ったのを見てですね。一人の長崎の、まったく無名の、普通の、被爆者だった女性。これね、福田須磨子っていいます。名前聞いたことないでしょうか。この福田須磨子がですね、ひとつの詩をね、朝日新聞に投稿したんですね。題は「ひとりごと」っていいます。これは、四連までありますけど。第一連だけ紹介しますね。

なにもかも
いやになりました
原子野に屹立する巨大な平和像
それはいい
それはいいけど
そのお金で
なんとかならなかったかしら
石の像は食えぬし、腹のたしにならぬ
さもしいと言ってくださいますな
原爆後十年をぎりぎりに生きる
被災者のいつわらぬ心境です

これが、一連です。第三連にはですね。爆死した両親と、自分のお姉さんと、この人たちが、ひじょうにかわいそうだと、自分は思っていた。しかし、戦後生きていくという、その苦しさに比べれば、むしろ幸せだったと思う、というような意味が、第三連に書いてある。

そして、最後の第四連は、たった二行なんですがね。

ああ　こんなじゃないけないと
自分を鞭打つのだけど

という、言葉でおわってる。つまり、一瞬生きていた人は、その「一瞬の地獄」を見た。三日間生きていた人は、三日間の地獄をみた。幸い、命をとりとめた被爆者は、その後、生きていくという新たな地獄が待っていた。その一〇年だったわけです。そして、そのとき、まだ、被爆者を助けるための法律はありませんでした。その法律ができたのは、この平和祈念像が建った二年後です。一九五七年に、原爆医療法という法律ができて、はじめて被爆者に公の手がのびたわけですね。つまり、一二年間、被爆者は放置されていた。

そういうときに建った、この平和祈念像であったわけですね。だから、それをみた、当時の長崎の被爆者たちが、どんなおもいで、この記念像をみていたのだろうということを、うかがわせる、ひとつの詩ですよね。そのあと、彼女は、「反核の鬼」と批評されるほど、非常に激しくですね、詩を書くことによって核に抵抗して、五四歳で、大阪で亡くなります。彼女の、お骨はですね、火葬炉からだしたときにですね、普通だったら、竹の箸でつまんで、竹の骨壺にいれることができるんだけども、彼女の骨はもろくてですね。つまめなかった。ということが伝えられてますね。

そのくらいに、本当に、骨のなかまで、原爆におかされていたんだなということが、わかりますね。当時の被爆者の心情を読もうとする場合は、その、ひとつの入り口として、いま紹介した、福田須磨子という人の詩を読んでみるということも、いいのではないかと。わたしは、平和祈念像という、この言葉とぴったりむすびついていくのは、いまあげた、福田須磨子という、長崎の被爆者ですね。この人の名前と、むすびついていきますので、そういう紹介をいたしました。

あと、この平和祈念像については、いろんな資料にありますのでね。たぶん、みなさんが目にしないかなと思う、福田須磨子についてお話をしたんですね。観光としての、この平和祈念像と、もうひとつ、みなさんにとっては、平和学習には、そっちのほうが、むしろ強力だろうなと思うのは。いま、平和公園という、この場所は、かつてですね、刑務所という場所だったんですね。刑務所。刑務所であったということと、平和学習とは、いまの段階では、みなさんの頭のなかで、結びつきは、たぶんないだろうと思います。そのことを、すこし、移動して、その場所でお話をしたいと思います。刑務所であったことと、平和学習と、どこで結びつくんだろう。そして、六一年前の出来事が、どこで、いま皆さんとむすびつくんだろう。ということを、話したいと思います。

Yさんの被爆遺構めぐりでは、かならず、この平和公園という場所を異化する語りを聞くことができる。彼が指摘するとおり、多くの観光客たちは、原爆資料館を見学し、「原爆落下中心碑」で死者を追悼し、平和祈念像を背景として記念撮影をおこなう。Yさんは、おなじ遺構めぐりのなかで、原爆落下中心地公園に立つ「原爆落下中心碑」という呼称にたいし、「なぜ、落下という言葉がつかわれているのか、原爆は人為的な攻撃を目的に『投下』されたものであり、けっして自然に『落下』してきたものではない」と語りかける。

多くの観光客たちは、爆心地に建つ碑の呼称に注意を向けることはない。平和祈念像の建立にたいして抱かれた人びとの想いを想像することもない。あるいは、平和公園という場所は、原爆投下の過去をふまえて未来の平和を祈る場所として一義的に意味づけられているが、旧日本軍により強制連行されたアジアの人々が死を迎えた場所である過去を想起する手がかりは与えられていないことにたいして、Yさんは、場所の歴史を語ることにより説明しようとする。

彼の語りにあらわれる「思想」が重要なのではない。Yさんの語りは、長崎の記憶を編成する多様な言説との関係のなかで紡ぎだされている。なぜ、彼は、このように語らなければならないのか。被爆を体験した人びとのすべてが、彼のように、社会的に体験を語りつづけるわけではない。これまでにも確認してきたように、彼は、被爆を語るという精神的負荷の大きな実践を継続するなかで、体験を語る行為そのものに付随する困難さについても考えつづけてきた。爆心地からの距離や年齢という数値にいったい、どのような意味があるのだろうか。そうした数値によって体験に意味が付与される現実にたいして違和感を抱き、爆心地から遠い、幼少期の体験にも意味があると訴えつづけてきた。こうした姿勢をとりつづけ、平和教育にたずさわってきた。それにもかかわらず、なぜ、被爆地として認識される都市において、平和を伝えようとする教育実践が行政により抑圧されるのか。このように折り重なる、ヒロシマ・ナガサキを語る困難を、ひとつひとつ突き放して、より広い社会的コンテクストのなかで、あるいは、語り手と聞き手の関係をみつめて、語りの意味を探求していこう。

4 「爆心地」をめぐる媒介者たちの語り

Yさんは、八歳のときに、長崎市南部に位置する浪の平町で被爆を体験した。しかし、彼は被爆者として自己認識をいだくようになった時期を「被爆後二五年が経過した一九七〇年」であると語っている。彼は、被爆者としての自己を説明するにあたり「空白の二五年」という言葉を用いている。「二五年間は、原爆について、とくに意識した暮らしはなかった」という語りを聞いたとき、〈わたし〉は、その語りに違和感をおぼえた。なぜなら、彼は八歳のときに、原爆被災を体験したと語っており、インタビューでは、被爆直後に爆心地である松山町の近くを歩き、そのときに感覚した「強烈な匂い」の記憶が明瞭に語られていたからである。

彼は、被爆当時、ローカルな文脈では「爆心地から比較的遠い」といわれる浪の平町に居住し、その後、被害の中心である浦上から離れた市街地に位置する西小島へ転居する。たしかに、このふたつの地域は、浦上から一定の距離のある場所にあるため、明瞭な記憶がないのだろうと、〈わたし〉は考えていた。しかし、Yさんのライフストーリーを聞きながら、「原爆について、とくに意識した暮らしはなかった」という語りは、やや不自然なものであるように思われた。彼は、「みずからの体験を明瞭に意識するようになった」と語るまでのあいだ、自分自身の体験をどのように認識していたのだろうか。つぎに示すのは、こうした疑問をなげかけたインタビューの記録である。

Y：なんか、当時、中学生以上の人たちは、あの、自分の視覚で、ちゃんと、記憶してるけどね。
＊：ああ。そういうふうに、Yさんが八歳のときに、いわゆる被爆というものを経験されて、現在のYさんがここにいらっしゃるわけじゃないですか。で、まあ、ここで紹介されるような活動を、この数年間ですかね。とくにされていると、その一九四五年に原爆にあった人っていうのは、すごくたくさんいるわけですよね。

Y：うん。

＊：そのなかで、Yさんが、この立場にいるのは、このあいだに、なにがあったのかなというのは、すごく気になるんですよ。なぜ、Yさんが語られているのかということに。この話は、おそらく、以前にもお伺いしていて、そのときに、おそらくYさんが強調されたのは、七〇年の原爆意識調査の結果。で、投下の事実を知らない子どもたちがいたり、教師が語っていなかったたっていうデータによる事実ですよね。

Y：うん。

＊：を、みたときに、自分は被爆教師だと思った。っていう。

Y：うん、はじめてね。そのときね。二五年間は、原爆について、とくに意識した暮らしはなかったっていうね。

＊：うん、そう、おっしゃっていて。ある程度は理解できた気もしたんですけど、もうすこし、その、細かいというか、詳しい話を聞きたいなと。

Y：うん……。僕には、その二五年間の空白がありえたけれども、意識せずに暮らすということができたわけね。原爆を意識しなくても暮らせたわけね。しかし、その間に、八歳のべつのひとがいたとするね。その人が、ずっと病気がちだったとしたら。それはもうね、原爆を意識せずに暮らすということが不可能だったと思うね。

＊：そうですね。

Y：それから、たとえば、女性が。もう、結婚の約束をしてたのに、ある適齢期になったときにね、まとまっていた、その、結婚の約束が破談になったといった場合には、僕のように二五年間、意識しないということは不可能だった。ということは、一般的にいえば、心身ともに傷が深かったという人ほど、原爆を意識せざるをえない生活がそこにあったに違いない。

＊：うんうん。

Y：で、四キロっていう、まあ、いわば、遠距離被爆とよばれる人たちは、うんと近距離で、体に障害をもったし、そのために、家庭の状況も悲惨になっていったっていうね、その人たちの生活の様式とは、違うわけ。僕はそこがいちばん大きいんじゃないかと思うのね。だから、四キロ地点のわたしが、もし教師になっていなければ、あのような思いをすることもないということでしょう。

＊：教師になっていなければ、あのような思いを…、つまり、原爆意識調査の。

Y：うん。そうそう。それを、する側にいたわけだからね。調査しなければ、その、「被爆教職員の会」っていうのが、七〇年にできて、まず、何をする必要があるのかっていうことで、まっさきに、子どもたちが四五年のね、あの出来事を、どの程度知ってるかっていう実態を捉えないと、あとはすすまないと。だから、子どもたちの、いまの状態を、教師としては把握すべきだっていうことから、実態調査したわけでしょう。だから、もし教師でなかったとしたたら、僕が、その、語らなければいけないと、その思った時点というのは、もっと遠ざかって、ひょっとしたら、もう、そろそろ、この世とお別れだと、いうぐらいになったとき、やっぱり、あのことは、自分が四キロ地点であっても、四キロで知ってることは残さないといかんと、いう気になるかもしれないので。そしたら、もう二五年どころじゃなくてね、五〇年以上も経って、ようやく、その、そういった活動をね、しようかと思うようになるかもしれないわけね。

＊：その、教師になっていなかったらっていうことですか。それとも、調査に携わっていなかったらっていうことですか。

Y：それは、僕の場合であって。そのほか、たとえば、三キロ地点にいた人であってもね、とくに、その、身体的にも、あのことが原因だと思われるような障害を負っていないとしたならば、そしたら、その人にとって、いつの時点で、自分の体験を伝えておこうという気持ちになるかっていうのは、人によっては、ずいぶん違ってくるだろうと。

＊：そうでしょうね。

Y：僕は二五年の空白。まあ、かなり長いと思うけども。二五年ですんだ。そっからあとは、いちおう、自分としては被爆教師になったと。

Yさんは、小学校教員として原爆意識調査に携わり、長崎への原爆投下の事実を知らない教え子の存在を知る。さらには、教員が教え子に、原爆について語ってこなかった事実を知ったと語る。こうした気づきが、自分自身を「被爆教師」にさせたと語っている。

Yさんの語りには、被爆を語りつづける二つの動機が含まれている。ひとつは、「自分が四キロ地点であっても、四キロで知ってることは残さないと」という語りに現れているように、爆心地を中心とする同心円イメージにより「遠距離被爆者」と規定される立場に生きる人びとの体験を記録し、次世代に伝えようとする動機である。この背景には、彼自身が、被爆を体験した場所と、当時の年齢という問題がある。もうひとつの動機は、教師という職業の選択である。「もし、教師でなかったとしたら」と語るように、教師という職業選択は、彼の生き方に大きな影響を与えていると推測できる。

しかし、この二つの動機は、必ずしもライフストーリーに一貫性を与える整合性をもっては語られていないように思われる。インタビューを継続するなかで、Yさんは、これに類似する語りを、くりかえして語っている。こうした語りによっては説明されえない、つまり、爆心地からの距離をめぐる語りと、原爆意識調査との出会いという語りによっては説明できない、彼自身も言語化していない、より根本的な被爆を語る動機があるのではないだろうか。

別の二人の語り手とのインタビューをふまえて、Yさんの語りの意味を見出そうとするならば、どのように考えることができるだろうか。Mさんの語る「被爆者になる」という語りと、「被爆教師になった」という語りは、どのような関係にあるのだろうか。Yさんは、二五年という長い時間をかけて、被爆教師になったと語っている。インタビューでは詳細には語られなかったが、被爆後の長崎で生活するなかでは、明瞭に記憶されていない、さまざまな体験や記憶があると想像できるだろう。彼自身が、福田須磨子の詩を朗読し、被爆遺構めぐりで必ず語るように、被爆後十年の長崎という都市と、生き残った被爆者のおかれる生活状況は、現在からは想像できない別の世界だったはずである。

彼は、「二五年間の空白」として自己のライフヒストリーを表現する。しかし、それは本当に「空白」の時間であったのだろうか。彼は、「空白」の時間をすごした理由は、被爆による大きな身体的外傷をおわずにすみ、結婚などをめぐる差別に直面せずにすみ、被爆を体験した当時の記憶も曖昧であるからだと説明する。それならば、なぜ、彼は、ある時期を境とし、被爆教師になり、その後の長い時間、平和教育の実践に携わっているのだろうか。そこには、被爆の体験という事実だけでは説明できない、別の動機があるのではないだろうか。

さきに示した語りは、彼自身が、被爆後の生活をいとなむなかで、Mさんと同じように、大きな外傷をおった生存者や、差別の現実、あるいは爆心地から近くの場所で被爆を体験した人びとに固有の苦悩に出会ってきた経験をあらわしている。このトランスクリプトでは、Yさんは、みずからを「被爆教師」として意味づけているが、被爆遺構めぐりのなかでは、自分自身を「被爆者」であると説明する。そこには、彼に固有の、自己の意味づけにたいする揺らぎがある。

前章で検討したTさんの場合、一三歳の体験が、あまりにも大きなものとして、みずからの記憶に刻印されていた。それゆえ、彼には、自分自身が「被爆者」であるということを再帰的に思考する余地はなかったのかもしれない。〈わたし〉は、Tさんの芝居の実践を見学するなかで、そのことを徐々に理解していった。

しかし、Yさんは、すくなくとも語りの位相では「二五年間の空白」をつよく意識し、語ることがなかったかつての自分自身をふまえて、「被爆教師」になったのかもしれないと語る。そこには、Mさんが明確に言語化したように「もっと大変な思いをして生きてきた人びと」にたいする意識が作用していたのかもしれない。リフトンの説明にしたがえば、死者と、もっと大変な思いをして生きてきた生存者にたいする罪意識の作用である。

「心身ともに傷が深かったという人ほど、原爆を意識せざるをえない生活がそこにあったに違いない」という語りは、二五年間の空白をふまえて、被爆教師になったYさんが、その後の教育への取り組みや、聞き書きの実践により獲得した想像力の現れである。彼は、被爆教師になった三年後、爆心地から一・四キロで被爆した家族を対象とした聞き書きの記録を残している。そこには、つぎのように記されている。

あの日の史上に類をみない体験が記録に残されることもなく、単なる個人的な体験として抹消されることは耐えられないことである。

私はこれまでも被爆教師の立場から、平和教育の一環として、子どもたちに両親の被爆体験を聞き書きさせて原爆への関心を持たせる試みをしてきたが、もっとも身近な妻の実家の記録には手をつけずにいることに気がついた。

D家は爆心地から一・四キロの地点で、七人が被爆し六人が生存した。この距離ではめずらしいことである。そこで、生存者全員の証言によって、一家族の被爆の全体像をつかみたいものだ、と思った。

集まってきた家族全員の手記や証言を一つの物語にまとめてみて、この家族にとっても、まさに「原爆は生きている」と言わねばならぬことがはっきりした。また、同じ条件のもとに被爆した家族に、生と死が分かれたことの不思議さ、冷酷さも見た。

いま家族は、長崎、東京、天草、と生活の場を異にするが、いずれも健在で、それぞれの家庭で「あの日」の体験が語り継がれていることはいうまでもないことである。

この聞き書きは、死亡した二男、当時六歳の長女をのぞく家族成員への聞き取りと手記をまじえて作成されたものである。とりわけ、二男を亡くし、長男と三男の看病に苦労した母の語りは、被爆を体験した者の切実な思いを表現しており、聞き取りをおこなったYさんが抱いた苦悩のおおきさは想像にかたくない。「同じ条件のもとに被爆した家族に、生と死が分かれたことの不思議さ、冷酷さも見た」という語りは、Yさん自身が「四・三キロ」の浪の平町で体験した被爆の記憶を、「一・四キロ」の体験と比較することにより、相対化してみつめるきっかけになったことを示しているように、〈わたし〉には思われる。

「D家は爆心地から一・四キロの地点で、七人が被爆し六人が生存した。この距離ではめずらしいことである」という記述されているように、Yさんは、「爆心地からの距離」という数値に注意をはらっている。上空から長崎を俯瞰する地図に重ねあわせられた同心円イメージを内面化する〈わたし〉にとっては、あたりまえのように聞こえるが、爆心地からの距離を指標として、生存の状況を考察することは、けっして自然なことではない。

「原子爆弾被爆者に対する援護に関する法律」（被爆者援護法）によると、被爆者は、被爆の際の条件により「直接被爆者」、「入市者」、「死体の処理及び救護に当たった者等」、「胎児」と分類されている。一九七四年までは、これらの分類のいずれかにあてはまる人々のうち、「原爆が投下された際、爆心地から三キロメートル以内の地域にあった者及びその者の胎児」を「特別被爆者」とする条項も存在していた。こうした法的言説にもとづく制度が「被爆者健康手帳」の交付制度であり、「被爆者健康手帳は、その人が原子爆弾による被爆者であることを示す一種の身分証明書である」と記されている（長崎市市民局原爆被爆対策部『平成二四年版　原爆被爆者対策事業概要』）。

すでに確認したように、米山リサは、被爆者健康手帳を取得するプロセスにおいて、被爆を体験した人々が法的に「被爆者」になる現実があることを指摘している。重要なことは、被爆者が、同心円イメージにより測定される「爆心地からの距離」をもって自らの立場性を規定する現実である。Yさんは、インタビューのなかで、あるいは被爆遺構めぐりのなかで、しばしば「四・三キロ」

という数値に言及する。四・三キロの自らの体験は、「三分でおわる被爆体験」であり、より爆心地に近い場所で被爆した人々の体験とあわせて知ることが必要だと語る。

爆心地に近い地点で被爆をした人々の体験はより凄惨であるために、「遠距離被爆者」の体験より重要であるという規範的な言説は、Tさんにも、Yさんにも、〈わたし〉にも共有されている。同心円イメージを内面化することにより、このような規範を常識的な判断として受け入れる傾向がある。爆心地に近い人々の凄惨な体験こそが重要であるという価値意識である。前章で検討したTさんの語りにも、こうした価値意識はあらわれていた。

そうした規範的な言説の支配により生じる語りえなさと、どのように向き合い、どのように生きることができるのか。それは、本書のテーマのひとつである。さきに紹介した、被爆遺構めぐりの実践は、「爆心地」という場所に付与された意味を異化することを試みる語りの実践である。彼自身は被爆数日後、松山町近辺を歩き、このときに嗅いだ「匂い」を鮮明に記憶している。二五年間の空白の時間を生きたのち、空白の二五年間をとりもどすかのごとく、学び、平和教育という方法にそくして、被爆を語る意味を次世代に伝えることを、みずからの生き方として形成してきた。その際に、彼が、語りの起点とする場所が、爆心地である。

Tさんが取り組んだ芝居の実践についても、ほぼ同様のことがいえる。Tさんは、現在からの再構成として過去の体験を解釈的に語るのではなく、八月九日の自分自身に、くりかえして回帰することを試みる。Tさんにとっての「爆心」は、爆心碑ではなく、彼自身が被爆を体験した銭座町の自宅であり、多くの友人が死をむかえた瓊浦中学であった。「命ありて」と名づけられた芝居が上演される舞台が、このふたつの場所の中間に設定されたことは、けっして偶然ではないだろう。

インタビューをはじめた当初の〈わたし〉は二人の語り手を対照的であると考えていた。しかし、「距離」や「年齢」を意識した、表層的な語りの位相において生じる対照性とは別の位相で、いいかえれば、彼の実践を形成するライフストーリーを聞きとるなかで、そうした対照性を形成する別の要因があるのではないかと考えるようになる。また、彼らが、距離や年齢を意識する語りにより、自分自身の立場を形成してしまう矛盾する現実を超える位相で、「被爆者になる」という語りを捉える必要があるのではないかと、気づいていく。自己の体験のリアルな再現に注力するTさんと、自己の体験を相対化して次世代に伝えようとするYさんの語り方は対照的である。それは、語り方のレベルでの相違に起因する対照性である。しかし、こうした語り方のレベルの相違を分析するだけでは、彼らのライフストーリーを理解することにはならない。

インタビューに着手したばかりの頃、Kさんが〈わたし〉に投げかけた「それだけでは、被爆者を理解したことにはならない」という言葉を思い起こそう。現実を生きる二人の語り手は、「語り部」という立場で被爆を語るなかで、日々、語り手としての立場を意識せざるをえない状況におかれている。長崎というローカルな地域性のなかで、ミクロな人間関係や、さまざまな考え方が複雑に絡み合うなかで、自己の体験を表現する立場に身をおいている。

第3章で確認したように、Tさんは、銭座町の自宅の近くを通るたびに、亡くなった友人を思い出す。芝居を上演し、「一三歳の被爆体験」を演じるなかで、けっして言葉にできない記憶を身体的に表現する。このように表現される自己の体験や記憶は、爆心地からの距離や、当時の年齢とは無関係である。体験をリアルに再現するTさんにとって、「平和教育」の言説は、自らの実践とはなんの関係のないものとして認識されている。一方で、Yさんにおいても、爆心地付近で被爆を体験した人びとを特権的な立場にあるという認識は、彼自身がとりくむ被爆遺構めぐりの実践とは無関係なはずである。

ふたりの語り手は、それぞれの「爆心地」から、死者の記憶を、現在を生きる者に伝達しようとしている点では共通しているはずである。二人の語り手は、常識的な意味の、つまり同心円イメージにより設定される爆心地とは別の、それぞれの語り手のライフストーリーに内包されている地図に書きこまれた「爆心地」があるのではないだろうか。「語り部」として生きる人びとの語りに着目する意味もまた、ここにある。

われわれは素手で直接に歴史的過去に沈殿した「死者の声」を聞き取れるわけではない。「死者の声」が因果的にわれわれのところまで届くためには、恐山のイタコが死者の「口寄せ」を行なうように、過去の死者と現在のわれわれとをつなぐ媒介者、すなわち「語り手」を必要とするのである（野家 2005: 296）。

Yさんは、「空白の二五年」として戦後の生きられた時間を表現する。被爆教師になったYさんが、過去の自分自身の生きかたを振り返るとき、現在の彼の価値観に照らし合わせると、それは「空白」としか表現できない時間になる。そのように過ごした時間の意味をくりかえして考えつづけるなかで、彼は、被爆を語らなかった〈わたし〉から、被爆教師としての〈わたし〉になっていく。このように変容する〈わたし〉を見つめるなかで、「被爆者と非被爆者の境界的な語り方」をするようになったと、彼自身が語っているのである。被爆教師としての〈わたし〉が意味するのは、語り手になっていく生の有り様である。Yさんは、過去の自分自身を見つめなおし、過去の自分と、現在の自分の変容を伝えることにより「被爆者」という存在を他者に説明しようとする。このとき、彼は、「語り手」になっていく。自分自身の変容のプロセスを客観的にみつめ、他者に伝達可能なかたちで語る営みは、「被爆者になる」という生き方の原型をなしていく。

さきの引用にひきつけるなら、死者の「口寄せ」を行なうように体験を再現しつづけるTさんは、死者と現在を生きる者を、因果的に結びつけようとする媒介者である。彼は、被爆体験の継承という社会的な言説を身体的に乗り越えようとしている。それゆえに、ある意味では、彼の実践には社会的な意味は介在しないのかもしれない。しかし、そのようにしか表現されない、生きられた経験があるのであれば、それもまた、ライフストーリーのひとつの形として検討する対象になるだろう。

Yさんの語りは、より社会的な位相で展開されている。Yさんが、みずからの体験を、「わたしの被爆体験を話しても、それは三分で終わります」と語るのは、「四・三キロ」の「八歳」での記憶が、有名な被爆者たちの生々しい記憶にくらべると曖昧であり、聞き手に与えるインパクトに欠けるという理由からではない。それは、聞き手が、他者の記憶と、みずからが生きてきた経験を接続する回路を見いだす契機を獲得することを重視しているからである。

僕の話を、おんなじ人が何回も聞くんではないというね。そこのところが、自分のなかでの、言い訳なんだけどね。だから、体験っていうのは、みんな違うよと。だから、僕が典型的な被爆として、谷口さんの話をつけくわえるっていうのは、そういう意味もあるわけたいね。わたしの話だけが。あ、これが長崎の被爆の実相なのかと。あやまって受けとめられるのを、なんとか、やっぱり、防ごうと。だから、四キロ地点では、こうでしたと。で、それより、二キロ近いところで被爆した人はこうですと。だから、二キロっていう差がいかに大きいかっていうこともわかるし。ひとりひとり、被爆は違うんだということもわかると。そのために、私は、この人の話をつけくわえますという、理由を述べたうえで、被爆体験を話すということはできないと、いうことについて。いや、僕は、それは違うということで。私はこうでしたっていう、一人称の話はできないけどね。たとえば、谷口稜曄っていう人の生きざまはこんなものだったんだということは、話せるじゃないですかと。だから、私は、これからあとの、被爆者がいなくなったときの、その、過渡期の話し方をやってると思うんです。自分の体験と、もう一人の、その、もっと至近距離でうけた、いわば、長崎原爆の典型ともいえるような、そういう被爆を同時に話すと。自分の体験プラスの、もうひとつを話すと。こんどは、私もいなくなり、体験を話す、被爆者がいないと、なったときに。長崎原爆を継承できるのか、という場合に。被爆体験がなくても、こういう伝え方なら、できるじゃないですかというね。その、自分の体験としては、話はできないと。僕の場合は、すこしはできると。すこしはできるけれども、もうひとつ、典型的な例も話して、あの、誤解のないような話し方をしているという。

このように、Yさんは、有名な被爆者の被爆体験と自分自身の体験の位置関係を説明し、被爆体験を語るとはどういう営みかと、考えようとしている。有名な被爆者の体験を「典型的」であると説明する。その典型と、自分自身のように爆心地から遠くで被爆した者の体験とを例にして、ひとりひとりの体験の個別性を重視する必要があると、Yさんは語る。自分自身は典型となる被爆体験を語るときに、一人称の語り方はできないけれど、その「生きざま」を表現する語り方はあるのではないかと考えている。たとえば、すでに引用したように、被爆遺構めぐりで福田須磨子の詩を朗読し、彼女の生にふれる語り方である。Yさんは、こうした語り方は、被爆を体験していない者にも、被爆を語る可能性を与えると考えている。

しかし、典型的な被爆とは、一体、なにを意味しているのだろうか。被爆を体験していない〈わたし〉は、被爆の体験に「典型」があるという認識を共有はできない。おそらく、Tさんもまた、典型的な被爆体験といわれたとき、その表現にたいして違和感を抱くのではないだろうか。この「典型」という言葉は、Yさんのように、長年にわたり語り続けてきた人びとに共有されている固有の表現である。Yさんが有名な被爆者としてたとえにする、谷口稜曄の被爆体験は、けっして「典型」ではない。Yさんは、谷口の体験を典型であると語るゆえに、みずからの被爆体験を「三分で終わる」と意味づける。彼の語りには、体験のない者が、被爆について語ろうとする際に直面する問題が端的に現れている。

八月九日に長崎で被爆を体験した人びとが、みずからの体験を「三分で終わる」と意味づけるなら、体験のない〈わたし〉には、語ることなどなにもないのではないだろうか。典型的な被爆の語り方もすこしはできるけれども、典型的な体験も説明する誤解のないような話し方という、Yさんの語りには、彼が直面しつづけている体験を語る立ち位置に関する、曖昧な、ためらいの心情が現れている。その心情を説明する理論は、やはり、リフトンの罪意識の同心円ではないだろうか。さきの引用の語りには生き延びた被爆者と、体験のない聞き手が登場している。Yさんは、自分よりも死者に近い立場で生き延びた被爆者を典型として位置づけ、自分の語りの聞き手を、同心円の外側にいる人びとと位置づけている。彼は、こうした認識をふまえて、同心円の内側で生き延びた人びとが、死者になるとき、同心円の外側にいる人びとが「語り手」になる方法を考えているのだろう。

5　原爆の記憶の曖昧化と平和教育

高橋眞司の指摘をふまえると、長崎原爆の言説編成の特徴は「不分明」と「曖昧」に求めることができる。高橋眞司は、この「不分明」と「曖昧」な言説を構成する要素として「平和教育」と「永井隆」の存在を指摘する。Yさんは被爆教師になり、その後、平和教育の言説を内面化するなかで、被爆の語り手になっていく。そうであるならば、彼のライフストーリーは、平和教育という、長崎の「不分明」かつ「曖昧」な言説を内包しているはずである。

前節で検討した「被爆者と非被爆者の過渡的な語り方」という自己の語りを解釈する語りは、ひとつの「曖昧さ」のかたちを体現しているのではないだろうか。彼は法的な被爆者であり、被爆を体験したという意味での被爆者である。それにもかかわらず、彼は、みずからの体験を語るときに、「被爆者と非被爆者の過渡的な語り方」を意識すると語っている。なぜ、被爆者である彼が、被爆者と日被爆者の過渡的な立場を意識する語り手になる必要があるのだろうか。このように考えるとき、被爆の体験と、被爆を語る行為は、別の位相で捉える必要があるように思われてくる。

Yさんは、被爆者ではなく、被爆教師としての自己同一性をライフストーリーの語りにおいて強調している。彼は、被爆者としての自己物語に「曖昧さ」が孕まれていることを十分に認識している。彼の八月九日の記憶が曖昧であるということではない。語り手の被爆を体験した当時の記憶が曖昧であるということは、語り手が「継承の困難さ」と表現し、マスメディアの言説が「体験の風化」として論じるほどには、おおきな問題ではない。

重要なことは、ローカルな言説空間において、曖昧で不分明な原爆の語りが形成されてきたことをいかに書くことができるかにあり、そうした言説と連動して長崎の「被爆者」としての主体性が構築されてきたことをいかに記述するかという問題である。前節でとりあげたトランスクリプトにおけるYさんの語りが曖昧である一方で、第三節で検討した被爆遺構めぐりの語りはきわめて明瞭である。Yさんは、個人的な記憶ではなく、言説化された平和教育の延長線上にある被爆遺構めぐりの担い手として、「被爆者」としての自己を保持しているからである。

平和教育の難しさは、教師個々の信念と自覚に俟たねばならないという点にある。文部省の指導要領にあるのでもなければ、こうして進めよという年間計画の教育課程もない。したがって取り組む意志のない教師たちには、無縁のものとなって顧みられもしないし、それでも罷り通っていくのである。むしろ、平和教育などと云わないほうが身のためだ、という利己本能さえむき出しにするものがある。（『継承の証を絶たず』：28）

長崎の平和教育は『沈黙の壁を破って』という書籍の出版とともに始動した。これは、長崎で被爆した教師たちが、被爆二五年目に「生き証人」として自らの被爆体験を活字化したものである。このなかには「原爆文学」として評価される瀬戸口千枝による「熱い骨」も収録されている。平和教育の指導的立場にいた坂口便は、「熱い骨」のあとがきを引用し、当時の被爆教師たちが抱いた心境を綴っている。

原爆は恐ろしいのです。水爆はなおさらでしょう。浦上の兵器工場に、学業も何もかも取りあげられて、挺身隊として動員して働かされたあげく、アッという間もなく原爆で殺されてしまった、たくさんの教え子たちや同僚に代って、私は純粋に、「原水爆禁止」の仕事に頑張らなければならないと思っています。原爆戦争の犠牲者は、ヒロシマ・ナガサキだけでもういやというほど出ました。もうこれでたくさんです。（瀬戸口千枝『熱い骨』のあとがき）

瀬戸口先生が自分の体験をとおしていわれるように、この気持は長崎の教師たちの誰もが腹の底にもっている。けれども二五年の間をふりかえってみて、正直なところ私たちは何をしたことであろう。もちろん私たちは日々の勤務に拘束されている。「原水爆禁止」を叫びながら旗をもって世界中を駆けまわるというようなことは、とてもできることではない。それぞれの職場にあって、自分の仕事を通じながら、一人ひとりのつながりを大きくしていくこと、そうした身近な運動しかできないのである。（『沈黙の壁をやぶって』：21）

Yさんによる被爆遺構めぐりの語りは、この『沈黙の壁をやぶって』に収められた「心の断絶」という一節におさめられた言説を継承しているように思われる。ここには、被爆教師たちが原爆を語りつぐなかで内面化してきた規範が明瞭に示されているのではないだろうか。つぎの記述もまた、Yさんの語りに現れる、曖昧さと不分明を形成する言説の一例として提示しておきたい。

現在、長崎でも爆心地帯は「平和公園」と呼ばれる緑地帯になっている。七五年間は草木も生えぬといわれた原爆被爆地も、四季おりおりの草花に花壇は彩られ、桜の花、桃の花、香り高い金木犀等々、むかしと変わらぬ状況である。

地上六六〇メートルで原子爆弾が炸裂したと測定される松山町一四〇番地には、オベリスク風の塔が建てられ、桜の花に囲繞された広場には美しい花壇と芝生がある。四月、桜が満開する頃には、一升瓶をさげたいくつものグループが、車座になって手をたたきダミ声をあげて歌ったり踊ったりしている。

爆心地から一〇〇メートルも離れていない小高い岡のうえに、平和祈念像と平和の泉がある。ここには当時刑務所があった。囚人たちも近くの工場へ動員されて働いていたし、岡の斜面の土豪へ避難していた何人かが生き残っただけで他はほとんど死に絶えてしまった。今は広大な敷地を美しく整理し、遊歩道をつくり、ここもまた観光客やアベックのいい散策の場になっている。公園であるからには、花見客が狼藉しようと、アベックが肩を組んで歩き廻ろうと、ガイドが観光客を連れて案内して廻ろうと、それはいっこう不思議ではない。しかし、何か一抹心にかげるものがある。

原爆が観光資源になっている——ということへの不満と、何かくすぶるような怒りである。心が狭いとわらわれそうであるし、あまり力むなと揶揄されそうであるが、真実のところ、どうしてもそういう光景にはなじまない。脳裏に焼き付いた八月九日の凄惨な光景が、現状とぴったり重ならないからである。(中略)

八月九日だけマスコミが騒ぐ。一一時二分を期して全市のサイレンが鳴り、平和祈念像前の式典の上を新聞社の取材機が飛びまわる。あちこちの広場や国際体育館などで、原水禁・原水協・核禁会議などという団体が、それぞれ全国の仲間を蒐めて集会を開く。平和、平和ということばがひとしきり報道機関の中でとり上げられる。

——しかし、そうした慌ただしいその日の流れをよそに、ひっそりと自宅にこもって、悶死した肉親の追憶にひたる人もいる。むしろ、行事の騒ぎに白い眼を向ける人さえいることを見落としてはなるまい。次に紹介する被爆者福田須磨子さんの「ひとりごと」という詩は、端的にそれを証言している。彼女は巨人像の見える谷間の家から「皆が騒げば騒ぐほど心は虚しい」と訴える。

このように、観光地として認識される傾向のある平和公園に別の意味を付与する語りは、Yさんの被爆遺構めぐりの語りと類似している。この記述につづき、Yさんが、平和祈念像のまえで朗読した「ひとりごと」が引用されている。Yさんは、第一連にこめられた「屹立する平和祈念像」にたいする被爆者の心境を紹介し、第四連の、「原爆後十年をぎりぎりに生きる自分の状況」に鞭うつ姿を紹介した。Yさんの被爆遺構めぐりでは紹介されなかった、第二連と、第三連は、以下のとおりである。

ああ　今年の私には気力がないのです
平和！平和！もうききあきました
いくらどなって叫んだとて
深い空に消えてしまうような頼りなさ
何等の反応すら見出せぬ焦燥に
すっかり疲れてしまいました
ごらん　原子砲がそこに届いている

何もかもいやになりました
皆が騒げば騒ぐほど心は虚しい
今までは　焼け死んだ父さん母さん姉さんが

むごたらしくって可哀想で泣いてばかりいたけど
今では幸福かも知れないと思う
生きる不安と苦しさと
そんなこと知らないだけでも……

6 「生涯きえん、ものすご根強い」記憶

インタビューのなかで語られているように、Yさんは、そもそも自らを「被爆者」として強く認識していたわけではない。この点が、福田須磨子たちと決定的に異なる。Yさんと同じように、「二五年の空白」として語られる時間を（いまも）生きる被爆を体験した人々もいるだろう。Yさんが、ライフストーリーにおいて一九四五年八月九日から一九七〇年までを「空白」と語るのは、彼が、その後の人生を「被爆者」として生きてきたからである。

次章で検討するMさんのライフストーリーは「被爆者になる」というフレーズに集約される。Yさんのライフストーリーを表現するフレーズは「被爆者と非被爆者の過渡的な語り」である。Yさんは、被爆者と非被爆者の過渡的な状況にいると自己認識しているが、七〇年以降、「被爆者になろう」としてきたのである。なぜ、Yさんは被爆者になろうとしたのだろうか。本章の冒頭で紹介した語りをふたたびみてみよう。彼は「すべて人間はそうなのですが、人生のどの時点

でいろいろな関わりを持つようになるか、それが生涯の運動の中でどのように位置づけられるかが問題です。これが広い意味での平和運動を形成していくことになる」と語っている。

おそらく、「七〇年の原爆意識調査の結果に出会ったことを被爆教師としての自己形成の契機」という語りには、「生涯の運動のなかでの位置づけ」という意味合いが含まれている。つまり、平和運動の主体としての自己を明確に意識したことを、現在の視点から回想的に語られる自己についての語りである。当然のことながら、彼は、「被爆教師になる」ために原爆意識調査にたずさわったのではない。そうではなく、原爆意識調査との出会いが、彼を被爆教師にさせたのである。

被爆者になる人々と、被爆者にならない人々という、暫定的な区分を設けてみる。つまり、八月九日に被爆を体験した人々が、その後の人生において、主体的に被爆者として自己認識するか否かという差異にもとづくカテゴリーである。このカテゴリーを設定すると、Yさんは、被爆者になる人々に含まれる。より被爆者になっているのはMさんであり、Tさんは、Yさん、Mさんとは異なる仕方で被爆者になったといってよいだろう。Yさんのライフストーリーの聞き取りにおいては、この被爆者になるに至る経緯をめぐる語りが重要である。なぜなら、ここに、前節で検討したズレをめぐる問題の要因が潜んでいるからである。

結論を先取りすると、Yさんは一九七〇年に被爆教師になったわけだが、彼が、その後、被爆教師として抱えつづけている「怒り」、「何か一抹心にかげるもの」「何かくすぶるような怒り」は、かならずしも平和教育の指導書として言説化されている「原爆が観光資源となっていること」のみを対象としたものではない。彼が被爆教師として訴えつづける「原爆の記憶の観光化」、「外国人被爆者の記憶」、「日本の戦争責任」といった問題もまた、彼が被爆教師になるなかで形成した「怒り」の対象である。

彼は、幼少期から「何か一抹心にかげるもの」と「何かくすぶるような怒り」に類する感情を抱いていたと語る。この心のひっかかりといえるものが、七〇年の調査と出会うことにより、Yさんを「被爆教師」という被爆者としての自己を獲得していく。

＊：以前、すこしだけ、そのあたりの話を伺ったのかもしれないんですけど、そもそも、先生になりたいと思ったきっかけとか、いわゆる、子どもの前にいる先生になりたいと思ったきっかけとか、そういうのって、なにかあるんですか。

Y：うん。それは、もう。もちろん、ありますね。というのはね、うちの両親は、西彼杵（にしそのぎ）半島のね。ほんっとにあの、いまでいえば、琴海町の、まあいわば、どん百姓なんですよね。で、ここは貧乏なですよね、金もたんのです。琴海町っていうのは、なあんもない。だから、ここも、一緒にはなりたくない。で、結局、ここは、そのまま独立してて。

＊：はい。

Y：で、琴海町は、ぐーんと、この長崎市にね、入ってしまった。

＊：ああ、そういう経緯があったんですか。

Y：そうそう。そして、この琴海のなかの。琴海町、村松でしょ。そのさきに戸根っちゅうのがある。
＊：あ、ありました。
Y：この戸根が、母親の出なんですよね。
＊：あ、ここ、お母さんが。
Y：うん、それから。えっと、親父がですね。この形上小っていうのが、あるのでわかるように、形上村って、むかしは言いよったんですね。ここは。いま、ほら。琴海形上町っていうでしょ。ここは、形上村だったんですね。だから、隣同士で結婚したわけね。ほで、百姓でも、もう、ほら。食っていけんようになると。
＊：はい。
Y：親父はね、諫早で、諫早のね、いまはなに酒屋になっとるかわからんけど、酒造会社があったんですよね。この、酒づくりに、若い頃はきとるわけですよ。で、その途中の経緯はわからないけどもね、そのあと、僕が生まれて、知ってるときはね。わたしは、学校のなかにいたんです。
＊：学校のなか。
Y：うん。つまり、いまいう、その、用務員になってるんです。両親が。
＊：ああ、ご両親が。

Y：学校の。うん。いちばん最初は、その、僕が被爆した場所の浪の平に、学校があってね。当時は、浪の平国民学校っていった。
＊：それは、いまでいう。
Y：いまでいう浪の平小学校。で、今年からは、あの、児童が減って。南大浦っていうところと、北大浦っていうところと、三校が合併して。って、なってるんだけど。その浪の平国民学校の用務員として、ふたりがいたっていうことは、僕は知ってるわけね。だから、わたしが生まれて、その、物心がついてから、いつも、その、学校のなかにいたから。

Yさんは、物心がついてから、大学に入学するまで、小学校に暮らしていた記憶について、インタビューをとおして詳細に語っている。このトランスクリプトは、この物語の導入の部分にあたる「両親の生い立ち」をめぐる語りである。彼は、「証言の会」や、「推進協会」のプロフィールにおいて、浪の平国民学校での体験を語っている。また、「三分でおわる」と言及する被爆体験の語りのなかでも、浪の平国民学校が「四・三キロ」の地点にあり、彼が当時「八歳」であった事実は触れられることが多い。

しかし、なぜ、彼が、このとき浪の平国民学校にいたのか、この場所が、彼にとってどういう意味をもつ場所なのかということが語られることはない。このことは、彼が、戦後の生活をおくるなかで、教師という職業を選択し、さらには被爆教師としての自己同一性を獲得していくプロセスを理解するうえで重要である。インタビューでは、八歳のときの被爆体験についての記憶が語られており、こうした記憶の語りは、被爆の体験をもたない私たちに凄惨な原爆被災の記憶を伝達する。彼自身が意味づけるように、「四・三キロ」の「八歳」の被爆体験もまた重要な「証言」となりうる。有名な被爆者の語りだけが「被爆体験」なのではない。

そもそも、被爆体験を語り伝えるとはどういう営みなのだろうか。Mさんの手記に記された、「できるものなら、私は自分の網膜に焼き付けられた地上から見た『きのこ雲』の映像を現像して残したいといつも強く思う」という語りに立ちもどって考えてみたい。被爆体験とは、凄惨な出来事をめぐる「語りえないもの」を強く孕んだ自己物語である。

Mさんは、「語りえないもの」を語り、聞き取り、語り伝える一連の行為に〈感動〉をみいだし、その〈感動〉を他者に伝達する営みを継続するなかで、みずからの生き方を形成してきたと語っている。しかし、原爆被災を体験したすべての人々が、こうした生き方を形成したわけではない。たとえば、Yさんは、体験を語りつづけるなかで「被爆者」と「非被爆者」というカテゴリーに苛まれている。彼は、被爆者にならなかった人々と、被爆者になる人々の過渡的な位置にいる。彼のライフストーリーを聞き取ると、七〇年以降の自己を語る被爆教師としての同一性と、七〇年までを語るストーリーとのあいだに、微妙なズレが生じている。七〇年以前のYさんのライフストーリーに、原爆にたいする〈怒り〉は現れていない。

たとえば、林京子の文学作品などに明瞭なように、「被爆者として生きる」、あるいは「被爆者になる」という営みは、核兵器廃絶を訴える主体性を獲得することではなく、日常生活において持続的な「原爆」にたいする〈怒り〉を抱くことである。原爆被災者であっても、原爆を〈意識的であるか、無意識的であるかは、ともかく〉忘れて生きている人々もいるだろう。Yさんの語りにしたがうなら、原爆被災を直接的に体験していない人々や、被災をしても、身体的、精神的外傷の度合いが低いと認識している人々は、「なにかのきっかけ」がないと、原爆にたいする〈怒り〉の感情を抱くことはない。

Yさんのライフストーリーを聞き取ると、原爆意識調査に出会うまで、原爆にたいする〈怒り〉を抱くことはなかったのだが、Yさんの身体には、別の〈怒り〉の感情が埋め込まれていたことが理解できる。さきのトランスクリプトにおいて、Yさんは、「つまり、いまいう、その、用務員になってるんです」と、いくぶん、ぎこちない語り口で、自らの出自を語ってくださった。

彼は、両親が学校用務員として生計をたてていたために「学校に暮らす」という、幾分特殊な生活環境に育った。そのために、彼は、幼い頃から「教師になる」ということを自然なこととして思い描いていたのだが、それは、かならずしも希望に溢れた夢ではなく、両親の学校における立場を間近にみつづけた、彼なりの反骨心から形成されたものといえるだろう。

「どん百姓」という言葉が示すように、彼の両親は、経済的に苦しい生活環境で、生涯を送ったことが想像できる。「ほで、百姓でも、もう、ほら。食っていけんように」なり、諫早の酒造会社に勤めたあと、学校用務員としてYさんが被爆を体験した浪の平国民学校に住み込み、その後、市内中心に隣接する西小島の佐古国民学校に移ったと語られている。彼は館内町に生まれ、物心がついた頃には浪の平国民学校にいたと語る。

つぎのトランスクリプトにある「自分が、どこにいるのか、っちうのがわかったときは、ここ（浪の平国民学校）だもんね。この（学校の）用務員室だもんね」という語りは、彼が「用務員室」に育ったことを明確に記憶し、意識化していることを示している。

僕は、学校のなかっていうのは、誰よりも、はやくから、知ってたし。生まれたときからっていっても。僕は、その館内町っていうところで生まれてるから。ここで生まれてね。ほんとは、ここの学校が近いんだろうけどね。だけど、あの。ここで生まれて。自分が、どこにいるのかっちうのがわかったときは、ここ（浪の平国民学校）だもんね。この用務員室だもんね。そして、もっとはっきりわかるようになって、こっち（佐古国民学校）いってるもんね。だから、つねに成人に近いまでは、学校という環境のなかに住んで、育ったっちうこと。

琴海で「どん百姓」として生計を立てていたのち、「百姓でも、もう食っていけんように」なり、諫早の酒造会社に勤めたのち、浪の平国民学校の用務員となったという語りと、「館内町っていうところで生まれてる」という語りには、矛盾がある。酒造会社と学校用務員のあいだに、館内町に暮らしていた時期があることになるという矛盾である。このように、Yさんの大学入学までの生活を語るライフストーリーには、いくつか、このように記憶が曖昧な箇所がみられる。

こうした矛盾について、聞き手は「生まれたときからっていっても」と問いかけているが、「だけど、あの。ここで生まれて。自分が、どこにいるのか、っちうのがわかったときは、ここ（浪の平国民学校）だもんね。この用務員室だもんね」と語っていることから理解できるように、彼は「用務員室」という場所を明確に記憶している。こうした環境で育ったと語る、彼に、なぜ、教員を職業として選ぶに至ったのかと問いかけてみた。

＊：この、浪の平小学校とか、佐古小学校に住んでた頃のことって、おぼえてます？

Y：うん、そらもう。はっきり覚えてる。だから、おふくろや、親父が、学校のなかを掃除をしてまわるときには、ついてまわったりとか。

＊：うん。そのころから、やっぱり、あれですか。学校の先生になる？

Y：うん……。そうね。自分のまわりには、自分が学校にいってるとき以外は、つねに先生がいたっていう環境やったね。だから、是が非でも教員になるというぐらいの強い気持ちはないけれど。なんとなく。

＊：やっぱり教員になるんだろなという。

Y：その程度やろうね。物心ついてから、ぜったい先生になりたいっていうほうが、格好はいいかもしれんけども、そこまでの強い願望はなくて。自然にそまって。

＊：自然にそまって（笑）。
Ｙ：うん（笑）。まわりが教員ばっかりやったし。

彼は、この当時、両親が小学校の管理職につく教員たちから受けていた被差別の体験を回想して語ってくれた。両親が受けていた被差別体験の記憶は、このように経済的に苦しい状況から大学に進学し、教師として生きるなかで、どのように作用したのだろうか。前章で検討したＴさんは、被爆の記憶があまりにも凄惨なものであるために、個人の体験を言説化する傾向のある社会運動や、平和教育の実践から距離をとるようになった。
一方、Ｙさんは自己のライフストーリーを、鮮烈な被爆体験としては語らない。むしろ、Ｙさんは、被爆の記憶よりも、両親の職業が小学校の用務員であると語るときに心理的な負荷を感じると語っている。つぎに示す、「生涯きえん」「ものすご根強い」と表現される幼少期の記憶が、Ｙさんの「被爆教師」という生き方を形成する契機になったのではないだろうか。

たとえば、オーラル・ヒストリーで、詳細に、聞かれれば、そこは、答えないと、さきに進まんっていうこともあるからね。それは言うけれども。そんなにつきあって、たとえば、「お父さんなんだった？」って聞かれたときには。たいてい、はぐらかすね。「ん、公務員やったよ」とかね。公務員にはまちがいない。「で、場所はどこだった？」っていったら、「うん、西小島やった」と、いうほうが多いわけね。だから、それは、生涯きえんと思うね。だから、ものすご、根強いと思うね。

Yさんは、「つねに成人に近いまでは、学校という環境のなかに、住んで、育った」、その頃は、「ぜったい先生になりたい」という強い願望を抱いていたわけではなく、「自然にそまって」教員を目指すようになったと語っている。彼は、自然にそまって教師になるが、管理職とよばれる立場の教師にたいしては、「生涯きえん、ものすご根強い」記憶を抱いていると説明する。それは、いったい、どのような記憶なのだろうか。原爆意識調査にたずさわり、それを契機として、被爆教師になったと語ってきたYさんの別のライフストーリーが紡ぎだされていく。それは、小学校に用務員として勤務する両親にたいする差別の記憶である。

校長もいろいろくるわけたいね。で、うちの親父が、菊づくりが上手やった。菊の花。「秋華会」っていう。その、菊づくりの同好会みたいなのをつくって、市長賞をもらったりしよった。で、その、きれーいに咲いた花をね、わしづかみで、全部もぎとったちゅう校長もいたもんね。それにたいしても、ほら。やっぱり、上下関係みたいなものがあって。抗議も、しなかったみたいやもんね。カーッてくるような校長もいたらしいんですがね。それとか、役人が。突如きたら。「梅が枝餅をいそいで買いにいってこい」って言われたり。それから、もうすこしくだれば、

「福砂屋」のあったから、「カステラをこうてこい」とかね。とにかく、お役人にたいしては、ものすご、ぺこぺこしよったなあっちうのも、やっぱり、みとったしね。だから……、用務員室から、子どもの目をとおして、学校を、その、みて。知ってたんだね、いくらかね。夏休みに、大学生がね。貧乏学生が。一泊、どこでもいいから、泊めてくれんかとか、言ってくることも、あったわけね。で、そんときに、僕がいまでも覚えてるのはね…。「仏様の勉強のする生徒の、学生のごたあ」って、いったんですよ。で、名刺ば、もろっとっちゃけん。ここば、みたんですね。そしたら、仏文科って書いてある（笑）。これは仏さまじゃなかって（笑）。そういうの、泊めよったですね。ほんとうは、泊めたらいかんやったかもしれんけど。だから、まあ、ものすごい強い熱意をもって、教職員になったといえば格好いいんだけど。そういうことではなくて。もう、生まれ育ったときから、まわりは先生ばっかりやったんだから。朱にそまってね。なんとなく。教員も、べつに悪くもないいんじゃないと。という程度で、ふつーの教員だったと思うね。

「仏文科」と書かれた名刺をわたされた学生を「仏様の勉強のする学生ごた」と、語る父にたいして抱いたであろうYさんの心情は、想像に難くない。「カステラを買いに」つかわされ、「きれーいに咲いた花をね、わしづかみで、全部もぎとった」校長のふるまいは、幼な心に、どのような影響を与えただろうか。こうした記憶は、彼が、その後の人生を力強く生きていく力を、生涯消えない、根強い力を与えつづけるにちがいない。彼は、被差別の立場に生きる人々にたいする想像力を養っていく。

7 もうひとつの「浦上」

原爆が投下された時、長崎には、これまで用いてきた「浦上」という呼称により指示される地域とは別に、「浦上町」という場所が存在した。ここは「被差別部落」とよばれた場所である。

一般に「浦上」というとき、現在、長崎に生活する人々は、長崎駅以北、浦上駅を中心として、長崎電機軌道の北端である赤迫までの地域を想起するだろう。これは、爆心地を中心とした同心円を描いたとき二キロ圏内の地域とほぼ重なり合う。

ただし、市街地と浦上という空間認識は分析のための便宜的な区分であり、現在、長崎に生活する人々にとって、ふたつの地域が日常生活において明確に区別されることはない。旧「浦上町」は、同心円の南側、爆心地より一・五キロから二・〇キロのあいだに位置している。近年の再開発にともない建設されたショッピングモールに隣接する場所に、浦上町の記憶をつたえる共同墓地が存在する。これは、かつて浦上町に居住した人々が設立した「郷土親興会」により管理されている墓地であり、被差別部落における被爆の記憶を体現する「涙痕の碑」が建っている。長年にわたり、被差別部落の被爆者の聞き取りに取り組んでいる阿南重幸による解説は以下の通りである。

旧浦上町出身者で組織された「郷土親興会」は毎年八月九日、部落の共同墓地で法要を営む。原爆五十周年をむかえた今年も、二百数十通の案内が送られた。原爆にあい故郷を追われた人たち、とどまった人たち、被爆死した人たち、そんな人々の心をむすぶ追悼法要である。爆心地から一・二キロメートルにある部落の共同墓地には、「原爆犠牲者之慰霊塔」が建てられている。塔の裏面には「昭和二十年八月九日原子爆弾による四百余名の犠牲者並びに戦争犠牲者の霊よ安らかに眠れ　浦上町」と刻まれている。その横には、被爆三十周年に造られた『涙痕の碑』という文字が刻まれた台座が座っている。「原爆犠牲者名簿」にはすでに六百三十人の名前が記帳され、今年はまた三人の名前が記入される。(『ふるさとは一瞬に消えた』: 35)

「証言の会」や、「推進協会」による被爆遺構めぐりにおいて、この場所が訪問されることは、ほとんどない。筆者は、フィールドワークをはじめた当初、この場所の存在を知らなかったが、文献調査をすすめていく過程で、旧浦上町の存在を知り、毎年八月九日に開催される慰霊祭に参列した。このときに抱いた〈わたし〉の感覚は、記憶の継承という問題を考えるうえで、重要なてがかりとなる。

被爆遺構めぐりにより、多くの語り手により導かれる場所は、平和公園、原爆落下中心地公園、浦上天主堂、山王神社、あるいは被爆校として有名な城山小学校の被爆校舎、山里小学校防空壕跡、永井隆の住まいである如去堂などである。浦上町共同墓地が、遺構めぐりのコースに入らない理由は、爆心地からの距離が比較的遠く、二時間程度の行程にいれることが困難であることがあるように思われる。

被爆遺構めぐりの参与観察を継続的に実施するなか、これとは別に、浦上町の慰霊祭に参列したとき、〈わたし〉は、はじめて、原爆の記憶が継承されている現実をリアルに体感した。いいかえれば、常に「核兵器廃絶」、「平和」という抽象的な言説の存在を感じる被爆遺構めぐりにはない、日常生活の位相で営まれている継承のありように出会う感覚を抱いた。

この感覚を抱いて以降、〈わたし〉は、折に触れて共同墓地を訪れた。長崎三菱製鋼所は、この浦上町の西側、浦上川沿いの一帯に建てられた巨大工場であった。製鋼所という場所をめぐる被爆の記憶について、Mさんと対話を重ねるなかで、彼とともに製鋼所の慰霊碑を訪れることになった。この慰霊碑は、旧浦上町の南側に位置する聖徳寺の墓地の片隅に建立されている。聖徳寺の墓地へは、茂里町の路面電車停留所から金比羅山の裾野にむかってのびる、片側一車線の道路を登っていくと辿り着く。

この道路に沿って、茂里町電停から三分ほど歩くと、右側にひっそりと佇む場所が、浦上町の共同墓地である。〈わたし〉は、このとき、Mさんとともに浦上町の共同墓地をたずねた。そこには、墓参りに訪れたひとりの男性がいた。Mさんは、浦上町の記憶を象徴する人物とされる「Iさん」の墓を探しており、この男性に尋ねた。この質問をきっかけとして、Mさんは、墓参りに訪れていた男性の「被爆当時いた場所」、「当時の年齢」を、ごく自然な会話の流れのなかで聞き出した。〈わたし〉は、Mさんと男性のやりとりを傍で眺めながら、Mさんが「被差別部落」という場所で、これほど自然に「聞き取り」をはじめていることに驚嘆した。男性が爆心地から比較的遠い場所で被爆していたことを知り、Mさんは、さほどの関心をもたなかったのか、この会話は手短かにおわった。その後、Mさんと〈わたし〉は、涙痕の碑のまえで黙祷した。彼は、黙祷したのち、〈わたし〉を涙痕の碑のまえに立たせ、写真を撮影した。後日、〈わたし〉は、Mさんから送られた写真をながめ、非常に不思議な感覚を抱いた。

被爆者であるMさんが、涙痕の碑を背景に立つ〈わたし〉を撮影した写真に、言語によっては表現することが困難に思われる〈語りえなさ〉を覚えたのである。この〈語りえなさ〉が生じる要因をあえて言語化すると、それは端的に「継承」という現象をめぐるなにかであるように思われる。

ここに簡潔に記したフィールドワークの記述に示されているように、Mさんと〈わたし〉は、ともに「企業と原爆」調査に関心をもち、Mさんの提案により三菱長崎製鋼所の慰霊碑を訪れるため、茂里町のバス停留所で待ち合わせた。茂里町のバス停留所から製鋼所の慰霊碑へむかって歩く途中に、「あなたは、ここに来たことがありますか?」と指し示した場所が、浦上町の墓地である。〈わたし〉は、「よく来る」という旨の回答をした。彼は、すこし残念そうな顔をしたが、「せっかくだから入ってみましょう」と提案し、二人は「涙痕の碑」の立つ場所を訪問したのである。

これは、フィールドワークの一場面を表現する、ごく些細な、小さなエピソードかもしれない。しかし、〈わたし〉は、茂里町のバス停をとおるたびに、あるいは、一枚の写真を眺めるたびに、かけがえのない思い出として、この記憶を語りたい欲求にかられる。支配的な言説や、地域の共同性のなかで共有される語りには回収しえない、このような記憶を語ることにこそ、継承という言葉によっては説明しえない、人と人との関係を書く方途がある。

8 「被差別」へのまなざし

長崎の被差別部落における被爆の記憶の問題について、阿南重幸の記述を参照し、この概要を記載しておこう。阿南は、『長崎原爆戦災誌　第二巻』に収録された手記を参照し、この場所を「消えた『浦上町』」と表記する。阿南は、「消えた」という言葉の意味をつぎのように説明する。

「消えた」とは次のことをさす。高岡は家を消失した人々が転出した行先をメモに残していた。それによると、二百世帯あまりのうち町にとどまった世帯は二十一、市内各地へ八十八、県内十八、さらに九州、関西、関東へと住民は知人や親類を頼って移転したのである。古くから仕事や運動との関係でつながりのある福岡市には十八世帯、大阪には四十九世帯という数字が見える。しかも長崎市は、千九百四十六年戦災復興興土土地区画整理事業区域を決定、四十九年には長崎国際文化都市建設法の交付が行なわれる。この事業のなかで浦上町には町域を二分する通称「十メートル道路」が縦断した。その後町名が変更され、事実「浦上町」は消滅したのである。(『ふるさとは一瞬に消えた』:30)

Mさんと〈わたし〉が歩いた道路は、この「十メートル道路」である。この記述からも十分に想像することができるように、かつて浦上町に生活していた人々は、原爆被災により仕事を失い、歴史的な経緯から、二重、三重の被害を被った。長崎において、きわめて辛い境遇を生きた人々である。Yさんが、被差別の立場に生きる人々にたいする想像力を養ったというとき、ここで念頭におかれている人々は、浦上町に生きた人々である。

「部落の出」の人が、やっぱり隠したいっていう。あれは、僕なんか、足もとにもおよばんぐらいに、強烈なもんだと思うね。だから、島崎藤村の『破戒』なんかね。あれは、もう、ほんっとによくわかるし。いま、大阪を中心にして、同和教育っていうのがね、まあ人権教育か。そういうところで、その部落の問題を扱うときに、その、決意表明っていうのがやってるのが、たまにあるたいね。とくに、その、先進的に、伝統的に取り組んでいるっていうような学校では、部落の子を抱えてて。そして、彼らが、決意表明っていって、「部落のほうです」っていうね。そういうのをやるっていうのは、ほんとに、なんていうかな。教員とか。あるいは、まわりの子とか。そういうものの、支えがあって、でないと。そんな機会は、たぶん、なかろうと思う。いうのが、僕にはわかるね。

Yさんの被爆遺構めぐりにおいて、浦上町の共同墓地を訪れることはない。Yさんにとっては、この場所に生活した人々の辛さが「ほんっとによくわかる」ためであるのだろうか。「僕なんか、足もとにもおよばんぐらいに、強烈な」、苦悩と苦労とともに生きた人びとに思いをはせて、彼は、幼少期におぼえた忘れることができない記憶を語る。

ただ、外見をね、なんていうかな。小学校、高学年になって。まあ、いわば、自我っていうのかな。他人と、比較をしてみるっていう、そういう年代に達したときに。あの人のお父さんは、会社のお偉いさんだとか、あの人のところは、お宅のように、お医者さんだとか。そういうのをみたときに、僕は、非常に劣等感をもってたね。ただ、その職業、たとえば、用務員としての、親父は、これはね、もうピカイチやったと思うっさねえ。掃除なんかも、もう。ほんっとにね、あの広い校舎のなかを、朝はやぁくからいってね。やっぱり、先生たちも感心しとったもんね。もうほうきの目がいつもとおってね、とにかく綺麗になっとる。それから、大工仕事がうまかったね。だから、その職業人としてはね、僕もね、すごいと思っていたけども。ただ、社会的に、地位というような関係でみたときに。やはり、人につかわれるっていうね。そのことは、僕のなかでは、やっぱりね。いやだなあっていう気持ちはね、これ、あったよね。たとえば、ほら。部落出身の人が。自分は「部落の出」だっていうことを。これは、ほんっとに、清水の舞台から飛びおりるような決心でないと。いえない、っていうね。自分の出自を明かすっていうことが、いかに大変なことかっていう。それはねー、僕は、よう、理解できるもんね。

インタビューのなかで明確に言語化されたわけではないが、こうしたYさんの語りは、当然、被爆者として生きる人々、彼の言葉によれば、「空白の二五年間」に生きていた「心身ともに傷が深かったという人ほど、原爆を意識せざるをえない生活がそこにあった」人々への苦悩を想像する力を養ったのではないだろうか。Yさんは、被爆者と非被爆者の過渡的な語りを意識することにより、聞き手が過去を自分自身の生きてきた経験と接続し、想像力を働かせる回路を用意するストーリーを語ることを心がけた。平和公園という場所に立ち、平和祈念像が建立された当時の被爆者がおかれた境遇と、旧日本軍による加害行為の歴史と連累させる語りは、小学生である聞き手にも理解できるように語られる。

これには、もちろん、Yさんが長年にわたり小学校教員であったことも関係しているだろう。被爆をめぐる問題を、長崎に滞在する一時的な「平和学習の時間」として消費するのではなく、聞き手自身の問題として捉える、そのきっかけを与える役割を果たしたいという語りもまた、理解できる。しかし、このように、被爆の語りを言説化することは、はからずして、被爆者が抱えてきた苦悩、Yさんの場合であれば、被爆者としての自己同一性を形成する契機となった幼少期の劣等感といった、私たちが、より深く想像力をおよぼす必要のある領域への回路を遮断する可能性と隣り合わせでもある。

Tさんが、みずからの体験を語る際に、そこに平和教育の言説が介入することを徹底して否定しようとしたのは、自らの体験に固有の語りえなさこそを、語り伝えたいと考えたためであろう。みずからの生に刻印された傷は、けっして言説化などされず、容易に他者に伝達できるものではない。そのことの意味を、伝える方法において、ふたりの語り手は対照的であったのである。

9 「ひっかき傷を与える」

ここまで、Yさんのライフストーリーを検討するために、長崎原爆被災をめぐるさまざまな言説を動員してきた。被爆を語る視点、被爆者の有名性、爆心地という場所性、浦上、そして平和教育。ライフストーリー・インタビュー調査をとおして、聞き手である〈わたし〉は、Yさんという被爆者の主体性のあり方を模索する。このプロセスにおいて、長崎原爆被災の言説の重層性を理解するようになる。

高橋眞司が指摘したように、長崎の記憶は曖昧であり、不分明である。Mさんとの「散歩」の実践は、こうした曖昧であり、不分明な記憶を書くという問題と深く関連している。これまでの検討からも理解できるように、長崎原爆をめぐる言説は、体験の語りの位相、体験の語りを相対化する言説のレベル、あるいは学術的な言説といった、複数の位相が折り重なるようにして形成されてきた。その際に、もうひとつ重要となるのは身体という位相である。

本章では、Yさん、Mさんとのインタビューをとおして、〈わたし〉が「浦上町」と出会うプロセスを記述した。たとえば、私たちは、図書館で資料を読むことにより、「浦上町」を〈知る〉ことができる。しかし、ある地域なり、ある過去なりを書くためには、知識として〈知る〉だけではなく、〈わたし〉という身体に直接的に訴えかけてくる対象として、対象に出会う必要があるのではないだろうか。

フィールドワークをはじめた当初から、知識としては知っているはずの「浦上町」に出会うためには、Yさんとのインタビュー、そしてMさんとのフィールドワークという、ふたつの身体的実践を媒介する必要があった。こうした問題に関して、オーラル・ヒストリーの実践という視点から、簡潔に検討しておきたい。メキシコのチャムーラの歴史を考える清水透は、文書史学が主流とされる歴史学におけるオーラル・ヒストリーの可能性を論じるなかで、社会的、歴史的な存在として「語り手」が存在することの意味を検討している。

文字資料を基礎とする歴史研究の立場からすれば、オーラル・ヒストリーをめぐってまず問題となるのは、いうまでもなく、史料の源泉が固定化された文字ではなく、「語り手」という、

今を生きる生身の人間だという点であろう。（清水 2006: 12）

この引用につづき、清水は「重層化された社会関係に複雑に規定されている身体」として、語り手をみつめると、そこには文書資料にもとづく歴史叙述からは見えてこない「風景」が立ち現れると指摘する。その際に、清水は「他者であるかぎり同一化は不可能だとの前提を踏まえつつ、なおかつ限りなく対象世界への接近を試みようとする姿勢」という対象との関係性の「理想」を設定している。その「理想」について、清水は、つぎのような説明を試みている。

記録文書と同じように、「語り」も単独で存在するわけではなく、このようなひとつの「風景」のなかで語られる「語り」であり、彼らの歴史も「風景」のなかで「風景」とともに展開する。オーラル・ヒストリーの作業は、私たちにこうした「風景」と直接ふれあうことを可能にし、その「風景」を叙述のなかで生かすことができれば、ひとつの「語り」もより豊かなものとして表現されることとなるだろう。（清水 2006 :16）

風景とともに語りをとらえるとは、いったい、どういうことなのだろうか。インタビューをつづけるなかで、その語りをどのように表現すればよいのかという問題を考えるなかで、語り手の身体、あるいは、聞き手であるはずの〈わたし〉の身体にたいする関心が高まっていく。フィールドワークは、かならずしも、被爆者とのインタビューのみによって形成されるわけではない。たとえば、長崎という場所において、被爆とは一見なんの関係もないようにみえる場所を歩き、そこに、たたずむときもある。

こうした時間をすごすなかで、それまでに生きてきた時間をふりかえり、調査にとりくむ意味を考えるときがあるのではないだろうか。あるいは、調査すること、そのものについて考えることもあるだろう。つまり、被爆者調査という言葉の意味には回収しえない、いわば、フィールドワークの余白の部分があるはずである。さしあたり、清水の指摘する「風景」を、ここに簡潔に述べた「余白」を考える意味として解釈しておこう。

「浦上町」をめぐる語りの「風景」を書くことは、おそらく、記憶の継承という営みを社会学的に検討する手がかりになるはずである。三名の語り手たちが、それぞれの生にもとづいて携わる、継承という営みは、およそ「効率性」とは無縁の営みである。「浦上町」のなにかについて、私たちが語ろうとするとき、そこにいたるには、一見したところ、まったく意味のないようにみえる、長い時間が必要になるのではないだろうか。まったく意味のないようにみえる時間をすごすなかで、はじめてみえてくる人々の営みもあるのではないだろうか。オーストラリアの先住民族アボリジニの歴史実践に、オーラル・ヒストリーの観点からアプローチしている保苅実は、これを「持続する時間」と表現している。

> 保存されている歴史的知識を維持するためには、「持続する時間」がどうしても必要である。グリンジの人々による歴史実践は、文書に基礎づけられていない。だから、ある歴史的知識を維持するためには、その歴史物語をくり返しくり返し、語り継ぐ必要がある。そして歴史物語と関係する場所は、くり返しくり返し訪れなければならない。歴史は、身体化された記憶を、記憶を持った場所やモノに不断に接続することによって、はじめてメンテナンスされるのである。（保苅 2004: 87）

保苅がアボリジニの歴史実践の有り様を書くなかで、「身体化された記憶を、記憶を持った場所やモノに不断に接続することによって、はじめてメンテナンスされる」と描写する風景は、Tさんや、Yさんや、Mさんが取り組んできた継承の実践とも通底しているのではないだろうか。Tさんは、友人が多く亡くなった瓊浦《けいほう》中学と被爆した銭座町の中間に位置する場所において、くりかえし「一三歳」という個人的時間をめぐる自己物語を語り、演じつづけることにより、一三歳の被爆体験を「メンテナンス」していたのかもしれない。

Yさんによる被爆遺構めぐりは、「身体化された記憶」を、記憶を持った場所やモノに接続する営みであるともいえる。彼は、平和公園を訪れるたびに、福田須磨子の「ひとりごと」を想起するだろう。彼は、この行為を継続することにより、すこしずつ被爆者になっていく。この個人的な行為を、被爆遺構めぐりという歴史実践として行なうことにより、彼は、他者とともに、長崎原爆被災の記憶を継承しようとする。

つぎに示すトランスクリプトでは、筆者が、なぜ、長崎でのインタビューをはじめるようになったのかを、語り手に説明しようとする、その語りが、記録されている。筆者が、長崎の被爆者とのライフストーリー・インタビューをはじめることになった、より具体的な経緯、つまり、戦争の記憶という問題と、身体的なレベルで出会った経験の語りである。

Yさんは、自らの出自をめぐる語りえない過去をインタビューにおいて語ってくれた。筆者は、このインタビューのことを、印象的に記憶している。そのときに、筆者は、一方では、Yさんが被爆教師になったと語る理由や、その後も、平和教育の実践に携わってきた理由を理解することができたように思うと同時に、他方では、それでもなお、納得のいかない「ひっかかり」を感じていた。インタビューの時間における〈わたし〉の心理の変化を客観的に描写することはできないが、Yさんの語りが、〈わたし〉の語りを誘発したと解釈することもできるだろう。

＊：その、いわゆる元従軍慰安婦とよばれる方の証言を聞くっていう時間があったんですよ。まあ、その、彼女は、その、中国の内陸地の武漢っていう街に住んでる、おばあさんだったんですけど。まあ、いちおう。ある程度、「事前学習」じゃないですけど、説明があるんですよね。その聞き取りのプロのような方から。まあ、彼女は、いままでにも、何度か話をされ

てる人で。で、映画にもでられてます。そういう問題をあつかった。

Y：うん。

＊：で、まあ、もともとは韓国の方で、その、日本の強制連行によって、中国に連れて行かれて、そこで働かされていた人ですと。いうふうな、まあ、ある程度の「情報」が与えられるわけですよね。で、そういう人の話をみんなで聞きましょう、っていうふうにして、会がはじまったんですね。で、彼女は、まあ、通訳を介して、話をはじめたんですけど。結局、一時間半ぐらいだったと思うんですけど、話して、結局、彼女が、「従軍慰安婦女性」とよばれるゆえんの出来事にいたるまでに、彼女が、もう話せないってなってしまったんです。もう、混乱して。で、結局、その会は、途中で打ち切りになって。で、まあ、そのあとに反省会のようなものが、なんか、あったのも、覚えてるんですけど。僕は、その話を聞いたのが、いわゆる戦争体験者の話を聞いた、おそらく、はじめてのときだったんじゃないかなと、思うんですよね。で、そのときの、ことっていうのは…、まあ、いまでも、まあ、話の内容とかは、ほとんど覚えてないんですけど、そのときの雰囲気とか、自分が、なんか、こう、なんともいえない、それは彼女にたいしてだけじゃなくて、一緒にいった日本人にたいしても、まったく何も感想はいえないし、いいたくもないと思いながら。でも、このことは、忘れることはないというか、すごく、このことは、大きなことだなっていうのを、感じたんですよね。そのときに。でえ、それから、まあ、すぐにはべつに、だから、研究、戦争のことにつ

いて、研究しようと思ったわけでもなくて。

Y：うん。

＊：まあ、普通に学生を続けてたんですけど。まあ、いまのところは、こうやって、こう、長崎の原爆について、まあ、考えようとしているっていう感じで……。うーん。まあ、これは、あくまでも、僕の話にすぎないんですけど、やっぱり、その話を聞いたということが、やっぱり大きいと考えると、その、やっぱり、その体験した人の話っていうのは。

Y：うん。

＊：すごい力をもってるとは思うんですよね。

Y：うん。

＊：ただ、この話と、いま、Yさんが、おっしゃってくださった話とは、また違う問題だとは思うんですけども、ただ、戦争体験者、っていう意味では同じだと思うんですね。

Y：うん。だから、話し手と受け手の。その、関係で。それだけの話で、やっぱり、そっから、あと、変わっていくような、きっかけを。きっかけにすることができるっていうのと、それはそれで、あとは、なんにも、とにかく、昔の話を聞いたと。ずっと通っていく人との、その違いが、そこにあると思うのね。だから、関心を、そこで、もつことができたという。その、あなたと……、そのときに、たしかに、その話は聞いたよと、いうことで、その関心が持続しなかったという人も。やっぱりいると思うし。

＊：そうですね。

Y：その度合いは、大学生よりも、小中学生とか高校生だったら、いっそうね……、その、後者のほうっていうかな。が、多いと思うんです。ただ、僕が、いつも思うのはね。僕の授業だって、それで、どうこうってわけじゃないんだけど。なにかのときに。あ、そうか、あのとき聞いた、話の、ここのことだったのかとかいうね。その、ひっかき傷みたいなものが。その人のなかに、こう、できればね。それでもいいという気はね。やっぱり、するんで。自分の授業をうけた生徒が、ぜんぶ、平和に、このあと、関心をもつだとか。そういう力があるなんてのは、これは、毛頭、思わないけれども。しかし、そのなかの何人というのは。以後、新聞を読むようになったりするかもしれないし。在外被爆者の話があったときに、いままでは、ただ聞き流していたのを。

＊：はい。

Y：ん？、と思ってみるかもしれないし。そういう、きっかけみたいなのをね、ひっかき傷みたいなものを、与えることができればね。その、十点満点、百点満点をね。望む、どだい無理だし、いまできることを、できるだけやればね。いいのではないかなという気はするね。

筆者は、Yさんとのインタビューをつづけるなかで、自分自身の体験や、経験について語ることはほとんどなかった。いわゆる、調査の目的や、インタビューについて説明し、作成したトランスクリプトをお渡しするなど、調査者としての役割は果たしていたと思うが、基本的には、聞き取りに近いスタンスで、Yさんのお話を伺っていた。

しかし、調査を継続するなかで、Yさんの語りが、平和教育の言説をつよく内面化したものであることに違和感をおぼえるようになった。それは、彼の語りを、平和教育の担い手の語り手として、分類し、カテゴリー化して、書くことにたいする強い違和感である。調査協力者を、一元的に分類するのではなく、その分類の枠組みをこえて、なぜ、彼が、みずからの体験や、みずからが取り組んできた教育の実践について、語りつづけるのかを聞きとることにこそ、インタビューの意味があると考えるようになった。

そのためには、聞き手としての役割を果たしながらも、同時に、なぜ、わたしが、あなたのお話を伺っているのかを、自分自身が生きてきた経験にもとづいて語りかけることが必要であると考えるようになる。このように、聞き手としての〈わたし〉という主体性が現れることにより、三名の語り手とのインタビューの様相は、徐々に、変容していったといえるだろう。このことは、第5章の「被爆者になる」という語りを、いかに理解するかという問題とも深い関係にある。

Yさんは、「ひっかき傷」という言葉を用いて、みずからの実践の意味を説明している。この「ひっかき傷」の語りは、ふたつのことを意味している。ひとつは、ひっかき傷を与えられたときに、その傷を保持するために必要な持続する時間である。もうひとつは、与えられた傷を、他者に与える役割を果たすために必要な持続する時間である。このふたつの持続する時間を生きることにより、「被爆者になる」という語りを理解する手がかりをつかむことができる。Yさんのライフストーリーは、こうしたことを示唆している。

Yさんは、被爆体験の継承という問題を、「人の営み」として捉えている。それは、彼によれば、「つまり、もらってタッチする。そこの立場の人たちが、私から、なぜもらったのかということと、私は次の世代にバトンを渡さなければいけないっていうことが、理解できるっていう状態」である。

つまり、体験の継承とは、人間のコミュニケーションの連鎖をめぐる問題である。このコミュニケーションの連鎖を円滑に進めるには、それぞれの主体が、「なぜ、被爆者が、被爆体験を、語っているのか」という問いに根ざして発話することが必要となる。この際に、被爆者と非被爆者という法的カテゴリー、あるいは常識的な理解にもとづくカテゴリーは、さしあたり意味をなさない。被爆を体験したと認識する主体は、「なぜ、わたしは、体験を語るのか」という問いに根ざして発話し、被爆を体験していないと認識する主体は、「なぜ、わたしは、体験を聞くのか」という問いに根ざして発話する。

こうしたコミュニケーションの連鎖により、Yさんが理想とする「被爆体験の継承という状況」が生み出されるのではない。そうではなく、「なぜ、語るのか」という問いをめぐり、それぞれの主体が発話をすることにより生じる、コミュニケーションの連鎖こそが、記憶の継承が営まれている状況である。聞き手が、「なるほど、そういうことなのか」と感覚したとき、彼は、語り手へと立場性を移行する。なぜなら、彼は、「なるほど、そういうことなのか」と理解した〈感動〉

を他者に伝えたい欲求にかられるからである。

この〈感動〉を他者に伝えるために、彼は、被爆にまつわるなにかを物語らなければならない。物語を構成する要素は、かならずしも「みずからの」被爆体験ではなくてよい。Tさんのように、「一三歳の被爆体験」を焦点とする自己物語を語る方法もあるが、被爆を体験していないと、自己認識する人々は、他者の体験を語ってもよい。ただし、他者の体験を語るためには、まず、他者の体験を理解することが必要である。他者の体験を理解するとは、「なぜ、彼は、ある事柄をめぐり、なにかを語るのか」という問題を、〈わたし〉という位相で理解することである。

もちろん、この「理解」は暫定的なものであるから、語り手となった〈わたし〉は、「なぜ、彼は、語るのか」という聞き手の問いに応じるために、「なぜ、わたしは語るのか」という問いを、ふたたび考えることになる。語り手である〈わたし〉は、この思考を円滑にすすめるために、ふたたび、他者の物語の聞き手となる。これは、永遠につづくことが理想とされる「持続する時間」においておこなわれるコミュニケーションの連鎖である。

次章で考察するMさんの「被爆者になる」という考え方は、おおよそ、こうした枠組みによって形成されている。

第5章　「被爆者になる」ということ

1　「被爆者になる」という立場と、記憶の継承の可能性

ヒロシマ・ナガサキのイメージが氾濫する現代社会に生きる私たちは、被爆を生き延びた人々の体験を、どのようにして、理解できるのだろうか。前章で確認したように、こうした現代社会に生きる、原爆被災の記憶は、さまざまな社会現象とともに拡散し、そこに体験の固有の意味をみいだすことはきわめて困難になっている。出来事を体験した者だけが、体験を語る意味をみいだす困難に直面しているわけではない。体験を聞く者もまた、その体験を聞くことの意味をみいだす困難に直面している。あるいは、その困難さは、原爆被災の記憶を書くときに顕著に現れる。

体験のある者は、体験を書くことの困難さに直面するはずだが、体験のない者が、体験を聞くことの意味を書くことも困難である。体験のある者は、たとえば、第3章で検討したTさんのよ

うに、みずからの体験を信じて、それを表現することができる。体験のない者が、どのように体験を語ることができるかを考えようとするのが、第4章で検討したYさんの教育実践であった。Tさんは、一三歳のときに被爆を体験し、Yさんは、八歳のときに被爆を体験した。一三歳か、八歳かによって、彼らは、体験の意味づけが異なると語る。あるいは、爆心地の近くか、遠くかによっても、語ることに違いがあるという。

しかし、体験のない〈わたし〉には、爆心地からの距離や、当時の年齢が、彼らの語るほどに意味をもつことなのか、理解することができない。二人の語り手と〈わたし〉のあいだに存在する溝は、体験の有無である。Yさんが、「被爆者と非被爆者の過渡的な立場」と語るとき、それは、あくまでも、語りの水準であって、彼自身は、被爆者という本質的な立場に立脚して教育の実践にたずさわっている。Tさんの被爆者としての立場は、さらに明確である。〈わたし〉は、そもそも、被爆を体験していないため、体験を語ることはできないし、体験を語る必要もない。

それでは、いったい、なぜ、〈わたし〉は、彼らの語りを聞こうとするのだろうか。〈わたし〉は、彼らの「被爆体験」を聞こうとしているわけではない。それは、あまりにも、〈わたし〉の日常生活から遠く離れた出来事であり、Yさんが、被爆遺構めぐりで強調する「想像力」をもってしても、とうてい理解することのできない他者の体験である。あるいは、Tさんが、日常的な言語をもちいて、語ってくれたように、人間、誰しも、苦しかったこと、辛かったことは語りたくない。それは、語り手だけではなく、聞き手にも通じることである。できることなら、他の人間が体験した悲しいこと、辛いことは聞きたくない。それが、人間の自然な性質であることを、Tさんのライフストーリーは示している。

しかし、それでも、なお、他者の体験を聞きとり、他者の体験を聞きとる体験を書く営みには、どのような意味があるのだろうか。こうした問題を考えるにあたり、原爆被災の体験を聞く行為は、現代社会に生きる〈わたし〉にとって、どのような意味があるのかという問いを設定しておきたい。

体験のリアリティは、すくなくとも、体験した者の語りにおいては、きわめて大きな意味をもち、その体験を言語により表現することが、かぎりなく不可能に近いことは明らかである。前章の検討をふまえると、記憶の継承の可能性という視座から考察するためには、それを可能とする条件は、小さな物語のネットワークを書く、そうした歴史実践について考えることにある。本章で検討する「被爆者になる」という語りについて考える意味は、おおよそ、そのあたりにある。

前章までは、Tさん、Yさんを中心に、Mさんをふくめた三人の語り手によるライフストーリーを検討することで、戦後の「長崎」という時空間における被爆者の立場に関する見取り図を作成した。その見取り図は、いわば「鳥瞰図」である。この鳥瞰図の作成により、TさんとYさんの対照的な立場が明らかとなった。この二人の事例から理解できるように、被爆を語る際には、「爆心地からの距離」と、「当時の年齢」という、外在的要因が、当事者の語りを構成する現実がある。

Tさんと Yさんの立ち位置が対照的にみえる背景には、こうした外在的要因だけではなく、原爆被災をめぐる、どのような言説を内面化し、どのように自己の体験を表現しているのかという問題もある。たとえば、「平和教育」という戦後日本の教育において、ひとつの潮流を形成した言説実践は、現在の被爆をめぐる語りにおおきな影響を与えている。長崎における被爆者の証言の実践は、程度の差こそあれ、一九七〇年代に生成した「平和教育」という言説に影響をうけている。

Yさんは平和教育をつよく内面化する一方、Tさんは平和教育という言説の権力が、自らの「被爆体験」の語りに作用することにたいして拒否反応を示す。Yさんと、Tさんの平和教育をめぐる立場は対照的であるが、「平和教育」をつよく意識しているという意味では、二人の語り手が属する語りは同じ位相に位置づけることができる。

そして、この二人の語り手が、戦後を生きることをとおして向き合いつづけた「平和教育」と「被爆体験」というふたつの言説空間は、きわめて複雑な（ねじれた）原爆の記憶を構成してきたように思われる。その具体的な事例として、もっとも明瞭であるのは、Tさんがはからずして出会った「キャンディー事件」ではないだろうか。

Tさんは、平和教育と密接な関係にある「語り部」の立場に身をおき、平和教育とは一定の距離をおいて、自己の体験を身体的に表現する実践に取り組んできた。その実践は長崎平和推進協会という長崎市の外郭団体による「平和教育」の流れに組み込まれたものであった。

すでに確認したように、長崎市の平和教育は、その出発点からすでにねじれたものであった。

被爆を被った都市でありながら、平和教育の「原点を原爆とするものではない」とする市の方針は、被爆について「語る／語らない」というアイデンティティの揺らぎを明瞭に示すものといえる。

Tさんは、教職員組合にたいして距離をおき、平和教育にたいしても距離をおく被爆者として生をまっとうした。彼のライフコースは、長崎市の原爆の記憶にたいする姿勢と同じ軌道を描いているように思われる。彼のライフストーリーは、被爆体験に根ざした教育をおこなうことに肯定的であったのだが、七〇年代以降、前景化する「平和教育」という言説実践にたいしては否定的であり、それゆえに、平和教育とは一定の距離をとる推進協会主催の被爆体験講話と出会うまでは、教育の実践において被爆の語りが後景化していたことを示している。

Tさんは、自らの「一三歳の体験」を、くりかえし「上演」しながら、本来はより多様であるはずの自己物語のヴァリエーションを、被爆体験に特化し、自らの被爆者としての立ち位置を定めようとする。一方で、Yさんは、そのように「固定化されていく被爆者イメージ」を、平和教育の言説を介在させることにより相対化し、被爆を語る際の立場という問題を問い返すかたちで、被爆者の語りのあり方を模索している。

長崎の語り手を代表するといえる、この二人の語りは、被爆体験の内面化／相対化という軸をめぐり対立している。こうした現実が、これまでの被爆者調査、あるいはマスメディアの言説において、具体的に指摘されることはなかった。しかし、こうした現実の指摘には、さほどの意味はない。むしろ、わたしたちが被爆について語ろうとする際に、こうした言説の権力作用を避けては「被爆」について語ることができないという認識を共有して、被爆者の語りを記述する視点をみいだしていきたい。

すでに確認したように、米山リサは、被爆の語りは、原爆投下をおこなった爆撃機から撮影された写真に、同心円を重ね合わせたイメージにより、被爆の語りは外在的に規定されることを指摘した。つまり、Tさんが「一三歳の」被爆体験に固執したのも、彼が「遠距離」被爆者の語りにたいし懐疑的であったことも、同心円地図の存在に起因している。

一方、Yさんが「被爆者の有名性」にたいし異議を唱えようとすることも、同じ要因にある。つまり、二人の被爆者は、いっけん対立しているようにみえ、じつは同じ位相で、言説の権力に従い、一方では抵抗しようとしている。彼らが問いただそうとしているのは、遠距離被爆者や、近距離被爆者という差異ではなく、そうした「爆心地」から「近い」あるいは「遠い」という言説を生成する社会にあるのではないだろうか。

こうしたTさんとYさんの対照的な立ち位置を、鳥瞰する視座を形成するように戦後史を語る被爆者が、Mさんという語り手である。Mさんは、自らを「被爆者」として特定の立ち位置に定位せずに、主体性の領域を拡大しながら、被爆者としてのアイデンティティを形成していく。その有り様は、Tさん、Yさんの自己の形成のされかたよりも、さらに複雑な回路により形成されているようにみえる。

Tさんのように被爆体験を自己物語の中心的なトピックに据えるわけではなく、Yさんのように被爆体験を相対化するわけでもない、Mさんの自己物語の形成のしかたは、「記憶の継承」という問題系にたいして有効な手がかりを与えてくれるように思われる。Mさんは、インタビューの時間をとおして、自己のライフヒストリーを整理し、自己のライフストーリーを形成し、自分自身がどのような生き方をしてきたかを探求していく。そのときに、Mさんのライフストーリーの基調低音は、「被爆者になる」というフレーズに象徴される。Mさんは、長崎で被爆を体験したあと、長年にわたり多くの被爆者とともに時間を過ごし、被爆者への証言の聞き取りをおこなってきた。彼は自らの半生を「被爆体験の広まり」、「被爆者としての深まり」と表現し、自らの生のあり方を「より被爆者になっていく」ものと語っている。彼とのインタビューを継続してきた〈わたし〉は、「より被爆者になっていく」という語りに魅せられると同時に、被爆（死）者にたいする「罪意識」と「心理的閉め出し」の感情に苛まれている。

記憶の継承という社会現象を論じる際に問題とされる「被爆者と非被爆者の境界線」という現実をふまえ、〈わたし〉という視点から、Mさんの「被爆者になる」という思想を読み解きながら、原爆の記憶の継承という問題系に指針を与えていく点に、本章の到達点があるのではないだろうか。

2 「被爆者になる」出発点としての〈語りえないもの〉

浅野智彦によると、自己は、自分自身について物語ることを通して産み出される。そして、自己物語はいつでも「語りえないもの」を前提として、かつそれを隠蔽している（浅野 2001: 4）。この二つの主張は、Mさんのライフストーリーについて検討するうえで重要である。自己物語論の主張は、「まず『私』がいて、ついでそれについて私が語る」のではなく、「自分自身について語るという営みを通してはじめて『私』が産み出されてくるのである」という点に集約される（浅野 2001: 6）。

> 例えば自伝や自分史を書くとき、人は自らの過去について単に記録しているのではなく、過去を物語へと加工することによって現在の自分を作り出しているのである。ときとしてこの物語化の過程は、記憶がこうむるバイアス（歪みや偏り）であるといわれたりもするのだが、ある意味ではむしろこのバイアス（すなわち選択・配列過程）自体が自己そのものであると考えるべきではないだろうか。（浅野 2001: 6）

Mさんのインタビューの場における語りは、その大半が被爆をめぐる物語である。たとえば、ある日のインタビューで、彼は自身が作成した自分史の年表を筆者に手渡した。そこには、被爆者運動史の変遷と個人史が並列的に記されていた。インタビューの目的が「被爆者への聞き取り」と設定されているので、彼が「被爆者としての自己」について語る傾向が強くなることは言うまでもない。しかし、浅野が指摘する「バイアス（すなわち選択・配列過程）自体」が自己そのものであるという主張をふまえると、彼が被爆をめぐる歴史と自己物語を重ね合わせて、語ろうとする姿勢に注目していく必要があるだろう。

彼の語りは、Tさん、Yさんのライフストーリーと比べたとき、インタビューという時間をとおして自己物語を点検し、整理し、物語を紡ぎだそうとする傾向がつよい。Tさん、Yさんの語りは、比較的、物語の「結論」が明瞭である。自己物語の結論が明瞭であるゆえに、自らの立場性についての語りも明瞭なものとなる。

Mさんの場合、長期的なライフストーリーの聞き取り調査ではめずらしいことではないかもしれないが、彼の語りには、同じエピソードが何度もくりかえし登場し、語り手である彼自身が、その都度、自己の語りを解釈しなおし、物語に一貫性を与えようとしているようにみえる。それゆえ、彼の自己物語は完結しない。むしろ、完結するという目的を持ち合わせない点に、彼の語りの特徴があるといってもよい。

Mさんの語りを、被爆者の語りとして、特にとりあげる妥当性については検討の余地があると思われるが、ここでは、Mさんの語りにはらまれる「バイアス自体」、つまり語りそのものではなく、被爆者としての自己を語ろうとする、彼の主体性のあり方について検討しておきたい。彼の主体性のあり方を端的にいえば、それは「プロセス志向」という言葉で表現されるはずである。

保苅実は、オーストラリア・アボリジニが居住するグリンジ・カントリーを調査地とした、歴史学的フィールドワークをとおして、つぎのように指摘している。保苅は、グリンジ・カントリーに滞在中、そこから一二〇〇キロメートル離れたアボリジニ・コミュニティであるドッカーリバーの儀式に参加するため、グリンジの人々が移動するといううわさを聞く。しかし、うわさを聞いてから、実際に彼らが出発するまでには、二ヶ月という時間がすぎていた。保苅は、こうした人びとの生活に「プロセス志向」の知識体系を見いだそうとする（保苅 2004: 83）。

アボリジニのオーラル・ヒストリーによる「歴史実践」をもって、西洋中心主義、文書資料中心主義の歴史観を脱構築しようとする保苅の議論を、被爆者のライフストーリー分析に援用することには、若干の違和感が残るかもしれない。ここで、筆者がプロセス志向という概念をもって、Mさんの語りを理解しようとする意図を説明しておこう。保苅は、この「プロセス志向」という考え方を、時間概念を規定するものとして説明する。

こうして、私が「多分来週に出発する」といううわさを初めて聞きつけてから、実際に出発するまでに、じつに二ヶ月という時間が過ぎていたのである。開かれて可変的な情報システムが良好に機能するためには、意思決定に必要なだけの時間をたっぷりと費やすことが不可欠となる。そこには「時間の無駄」という発想がないのではないか、私にはそう思えてくる。

（保苅 2004：83）

Mさんが語るライフストーリーを構成する重要なナラティブは、「被爆者になる」という語りにみいだすことができる。「被爆者になる」とは、彼の言葉でいいかえると、「被爆体験が広まる」ことであり、「被爆者として深まる」ことである。より具体的にいえば、「被爆者になる」という考え方は、他者としての被爆者の語りに耳を傾け、その痛みを内面化することであり、そのように、他者の痛みに共感し、内面化する行為を経験する喜びを、ふたたび他者に語り伝えようとする姿勢を指示している。

こうした「被爆者になる」という考え方は、当然、彼が近代的な「主体」として独自に語りだしたことがらではなく、彼が戦後の被爆者を支援する運動、被爆体験を聞き取る営み、被爆をテーマとした文学作品を読む行為、あるいは自らの被爆の記憶について語ろうとする実践をとおして、Mさんという身体をとおして社会的に構成された語りである。

つまり、Mさんという語り手が「被爆者」という集団のなかで特別な存在なのではなく、Mさんという語り手は、本来的に多様である「被爆者」という集団が内包する、その多様性を体現する主体性をもった被爆者である。後述するように、被爆者とは「被爆者健康手帳」制度に象徴される法的・医学的な言説に従属する主体性を指すわけだが、重要なことは、この制度による包摂と排除の力学が作動していることに明らかなように、ひとくちに「被爆者」といっても、その集団を構成する人々の社会的属性はきわめて多様な現実にある。

こうした現実（社会）に生きる私たちが、被爆という出来事を、いかに歴史として、ないしは記憶として語りうるかというテーマを考える際に、まず必要とすべき前提は、「被爆者」という存在の多様性にたいする想像力を養う点にある。こうした現実社会において、被爆という体験をいかに歴史として語り継ぎ、記憶として継承していくのかと、問われている。

Mさんという語り手による「被爆者になる」という語りは、継承という問題に直面する人びとが出会う、さまざまな困難を考える手がかりになるのではないだろうか。そもそも、彼の語りは、時間の経過を待たずしては理解することが困難な類の語りである。保苅が「アボリジニの歴史実践」と名づける営みを構成する「プロセス志向」という時間概念を援用する必要性は、この点にあるのではないだろうか。八木良広は戦後日本社会における被爆者運動の記述をとおして、「危機意識」をもつことの必要性を主張する（八木 2012）。この議論との比較により、プロセス志向の指針を示すなら、調査の実践あるいは、調査の記述において重要なことは、そうした明快な結論を提示することではなく、被爆の語り手の生のプロセスを記述していこうとする意志にある。Mさんが、「被爆者になる」という語りで指し示す、主体の形成のされかたも、ここに力点がおかれているはずである。

つまり、被爆者という多様な主体性を体現するMさんという語り手が象徴する、「時間の無駄」という発想を排除した「被爆者になる」という生き方のプロセスが、「被爆の語りえなさ」とつきあいつづけ、「記憶の継承の困難さ」に向かい合う姿勢を指示しているのである。「被爆の語りえなさ」という問題は、前章までのTさんとYさんについての検討でも言及をおこなっているが、それがいかなる問題なのか、もういちど確認しておこう。浅野は、社会学的自己物語論を提唱するさいに、コミュニケーションにおいて物語という行為の重要性を指摘し、つぎのように述べている。

物語が納得のいくものとして受け入れられ、共有された現実になるのは、自己と他者との視点の差異が乗り越えられることによってなのだ。(浅野 2001: 10)

記憶の継承の困難さは、被爆者と非被爆者の視点の差異といいかえることができる。米山リサの議論を参照すると、すべての生存者は、アメリカ軍の爆撃機より撮影された航空写真のイメージを内面化し、そのイメージと重ね合わせられた同心円により自らの立場性を規定する。つまり、八月九日に自分がどこにいたかという空間的認識と、当時の記憶により、自らの被爆者としての立場性を定めている。一方、非被爆者は、原爆の記憶について、どのように記憶を定めているのだろうか。

語り得なさが文字通りの形で、すなわち端的な沈黙として現われてくる場合もある。例えばナチスドイツの体制下でユダヤ人たちが被った迫害の体験、なかでも収容所の体験は当事者にとって人生の物語の中でもしばしば空白部分（物語の「穴」）となってしまっている。あるいは地震のような大規模な自然災害の被災者はその後しばらくそのことについて語ることができなくなるという。むしろこれらの体験は当事者の人生において他の何ものにもまして決定的な意味をもつものであると想像されるのに、それにもかかわらず語ることができないのである。この沈黙は、語り手と語られる体験との間に十分な距離をとれていないことから生じているように思われる。すなわち体験があまりにも深く語り手をとらえてしまい、当事者の視点から距離をおいた語り手の視点を確保することができないのである。（中略）このような体験をトラウマ的体験と呼ぶとするなら、それは自己物語の限界点、すなわち、物語化を強く求めているにもかかわらず、語られないような体験となっているといえるだろう。（浅野 2001: 19-20）

原爆被災の記憶は、語り得ないものである。ここで浅野が指摘しているような端的な沈黙として、それが自己物語にあらわれることもあるだろう。それは「トラウマ体験」といいかえることができるものだ。しかし、ここで焦点化したいのは、そのような「語りえなさ」ではなく、これまでの戦争の記憶論では焦点化されることがなかった、「第二級」の被害にあった人々が抱く別の「語りえなさ」である。その後の人生をとおして、自らの体験を反芻すること、あるいは他者の体験を聞き取り、他者の体験を自らの記憶として内面化していく際に、そもそもトラウマ体験をもっていないにもかかわらず、自己物語に語りえなさを抱えていく人々の「語りえなさ」である。

浅野が指摘する自己物語における「語りえなさ」の問題は、歴史哲学における歴史の物語論の領域においても議論が重ねられている。社会学的自己論、歴史哲学の領域における語りえなさの問題は、アウシュビッツの生存者が、その出来事が人間にあたえる衝撃、あるいは唯一無二性において自己や歴史を語るさいに「語りえなさ」として表出するという、まさに「物語の限界点」として検討されてきた。

一方で、これまでの検討から浮上してきたのは、「物語の限界点」に接近しようとする「第二級の」被害にあった人々が、他者の物語や記憶を、自己物語として内面化していこうとする際に抱えていく「語りえなさ」である。Tさん、Yさんをふくめ、とりわけMさんという語り手のライフストーリーは、自己を形成するために「語りえなさ」を内面化していこうとしている。それは、彼らの被爆者としての主体性を形成し、被爆者としての自己を立ち上がらせる契機として、原爆の記憶と対峙していくプロセスとしての生の有り様といえる。そして、こうした持続的な営みこそが、Mさんが語る「被爆者になる」という生き方を表現しているといえよう。

すでに詳細に検討してきたように、長崎における原爆被災の語りは、凄惨な被害状況を生きのびた人々のインパクトのある語りだけではない。たとえばTさんのように長年の沈黙を経て、ようやく語ることができるようになった人々の独自の語り方。Yさんのように平和教育という「被爆体験」を相対化する言説実践との出会いにより語りはじめた人々の継承を意識する語り方。あるいは長年の他者としての被爆者との継続的なコミュニケーションに根ざした、被爆者としての深まりをみせる語り方など、さまざまな語り方が展開されているはずだ。

いずれにせよ、リアリスティックな魂の崩壊からの再生と表現されるような、かつて、福田須磨子がまさに身をもって体現したような体験の語り方は、もはや、誰にもできなくなりつつある。それでは、被爆を語るという営みの核心は、いったい、どのようなところにあるのだろうか。なにを語れば、出来事を語ることになるのだろうか。つぎに示すのは、Mさん自身が経験してきた、「聞き書き」の実践についての語りである。この語りから読み取れるように、言葉にできないところ、「地獄」という言葉によってしか表現できないところに、その出来事の深刻さがあると想像していかなければならない。

＊：その、聞き取りをされてるなかで、どういうかたに話しを聞いたかとか、なんていうか、印象に、まだ、今でも覚えている人とかかっていますか？

M：えーっとね、その、なんか浜口町のあたりの薬屋さんの、おじさんっていうか、わたくしは、まだそのときには若かったのでね（笑）。むこうはおじさんでしたけど…。に、そのかたに、非常に印象的だったというか、そのとき、そのかただけじゃない。何人か聞いていてね。あの、話の被爆体験を聞いてると、もう、最後に、「あれは地獄でした」という言葉を、ひじょーにみなさんが共通に言われるというのがね。あの、結局、言葉に、その説明をしても。その、もう、なかなか通じん、通じない、せつ、そのときの、あの、ええ、その、修羅場のような、状況というのは。もう、とても、とても、口では説明できない。「地獄ですよー」っていうような、そういう結論になるというところがね非常に印象的でしたねー。ほんっとに、この人は、もっともっと、言いたいけれども、もう、口で、いわゆる言葉にならない、そういう体験を。あのー、その、地獄、という言葉で。伝えていらっしゃるんだなっていうふうに思ったのが、非常に印象的でした。

Mさんは、被爆者の体験を聞くときに、その体験を言語化する困難さを感じたと語っている。彼は、自分自身も被爆者である。言葉にできない体験を、なんとか言葉にしようとする語り手に出会い、「修羅場」としか表現できない状況を生き延びた人々が、みずからの体験を「地獄」と表現する。こうした状況を、あえて説明するならば、他者の体験を聞く際に生じる「語りえなさ」である。

Mさんの語りの特徴は、この「語りえなさ」にたいする距離感にある。たとえば、Tさんは、爆心地から一・四キロという近距離で被爆を体験し、友人を亡くした体験や、当時の惨状を、文字通り「語りえないもの」として身体的に表現する。これまでに長崎の「被爆体験」という言説を形成してきた「有名な被爆者」たちは、大きな身体的外傷、精神的外傷を負い、その体験に根ざして、自らの被爆者としての立場を構築してきたのではないだろうか。あるいは、身近な家族の死に起因する苦労にみちた戦後の生活史を語ることをとおして自らの被爆者としての自己同一性を確立してきたのではないだろうか。石田忠が分析対象とした福田須磨子は、その象徴的存在である。

つまり、彼らは、トラウマ体験を「語りえないもの」として自己物語に刻印している。しかし、Mさんのように、原爆被災により、直接的におおきな身体的、精神的外傷を被ったわけではなく、また家族内に被爆により死を迎えた者がいない被爆者には、また別の「語りえなさ」が生じている。インタビューにより焦点化されていくのは、こうした直接的な被爆を体験しない人々が、その後の人生を生きるなかで、他者とのコミュニケーションをとおして形成する「語りえなさ」である。

さきに引用したトランスクリプトには、そうしたMさんが抱える「語りえなさ」が表出している。この語りから理解できるように、彼は、かならずしも、自らの八月九日の体験を語りえないものとして捉えているのではなく、むしろ他者の体験を聞き取るという行為をとおして、自らのライフストーリーに語りえなさを内面化していくように、自己の体験を語っている。

ほんっとに、この人は、もっともっと、言いたいけれども、もう、口で、いわゆる言葉にならない、そういう体験を。あのー、その、地獄、という言葉で。伝えていらっしゃるんだなっていうふうに思ったのが、非常に印象的でした。

Mさんの語りは、このことを端的に物語っている。これは、Mさんが、インタビューの場でくりかえして用いるフレーズである「被爆者になる」という生き方を具体的に現す事例でもある。

たとえばマスメディアの言説では、個人の体験は、「平和」や「核廃絶」という支配的な物語に回収される傾向が強い。つまり、「被爆体験」とよばれる言説である。Mさんが指摘するように、「地獄」という言葉でしか表現できない、その言葉によっては表現できない、個人的な体験の領域がある。しかし、それだけではなく、けっして言葉にできない体験を聞きとり、その体験を聞く意味を、聞き手としての自己との関係で見つめ直していく点に、Mさんの語りの意味があるのではないだろうか。ある意味では、二次的な被害にあった人々による経験的な語りが照射する位相は、凄惨な被害を語る人びとの体験のおかれる位相よりも、さらに複雑で、Mさんの語りを素朴に受け止めるなら「深まり」のある位置にあるのかもしれない。引用した語りは、他者としての「被爆者」が自己物語に内包する「語りえなさ」を、聞き取りという営みをとおして自己物語に内包していくプロセスを表現している。

「被爆者になる」という生き方の語りは、こうした意味で、既存の「被爆者」という社会的カテゴリーを超えていくパースペクティブを内包している。トラウマや、罪意識として「被爆体験」を捉えるのではなく、そうした考え方をふまえつつも、他者の体験を「聞く」ことを意識して、他者の痛みを内面化し、自己の経験の領域を拡大していこうとする生き方である。Mさんは、長年の「聞き書き」の実践をとおして、そのように自分自身の体験を広めるように生きてきたのではないかと語ろうとしているのである。こうした、Mさんの語りは、自分よりも、もっと大変な思いをして生きてきた人びととの出会いによって、形成されてきたものであろう。その象徴として、かつて、石田忠が生活史研究の調査対象者とした福田須磨子をあげられるのではないだろうか。

3　石田忠と福田須磨子、〈わたし〉とMさん

Mさんのライフストーリーを、このように解釈する背景には、インタビューを相互行為として捉える視点がある。この点について、あらためて確認しておきたい。すでに、Tさん、Yさんの語りをとおして検討してきたように、継承という主題は、語り手と聞き手の対話をとおして浮上してきたといえるだろう。相互行為としてのインタビューという視点からは、戦争の記憶の継承という問題系をめぐり、どういった議論がなされているだろうか。

八木良広によると、「原爆の記憶の継承」という課題の焦点には「被爆者と非被爆者の境界線」という問題が横たわっている（八木 2008）。桜井厚は、八木の議論を受け、被爆という歴史的体験ないし記憶の継承を実践するためには、「この境界線をいかに乗り越えるかが体験を共有していない『私たち』にとってきわめて重要」であると述べている（桜井 2008: 10）。こうした基本的な認識をふまえて、桜井はつぎのように指摘している。

ところで、熱心な継承者が熱心であればあるほど、ややもするとはまりやすい陥穽があることに注意しておこう。当事者の語り手から経験的語りを聞くことによって自ら語り継ごうとする人のなかには、過酷な歴史的体験を生きのび、ひどい差別や被害を受けても生き残ってきた経験を前に立ちすくみ、サバイバーや犠牲者である体験者を無条件に崇拝し、ヒーロー視したり聖視してしまう傾向があることである。そうなると、語り継がれる経験はモデル化され、固定化し、さまざまな経験が一元化されて管理されることになりかねない。第二世代といわれる聞き手の側がストーリーにこめるファンタジーや神話性は、こうした傾向を助長しかねない側面をもつことに注意を払う必要がある。一人ひとりの体験者が語る経験は多様であり、また語り継ぐ経験は体験者と聞き手の相互性のうえに成り立つ「現在」の表象であるなら、語り継ぐ行為は過去を歴史へと固定化することではなく常に現在へと再活性化することであることを忘れてはならないだろう。（桜井 2008: 16）

ひどい被害を受けた生存者たちが、聖視される傾向については、前章でみたとおりである。原爆被災の生存者の場合、爆心地により近い地点で被爆をした人びとの語りが、相対的に「遠距離被爆者」より、価値づけられるヒエラルキーが存在するという現実である。継承という問題を実存的に捉え、実践という視点から検討する際には、このヒエラルキーを相対化する視点を設定することが必要である。

こうした視点に照らしあわせると、Mさんの語りの意味が、より明瞭になっていく。たしかに、Yさんが「有名な被爆者」と表現するように、聞き手は、凄惨な被爆を体験し、その体験を迫力をもって語り続ける人びとを、特別な存在としてみなしてしまう傾向がある。しかし、「あの、一部の、有名な」と意味づけるのではなく、私よりも、もっと大変な思いをした人びとの体験を内面化し、自分自身の体験を広めていこうとする、いわば聞き手の認識のありかたに、Mさんの語る「被爆者になる」という生き方の核心があるのではないだろうか。

石田忠は、かつて福田須磨子への聞き取りをとおして、彼女の生活史を描いた。福田須磨子は一連の被爆者調査のモデル被爆者として設定された。石田は、福田須磨子の苦悩を描き、漂流から抵抗への飛躍という「反原爆」の思想を形成する。そこで描かれるのは、リアリスティックな魂の崩壊から、福田が再生していく姿である。長崎でのインタビューでは、福田のような語り手ではなく、Mさんに象徴されるように、自分よりも大変な思いをして生きてきた人びとの隣で生きてきた人びと、その人びとに出会い、自分自身の生き方を形成してきた人びとを対象としている。その際に、語り手の語りを相互行為としてのインタビューの視点からみつめて、「語りえないもの」が言語化されていくプロセスを記述していくところに力点をおいてきた。

このように調査の手法や、調査にたいする意識の違いはあれ、被爆者の生活史、ないしはライフストーリーを社会学的に分析するという点で、石田たちの調査が重要な先行研究である点に変わりはない。石田忠が長崎での調査を実施し、福田須磨子をモデル被爆者として設定するときに、必然的に生じたと思われる対象の「聖別化」の問題について触れておきたい。これまでの検討において、重要な論点としてきたように、フィールドに入り、語り手と出会うなかで、調査者は二つの同心円イメージの権力作用に敏感になっていく。「有名な被爆者」という語りに出会い、被爆をめぐるヒエラルキー構造を意識し、そうした矛盾する現実に戸惑い、フィールドで出会う他者の死という体験をふくめて、すべてがフィールドワークの経験になる。石田の調査もまた、そのような人との出会いの実感にもとづいて遂行されたのであれば、福田須磨子という語り手が、ある意味では「聖視」されていくという現象は避けてとおることができないものであり、熱心に調査をすればするほど、あるいは誠実に対象者に向き合おうとすればするほど、必然的に生じる帰結といえるのではないだろうか。

それは、対象との一体化という現象とも関連する問題である。調査協力者の語りを聞き取り、その語りが指し示す歴史的現実を理解するためには、その語りを手がかりとして、語り手の生きてきた社会を想像する必要がある。この想像のプロセスには、調査協力者への一体化が介在するのではないだろうか。調査対象者と一体化し、ある意味では「聖視」する通過儀礼を経て、ふたたび、対象者を社会学的研究の分析対象としてまなざす視点を確保していく必要があるだろう。

石田は、どのようにして長崎における調査を進めていったのだろうか。これまでにも検討してきた論点であるが、「被爆者になる」という語りを検討するにあたり、もういちど確認しておこう。福田の生活史を記述する際に、石田は自らにふたつの「社会科学者の課題」を与えている。ひとつは「原爆被害がいかなる要因連関の下に被爆者の精神的荒廃につながっていくか、その人間破壊の過程の分析（漂流の必然性）」であり、もうひとつは、「この精神的荒廃のなかから被爆者が立ち上がる可能性とその契機となるべきものの追求（抵抗の可能性）」である（石田 1986: 31-4）。

第4章で詳しく検討したYさんの語りを参照すると、福田は「ごく限られた有名な被爆者」である。序論で提示したリフトンの罪意識の同心円に照らし合わせると、「被爆者と非被爆者の過渡的な立場」というYさんの自己の意味づけは「被爆生存者」と「日本人」の境界に生きる人になるだろう。石田が出会った頃の福田は「被爆生存者」であった。石田自身は「被爆生存者」ではないために、「日本人」のカテゴリーに属しているといえるだろう。

石田は、被爆者の生活史を作成するにあたり、「被爆者の戦後史は、他の何にもまして、原爆とのたたかいの歴史である」と明確に定義している（石田 1973: 21）。そして、福田の生活史を「漂流の必然性」と「抵抗の可能性」という認識の枠組みから描き出している。Yさんは、たしかに被爆の生存者であるが、第4章で確認したように、彼は、被爆を体験してから二五年後に「被爆教師になった」と語っている。それまでは「空白」の時間であったと。

Yさんの語りに現れる「空白」という表現を、言葉のままに理解する必要はない。Yさんが、みずからの被爆遺構めぐりの実践で、聞き手にたいして語りかけるように、被爆を生きのびた人々の語りが、どのような社会的コンテクストのもとで発せられたかを想像する点に、語りを聞く意味がある。いまでは、このように被爆教師になっているYさんにインタビューを依頼した。そこで、聞き取ろうするのは、なぜ、彼が、自己の体験を語りつづけるのかという、その一点である。きわめて微妙な違いかもしれないが、石田の調査の方針との差異は、この問いの立て方にあるはずである。

たとえば、つぎの記述には、石田が被爆体験を聞く意味をどのように捉えているかという点について、石田の認識のありかたが、明瞭に現れているように思われる。石田は、長崎での被爆者調査の記述において、彼自身が調査対象にたいして抱いている心情をつぎのように記している。

被爆者に会ってその被爆体験を聞く人は、彼らの記憶の鮮烈なることに驚く。それはあの出来ごとが、再びと消しがたく「刻印」されてしまったからであろうし、またそれが心理的な反作用を際限もなくよび起こすということがあるからでもあろう。しかし、より基本的には〈原爆〉が決して過去のことにはなっていないからではないだろうか。〈原爆〉とは人間にとって一体何であるのだろうか。それに対して人はいかなる態度をとるべきなのだろうか。（石田 1973: 52-3）

この記述からも明瞭なように、石田が調査対象とした人々は、一次的な被害により「語りえないもの」を抱える人々であった。「あの出来ごとが、再びと消しがたく『刻印』されてしまったからであろうし、またそれが心理的な反作用を際限もなくよび起こす」という記述を読むとき、ここには、リフトンの罪意識の議論が、石田の調査の経験にねざして表現されていると感じられる。

筆者がインタビューを実施した時期は、被爆の証言という領域において、福田須磨子に象徴される「有名な被爆者」たちの語りは後景化しつつあり、YさんやMさんに代表される第二世代といえる被爆者たちの語りが生成しつつある時期にあたる。石田の記述から明らかなように、石田と福田の調査において念頭におかれる「語りえなさ」は、さきのMさんの語りにあらわれた、「地獄」という言葉でしか表現できない、そのような体験にある。

一方で、Yさんや、Mさんの語りを聞くとき、聞き手は、「彼らの記憶の鮮烈なること」に驚いているわけではない。彼らは、被爆を体験してから、その後の人生を生きるなかで、どのようにして体験を語るようになったのだろうか。聞き手は、こうした関心から、語り手の語りを聞いているのではないだろうか。それゆえに、体験を語るにいたるプロセスの語りに表現される、体験を語る意味に触れたとき、〈わたし〉は語り手の語りに魅了されるのかもしれない。なぜなら、語り手である彼ら自身が、被爆を語る意味を模索しながら、語っているからである。

第4章で検討したように、Yさんが、「被爆者」と「非被爆者」の境界の立場から語ろうとしていると語るのは、語り手自身が、被爆を語る自明性を問うているからであるだろう。こうした語り手の語りを聞き取り、ライフストーリーを書くときには、「彼らの記憶の鮮烈なること」を書くのではなく、彼らの語りをとりまく曖昧な言説と、その曖昧さを構成している社会的背景を記述することを試み、そうした語りをとりまく風景のなかで、語りの意味を明確にしていく視点が求められのではないだろうか。

石田の先行研究は、筆者が長崎でのフィールドワークをはじめるにあたり、ひとつのモデルとして念頭においていた。Mさんの「被爆者になる」という語りのおかれる位置を明確にするために、石田の「反原爆調査」と、筆者による長崎でのフィールドワークとの関係を整理しておこう。筆者が重要なインフォーマントと認識しているMさんは、生前の福田須磨子と親交のある被爆者である。つぎにあげるのは、筆者が、Mさんも参加する、ある被爆者の集いに出席したときのエピソードである。集いがおわり、近くの喫茶店でMさんをまじえて談笑しているときに、長崎県立図書館で「福田須磨子」の資料展示が開催されていることが話題になった。福田須磨子という名前を聞いて、Mさんは「生前の福田さんを思い出すと、私はまだまだだと、思います」とつぶやくように語った。「なぜそのように思うのですか」、という筆者の問いかけにたいして、彼は「彼女の被爆者運動に取り組む姿勢は、まるで闘士のようでしたよ。それにくらべると、私はまだまだだと思うのです」と返答した。

Mさんは、近年になり、しばしばマスメディアの報道にもとりあげられる「有名な被爆者」である。彼は、いわゆる「語り部」に取り組むだけではなく、被爆者を中心とする複数の社会運動にも参加している。たとえば、彼は、長崎で被爆後、海外に移住した「在外被爆者」を問題とする運動にも関与し、その経験は、自分自身の「被爆者」としての主体性に広まりをもたせたと語っている。そのような体験を語るときに、Mさんは、どのようにして「在外被爆者」という問題に出会い、その問題との出会いが自分自身にどのような変化をもたらしたのかを語る。

彼は、いつも温厚な表情で、ときにはユーモアもまじえて、在外被爆者という立場で生きる人びとの苦労や、そうした問題の歴史的経緯を説明し、自分自身の関わり方をふりかえりながら、淡々とライフストーリーを語り続ける。〈わたし〉は、Mさんの静かな語りに、あいづちをうち、彼の語りを妨げないように、ライフストーリーを聞くことを心がける。たとえば、「在外被爆者」という問題との出会いには、彼自身の海外に移住した経験が深く関連しているというエピソードや、その後、彼自身が、その問題に異議を申し立てる立場に移行していくプロセスの語りを聞くとき、〈わたし〉は、彼が「被爆者」であることを強く感じさせられる。

普段のMさんからは、物静かな、日々の生活を丁寧に過ごしている印象をうけ、けっして声高に、なにかを主張するような印象は受けない。しかし、インタビューでは、普段のMさんからは想像できない、「被爆者」としての強い意志を聞き手に感じさせる表情をみせるときもある。たとえば、彼自身が長年にわたり取り組んできた「聞き書き」の体験について語るとき、彼は、爆心地から一キロ以内で生き延びた人びとの体験を聞き取り、記録することが大切であると熱心に語る。Mさんがいつもとは違う語り口で、いつもとは違う深刻な表情で、語っている様子に触れ、なぜ、それほどまでに、爆心地から一キロ以内で生き延びた人びとの体験の記録にこだわるのですかと尋ねる。そうした問いかけにたいして、彼は、体験の聞き書きの重要性は揺るぎのないものであると、〈わたし〉の疑問が介入する余地を与えない。そうした、彼の「熱意」に触れるとき、〈わたし〉は、まさにMさんが福田須磨子にたいして抱いたという「闘士」と表現するイメージを共有する。

しかし、Mさんのこうした語りに触れるとき、かつて、Mさんが福田須磨子にたいして抱いた感情と同じように、〈わたし〉もまた、Mさんにたいして、自分自身は、けっして彼のようにはなれないと感じる。このようにインタビューを継続している、Mさんと〈わたし〉の関係は、さしあたり、つぎのように整理できるだろう。Mさんは、長年の「聞き書き」の体験にもとづき、自分自身の被爆者としての体験を広めてきた。彼は「聞き書き」に携わるだけではなく、さまざまな社会運動への参与をとおして、被爆者として深まってきたとも語っている。Mさんにインタビューをはじめてから、しばらくの間、そのインタビューは、対話という意味を含む相互行為としてのインタビューではなく、Mさんの生きてきた経緯の聞き取りというニュアンスが強かったはずである。

Mさんは、しばしば、「いったい、あなたは、何のために、わたしに聞き取りをしているのですか」と尋ねることがあった。この問いかけには、インタビューをめぐる認識の差異が現れているはずであるが、そうした問いかけにたいして、〈わたし〉はMさんにインタビューの意味を説明する論理をもちあわせていない。〈わたし〉は、Mさんに、なぜ被爆体験を語りつづけるのか、なぜ被爆体験を聞きつづけるのかと尋ね、そうした体験を積み重ねるなかで、Mさん自身はどのように変化してきたのかをめぐるライフストーリーを聞きつづける。

石田忠が福田須磨子の生活史から、〈漂流〉から〈抵抗〉への〈飛躍〉という「反原爆」の思想の記述に比べると、Mさんの語る「被爆者になる」という語りは、あまりに曖昧な印象を〈わたし〉に与えた。Mさんは、「いったい、あなたは、何のために私に聞きとりをしているのですか」と尋ねるだけではなく、「わたしの曖昧な語りが、あなたを困惑させていませんか」と〈わたし〉に語りかけるときもある。こうした、語り手と聞き手のやりとりが示すように、Mさんと〈わたし〉のインタビューは、二人が出会ってから、しばらくの間、インタビューの意味そのものを模索するように進められていた。

こうした、インタビューの意味そのものを模索するなかで、〈わたし〉は、Mさんの「被爆者になる」という語りに注目するようになっていく。後述するように、彼は「案外に客観的に原爆というものを眺められる立場」というように「被爆者」としての自らの立場を説明している。Mさんによるこの語りは、第4章で検討したように、Yさんが、自らを表現する際に用いる「被爆者と非被爆者の過渡的な立場を意識した語り方を心がけている」という語りと、ほぼ同じことを言わんとする語りではないだろうかと考えるようになる。なぜ、被爆を体験した被爆者であるYさんが、「被爆者と非被爆者の過渡的な立場を意識した語り方」を心がけているのだろうか。

たしかに、Yさんがインタビューの当初から語りつづけているように、「あの一部の有名な被爆者たち」のように、凄惨な「被爆体験」を語ることはできないのかもしれない。しかし、彼は、インタビューで他者の声を代弁するように、〈わたし〉に語りかけるように、「四キロ」や「五キロ」のように、爆心地から「遠い」と長崎の被爆者のなかでは認識されている場所で被爆した者にも、

「語ることはあるはずだ」と語っている。こうしたYさんの語りに現れている心理は、被爆の体験のない〈わたし〉の想像をこえる心理である。Yさんが、こうした距離の問題を、どのように認識し、どのような被爆者としての立場を形成し、そこには、どのような社会的背景があるかについては、第4章で検討したとおりである。また、第3章で検討したように、爆心地から「近い」場所で体験した「被爆体験」を語り続けるTさんの語りを聞き、つまり、Yさんとは別の仕方で被爆者としての自己を認識する人の語りを聞くなかで、Yさんの「被爆者と非被爆者の過渡的な立場の語り方」という語りの意味も明瞭になっていくはずである。

このように、TさんとYさんのライフストーリーを聞きつづけるなかで、三人の語り手とのインタビューをはじめた当初には、彼自身も自己言及的に触れるように「曖昧」であり、その意味をみいだすことができなかったMさんの語りの意味が徐々に明瞭になっていく。すでにMさん自身の手記を紹介するかたちで検討しているように、Mさんは、長期的なインタビューのなかで、折に触れて、自分自身が一九四五年八月九日に目にした風景を明瞭に記憶している。その手記には記されていない記憶についても、彼はインタビューのなかで語ることがある。原爆資料館の展示をみると、当時の記憶がよみがえり、その場所から離れたいと感じるほどに、彼にとって、それは「凄惨」な記憶であるのだろう。しかし、彼は、「語り部」として語るときには、自分自身の体験や記憶について多くを語らない。

それは、Tさんの被爆体験の芝居による再現とも、Yさんによる平和教育の語りとも別の語り方である。インタビューをとおして繰りかえし語られる「被爆者になる」という語りも登場しない。〈わたし〉はそうしたMさんの静かな語りに、彼の生き方が反映されているのではないかと考えている。ライフストーリーの聞き取りをすすめるなかで、こうした被爆者としての立場に関する彼らの語りは、言葉のままに理解できないものであると気づいていく。すでに他界したKさんが、生前、〈わたし〉に課題として与えたように、「爆心地からの距離」や「当時の年齢」のように、可視化され、数値化されている価値によっては、人びとの体験の意味を理解することはできない。「それだけでは、被爆者を理解したことにはならない」というKさんの声を反芻し、インタビューを継続するなかで、はじめて、なぜ、Yさんが被爆者と非被爆者の過渡的な立場を意識して語らなければならないのか、なぜ、Tさんは、思い出したくない体験を演じ続けるのかを、想像できるようになるのではないだろうか。

Mさんは、「火傷もせんやったということで、それで、偉そうな顔して被爆体験を語るなという声もある」と語る。この語りは、前章までに検討してきた、Tさんと、Yさんの語りに現れている被爆の語り手のおかれた現実を指し示している。この語りには、Yさんが「第一級」の「有名」な被爆者と表現する人びとの声が現れている。その象徴は、福田須磨子ではないだろうか。「火傷もせんやった」者が「被爆体験」を語るなという声の語り手が、明瞭に示されているわけではない。おそらく、その語り手は、死者である。すくなくとも、具体的な誰かが問題なのではない。そのように、「偉そうな顔をして語るな」と語りかけてくる、自己のうちに在る他者を意識しながら、あるいは、そのような他者が自己のなかに現れることによって、はじめて、彼らは被爆の語り手になるのではないだろうか。

このように考えるとき、Kさんが〈わたし〉に語りかけた、語りの意味は、より明瞭になっていく。法的な意味で、被爆者であるかどうかが問題なのではない。Mさんの語りに現れる、他者の声、あるいは自己の内面から発せられる声にさらされながら、社会のなかで生きることをとおして、彼ら自身が形成してきた語りの意味を探求することに、インタビューの意味はある。彼らは、たしかに、法的な意味でも「被爆者」である。「自分にくらべて凄惨な体験をもった」あるいは「より大変な思いをしてきた」生存者と接することをとおして、自らが「被爆者」であるという認識の自明性に揺らぎを感じることもあるだろう。Yさんの語りには、こうした他者とのコミュニケーションに伴う、被爆者としての自己同一性の揺らぎが現れている。Mさんは、そうした感情の揺れを、「案外、客観的にみつめる」と語っているのではないだろうか。すくなくとも、そのように語ることにより、自分自身の語り手としての立場を形成しているのではないだろうか。

〈わたし〉が、「被爆者と非被爆者の過渡的な立場」であると語るYさんと対話をつづけ、「案外、客観的に」自己の体験をみつめるMさんとインタビューの意味を模索する行為は、Yさんが「有名な被爆者」の語りを内面化し、Mさんが「より大変な思いをして生きてきた」人びとの体験の「聞き書き」に取り組む営みと、同一の系譜に位置づけることができるだろう。

4　罪意識をめぐる円環

こうした現実を整理するうえで、ロバート・リフトンによる、罪意識による一体化と心理的閉め出しの両義的な心理的状況に関する議論は有効である。次節で検討する「被爆者になる」というライフストーリーの解釈において重要な論点になるため、序論の整理を再確認しておきたい。罪意識とは、「生き残ったことが死者にたいして優位な立場であるのを罪とする意識の問題」である（Lifton 1968=2009b: 302）。リフトンは、被爆者は「死者」にたいして、罪意識にもとづき、一体化と心理的閉め出しの両義的な感情を抱くと指摘している。一体化とは、被爆者が被爆死者のイメージを内面化し、死者が欲したと思われるように、自分も考え、感じ、かつ行動しようとする傾向である（Lifton 1968=2009b: 318）。一方、心理的閉め出しとは、被爆者が死についての不安と罪意識から身を守るために、感情の機能を停止する反応の一種であり、そのなかでも、とりわけ「急性的な形」をとる心理学的症状である（Lifton 1968=2009b: 326）。リフトンは、一体化と心理的閉め出しの両義的な感情について、それぞれつぎのように言及している。

原子爆弾のもつ致命的な実質と同様に、一体化から生まれる罪の意識は外に向かって放射する。広島におけるこのような罪の意識は、死者から被爆生存者へ、被爆生存者からふつうの日本人へ、そしてさらに、その他世界各国の人々へと「放射」的に広がっていった。（Lifton

1968＝2009b: 324）

罪の意識の場合と同じように、心理的閉め出しは外に向って放射現象をおこして広がってゆく。（Lifton 1968＝2009b: 339）

インタビューをはじめた当初、「被爆生存者」であったTさんは既に「死者」になり、語りの位相では「被爆生存者」と「日本人」の中間と自己を位置づけるYさんは、より「被爆生存者」に近づいている。〈わたし〉はその外側に位置するはずである。

Yさんは、被爆遺構めぐりの実践において、自らの体験について「三分でおわる被爆体験だ」と語っていた。これは有名な被爆者の語りにより表現される、凄惨な「被爆体験」にたいする、Yさん特有のユーモアを交えた意味づけである。このユーモアを交える語りには、彼が、長年にわたり平和教育に携わるなかで経験してきた、凄惨な「被爆体験」を語る被爆者にたいする両義的な心理が反映されている。第4章で確認したように、彼は、被爆遺構めぐりの実践において福田須磨子の創作した詩を朗読する。そのとき、彼は、死者となった福田須磨子に一体化しようとしている。一方で、インタビューにおいて、彼は、「第一級」の、有名な被爆者の体験だけが「被爆体験」ではないと語る。このように語るとき、彼は、なにも、有名な被爆者の体験に意味がないと語っているわけではない。こうした語りは、自分自身の体験を「三分でおわる」と意味づける語りの延長上にある。彼は、死に遭遇した人びとの語りに触れ、彼らの体験を内面化することにより、自分自身の体験の意味を問いなおそうとする。リフトンの認識をふまえるなら、彼は、他者の体験の内面化により、死にたいする不安と罪意識から身を守ろうとしていると解釈できるだろう。

インタビューと、実践の観察をつづけるなかで、Yさんは、被爆による死者や、より「凄惨な被爆体験」をもつ被爆者を心理的に閉め出そうとする感情を抱きつづけているようにみえる。一方で、凄惨な被爆者の体験を語りつづけるなかで、「三分でおわる被爆体験」という意味づけを再解釈しているようにもみえる。いうまでもなく、「語り部」や、被爆遺構めぐりの実践は、同じ語りを繰り返すのではなく、こうした感情や心理の揺らぎのなかで、日々、試行錯誤しながら、みずからの体験の意味を模索するように展開されている。

Tさんにとって友人の死という出来事と、母の存在は、みずからの体験を意味づける、重要な出来事である。彼は、死者にたいする一体化と心理的閉め出しの両義的な心情に強く苛まれてきた。Tさんは、小学校教員を退職後に取り組んだ「語り部」として生きた時間だけではなく、平和教育が支配的な言説を形成する長崎市において小学校教員として勤める「三八年のなか」でも、被爆について「けっして、忘れることはできないが、語ることもできない」という両義的な感情に苛まれていた。

このように、リフトンの枠組みを参考にして、被爆者のおかれる心情と語りの関係について検討するとき、この現実に向きあおうとする〈わたし〉もまた、構造的には被爆者と変わりなく、同じように両義的な心理状態におかれることを確認しておきたい。原爆被災という出来事を経験した社会に生きる私たちは、被爆という現象に向き合わざるをえず、その際には誰しもが、両義的な心理状態に苛まれるはずである。つまり、これまで論じてきた問題は、「被爆者」とよばれる一部の人々に固有の（特殊な）問題ではない、ということだ。

リフトンの議論から、「被爆者内での境界線」という現実には、こうした「被爆」現象をめぐる心理的状況が背景として潜んでいると理解できる。「日本人」、「世界各国の人々」というカテゴライズの仕方、また外国人被爆者、在外被爆者の存在をはじめ、さまざまな社会的カテゴリーのもとに生きる「被爆生存者」を一区分として図式化する点には検討の余地が残されている。とはいえ、「被爆者」というカテゴリーの内部に生きる人びとに認識される境界という現実を理解する手だてとして、四〇年以上前に、リフトンが提起した一体化と心理的閉め出しに関する議論は、充分な認識枠組みを与えてくれる。

のちに言及するように、この罪意識をめぐる社会心理学的考察は、被爆者と非被爆者というカテゴリーを可視化する役割をはたすと同時に、そうしたカテゴリーを越境し、記憶を継承する可能性についても検討する土台を与えているはずである。

その際には、つぎの論点が重要になるのではないだろうか。罪意識とは、かならずしも原爆被災者に固有の心理ではなく、死んでゆく患者との関係にある臨床医や、白血病で死んでゆく子供の親など、私たちが日常生活の延長線上のなかで経験しうる現象によっても生じるものである、とするリフトンの指摘である（Lifton 1968＝2009b: 308-9）。

こうしたリフトンの指摘に従うなら、罪意識にともない生じる両義的な心的状況は、原爆被災による死という現象に限定されるものではない。リフトンの議論を、原爆被災の問題として解釈するのではなく、私たちが日常生活の延長線上のなかで経験しうる現象によって生じるものという、より広い視座でとらえると、常識的な認識とは別の方法で、記憶の継承という現象を社会学的に考える手がかりになるのではないだろうか。いいかえると、このようにリフトンの議論を解釈すると、これまでのライフストーリーの記述と解釈の鍵になる概念とされてきた「語りえなさ」の意味が反転されていく。凄惨な極限的状況を直接に目撃した人びとが自己物語に抱え込むトラウマとしてのみ、彼らの体験や記憶の語りを理解するのではなく、二次的な被害を受けた人々が、事後的に直接的な被害者の語りに耳を傾けつづけ、主体的に過去を知ろうとする営みをとおして、別の「語りえなさ」を内面化していく行為として、記憶の継承という営みを解釈する、そのような記述の方向性が浮上するのではないだろうか。

こうしたリフトンの議論の解釈を、より具体的なフィールドワーク（ライフストーリー・インタビュー）の分析に応用する際に、調査する〈わたし〉という分析視角を導入する必要がある。以下では、こうした視座にもとづき、Mさんの「被爆者になる」という語りについて検討していきたい。

5 「被爆者になる」ということ

ここまで、「被爆者内の境界線」という現実の把握をふまえ、「語りえないもの」という概念を軸として、記憶の継承という社会現象について考察する際の論点の在処を模索してきた。そこで明らかになってきたのは、つぎの二点である。ひとつは、被爆をめぐる境界という現実の背景には、被爆という現象を経験した人々のおかれる一体化と心理的閉め出しの両義的な心理状況があること。もうひとつは、この現実は、直接の被爆の有無（すなわち、被爆者／非被爆者というカテゴリー化の現実）に関係なく、被爆を経験した社会に生きるすべての人々に共有されていることである。

こうした前提を確認したうえで、ここからは、私たちがこの困難な現実に、どのように向き合い、どのような継承の可能性があるかを検討していく必要があるだろう。その検討にあたり、長年にわたり、原爆被災の体験の聞き書きに携わり、日常的実践として継承の営みに携わってきたMさんによる「被爆者になる」というライフストーリーについて考えていきたい。

ここまで、さまざまな視点から「被爆者になる」という語りに間接的に言及してきた。はたして、その意味は、どこにあるのだろうか。序論において提示した語りを、ここで、もういちど、見つめ直してみよう。この語りには、「被爆者になる」というライフストーリーが指し示そうとする社会的意味が集約されているはずである。それは、Mさんとのインタビューをはじめたばかりの頃に、〈わたし〉に投げかけた語りである。

私もたしかにいとこを亡くしましたけど、お父さんやお母さんを亡くした方たちも実際にいるわけですよね。私はまあ、幸いにというか、四・八キロ離れたところに、原爆から五〇日くらい前に配置転換になって、命が助かったという。それで、火傷もせんやったということで、それで偉そうな顔をして被爆体験を話すな、っていうふうな、そういう声もあるんですけどね。私はね、そういうふうな（爆心地から近かった）所で被爆をした人、戦後早く（から）被爆者（運動）云々にかかわったけども、案外に客観的に原爆というものを眺められる立場だったと思うんですよ。その（有名な被爆者の）被爆体験を何回も聞くチャンスがありますよね。それから、「長崎の証言の会」で、いろんな聞き書きを取りにいく、聞き取りをするっていうことのなかで、自分がね、被爆体験が広まっていったと思ってるんですよ。自分の体験だけじゃなくてね、原爆っていうものが、どんなにひどいものかを、だんだん知るようになって。そうするとね、まあ別の表現で言えば、被爆者として深まっていくっていうか。

ここまで検討してきたTさんと、Yさんの語りとの相違点は、まず「案外に客観的に原爆というものを眺められる立場」という立場性に関する自己規定にある。Tさんは死者との一体化と心理的閉め出しに苛まれ続けた。Yさんは、Tさんに象徴される被爆（死）者からの心理的閉め出しに苛まれ、現在は一体化の傾向にある。この両者との比較において、Mさんは「火傷もせんやったということで、それで偉そうな顔をして被爆体験を話すな」という「被爆者内での境界線」を反映した他者の声を、自己の物語に内包しつつ、独自の被爆者としての立場性を確立している。

Mさんの語りの重要性は、私たちが共有しうる可能性がある「案外に客観的に原爆というものを眺められる立場」という立場性に立脚するライフストーリーの展開の仕方にある。「火傷もせんやったということで、偉そうな顔をして被爆体験を話すな」という他者の声は、被爆者に向き合おうとするときに生じる心理的閉め出しの心情と重なっている。この心情が前景化するとき、私たちは、「被爆者」の存在を閉め出し、「私たちが日常生活のなかで経験しうる現象によって生じるもの」として被爆者の語りを追体験する可能性から遠ざかっていく。しかし、Mさんは、非被爆者である私たちと同じ「案外に客観的に原爆というものを眺められる立場性」を仮想的に設定することにより、本来は被爆者であるにもかかわらず、さらに「被爆者として深まろう」とするのである。

ここで、「被爆者になる」という考え方を検討するにあたり、以下の事柄について注意しておきたい。マスメディア的な言説に立脚した「被爆者と非被爆者の境界線」をいかに乗り越えるかという課題設定には、常識的な「被爆者」イメージが前提とされている。直野章子が指摘するとおり、「被爆者」というカテゴリーはけっして自明のものではない。直野によると、被爆者とは「法によって作られた主体位置」であり、法的主体としての被爆者となるにあたっては「どこで被爆したのか」と「いつ被爆したのか」という空間・時間的な基準をもとにした「放射能被害の蓋然性」が決定的な要素になる（直野 2009: 18）。

Mさんが「被爆者になる」と語るさいに指示する「被爆者」とは、「法的主体としての被爆者」という位相に属するものではない。私たちが自明視しがちな「被爆者」カテゴリーが、いかに社会的に構築されたものかを認識することが、「被爆者になる」という思想を理解するさいに重要である。ここで議論する「被爆者」とは、被爆直後に、あるいは被爆者健康手帳を取得した際に「被爆者」となった人々ではない。このことを確認したうえで、彼らがどのようにして「被爆者になっていったのか」という問いについて検討しなければならない。

Mさんは、「記憶の継承」という問題にたいして、インタビューを開始してからおよそ六年のあいだに、自己との対話、そして他者との対話をとおして変容する継承観を〈わたし〉にたいして提示してきた。上述の語りから三年後、「被爆者として深まっていく、より被爆者になっていく」という経験について、彼は、二〇〇八年のインタビューで、具体的に、つぎのように説明している。

とにかく自分の体験と重ね合わせるという、重ね合わせながら、その話を、被爆者の話をきっかけにしながら、その人の痛みであったり、苦しみであったりしたものを、イメージするというのかしら。イメージしながら、そういうものを、その人の体験を、まあ追体験するという。そういう営みっていうか、作業というか。

もういちど確認すると、こうしたMさんの語りは、「案外に原爆というものを客観的に眺めることができた」立場性に立脚して発せられている。しかし、Mさんとのインタビューを重ねるなかで、彼が一九四五年八月九日に体験した出来事は、けっして「客観的に眺めることができる」ものではないということが明らかになっていく。彼は、学徒動員により三菱兵器幸町工場に勤務していたが、配置転換により、より「爆心地」から離れた戸町トンネル工場にて被爆を体験する。爆心地を起点とした同心円イメージにより爆心圏内とされる南端に位置する「長崎駅」付近よりも、さらに南へ移動した戸町の被爆状況が、比較的軽微なものであったとする語りには、一定の妥当性があるように思われる。

しかし、彼のライフストーリーには、戸町トンネル工場に担ぎ込まれた兵隊の顔を目撃した記憶、被爆後まもなく大きな被害を受けた長崎瓊浦《けいほう》中学（現在の長崎西高校）で、死者の髪が舞い上がる風景を目撃した記憶をはじめ、トラウマ的な記憶の語りがくりかえし現われる。あるいは、すでに確認しているように、Mさんと長崎原爆資料館を見学したときに、「わたしは、いろいろなことを思いだし、すこしここにいるのが辛くなってきたので、そろそろ出たいと思います」と語っている。（二〇〇八年八月九日）。これらのことから、Mさんにとって原爆の記憶とは、「案外、客観的に眺めることができるもの」ではなく、それはMさんが原爆の記憶に対峙することをとおして被爆者としての自己を形成するために設定された語り手としての立ち位置なのではないだろうか。リフトンはつぎのように述べている。

被爆者たちの怒りは内向した、といってはあまりに単純ないい方になるかもしれないが、はけ口のない怒りが蓄積し、それが被爆者の罪意識を深め、逆に彼らの怒りがいっそうはけ口を失うという悪循環があったということは疑う余地のないことである。被爆者の罪意識が極めて間接的に現われる一つの方法は、自分たちが生き残ったのはまったくの偶然であったと主張することである。(Lifton 1968=2009a: 91)

「案外、客観的に眺めることができる」という被爆者としての立場についての自己言及的な語りは、このリフトンの指摘により説明できるように思われる。生存の偶有性をめぐる語りは、「怒り」という感情に起因するものである。

先に示した語りは、二〇〇八年二月のインタビューで録音されたものであるが、こうした「追体験」に関する語りは、二〇〇五年の調査開始当初から、比較的頻繁にみられた語りである。そして、二〇〇五年に、こうした語りをきいた〈わたし〉は、Mさんの考え方を素直に受け入れることはできなかった。それは、彼の語りが、どこか「運動的なもの」に聞こえたためである。実際、彼は「核兵器廃絶」という言説に照らし合わせてライフストーリーを語る傾向がある。Mさんの物語は、〈わたし〉にとって、日常生活から遠い、別様の現実についての語りであるように思われた。

インタビューをはじめてから約三年間、〈わたし〉は、Mさんの語りをどのようにフィールドワークの記述として反映させるかを悩み、どのように、Mさんに向き合うかを悩みつづけた。Mさんと〈わたし〉のあいだには、明確な「被爆者」と「非被爆者」の境界線が引かれていたはずである。

こうした関係性の転機は、二〇〇八年二月のインタビューに訪れる。Mさんとのインタビューにおいて、筆者は、基本的に「聞き手」としてインタビューを継続していた。Mさんの生きてきた経緯について、多くの語りを聞きとるためである。しかし、そうした「聞き手」としての立場から離れてしまい、インタビューにおいて、Mさんに自分自身に生じた体験を語りかけることがあった。筆者は、この出来事が、Mさんと〈わたし〉の関係性を変容させる転機になったのではないかと考えている。その背景には〈わたし〉に生じたある出来事がおおきく影響している。

二〇〇七年一二月、〈わたし〉は、家族における「小児性白血病による弟の死」という生命の喪失を体験した。小児性白血病との闘いという、若者として極めて凄惨な精神状況を生き抜いた弟の死という出来事は〈わたし〉にとって語りえない経験となった。そして、この経験は「原爆」について思考する意味、そして「被爆者」という存在を考える「目的」について再考する転機をもたらした。

〈わたし〉は、この出来事が被爆者との向き合い方の転機となる可能性をおぼえて、弟の死という喪失体験を語ったのかもしれない。Tさん、Yさん、そしてMさんに手紙をお送りした。弟の死を綴り、〈わたし〉の心境を伝えた。Tさん、Yさん、Mさんは、この問いかけにたいして、それぞれの形で応えてくれた。このプロセスにより、三人の被爆者、とりわけMさんと〈わたし〉の関係性は変容したように思われる。この後、Mさんに再会したとき、彼はそれまでにみせることのなかった親密な笑顔で〈わたし〉を迎え、肩をだいて「よく来てくれました」という言葉を投げかけてくれた。

このインタビュー調査で、〈わたし〉は自身の喪失体験にもとづき、Mさんにつぎのような問いを投げかけた。それは、「理不尽な病いにより息子を亡くした母の気持ちを想像することがある。白血病で若くして他界するという出来事と、被爆で他界するという出来事がある。なぜ、被爆の惨禍は社会的に語り継がれるべきものとされ、母の悲しみは語り継がれないのか」という〈わたし〉の経験に基づいた問いかけである。

この問いかけにたいして、この日、Mさんはすぐに明確に答えることはしなかった。彼は、「お母さんは、息子さんを亡くされてまだ日が浅く、感情がまだ昇華しきれていないのではないか。時間をかけることによって、その経験を見つめなおすことができるかもしれない」と〈わたし〉をいなすように、問いかけに応じた。リフトンは、罪意識の観点から、原爆の生存者あるいはアウシュビッツの生存者と、患者の死に立ち会う臨床医、白血病で死んでゆく子どもの親の心理について、つぎのように類比的に論じている。

ナチ強制収容所と広島の生存者が、「生き地獄」という言葉に託して語ろうとしているのは、外的な事件そのものよりも、むしろ、まさにこの種の罪意識なのである。そして、これらの極限的体験から、われわれは次の事実が理解できるようになる。すなわち、死と生存について人の抱くいかなる感情も、純粋に個人的な事柄として体験されることは決してないということ、さらに、死をめぐるさまざまのイメージは、誰が（何が）生き残るかという内心の疑問と固く結びついており、生存をめぐるさまざまのイメージは、身代わりに死んだ人（物）と密接に結びついているということである。

生き残ったことへの罪意識として、これに類似した型のものは、もっと小規模の災害に際しても見られ、また、死んでゆく患者との関係においても生ずることが、これまでの観察結果から明らかにされている。ここでもやはり、患者の臨床医は生存者としての感情を体験し、「死にゆく者が投げかけるまなざしに暗黙のうちに秘められている、『あなたは生きているのに、私はなぜ死なねばならないのか』、という問いによってかきたてられる罪意識と闘わなければならない」。また、同じような罪意識にかられて、白血病で死んでゆく子供の親は、自分のおかした何かのあやまちから子供が病気になったのではないか、といぶかるのである。（Lifton 1968=2009b: 308-9）

こうしたリフトンの議論を参照すると、〈わたし〉は弟の死という出来事をとおして、白血病で子を亡くした両親の心理を想像することにより、「罪意識」という現象をとおして、原爆の記憶という「歴史」の問題と、〈わたし〉をめぐるストーリーとのあいだに意味の連関をみいだしたのかもしれない。Mさんは、かつて、〈わたし〉が体験した「小児性白血病による弟の死」と同様の出来事を体験している。それは、教員として長崎市内の公立高校に勤めていたMさんに生じた「白血病による教え子の死」という出来事である。この出来事をめぐり、彼は「白血病による被爆二世の死」という文章を残している。その内容は、つぎの通りである。


亡くなった山下孝光君は、昭和二十一年九月十二日生まれである。両親は二人とも特別手帳をもった被爆者である。だから、山下君はいわゆる「被爆二世」として生まれたことになる。

昭和二十年八月九日、原爆が投下された日、孝光君の父親優さんは長崎市十人町の自宅にいた。爆心地から三・五キロメートルの高台である。当時彼は三菱長崎造船所に勤めていたが、生後一年半の長男（孝光君の兄）の離乳で奥さんが乳腺炎をおこしてひどく苦しんでいたので、その日休暇をとった。

十一時ごろ爆音がきこえたので、奥さんは寝ていたフトンから急いで起き出し、赤ん坊をかかえて隣室との境の敷居に立った。その瞬間、ピカッと閃光が走り、ほどなく強烈な爆風を受けた。母親は直ちに、子供三人を連れて唐八景に避難し、父親は自宅に残ったが十人町までは類焼しなかった。

優さんは、翌朝早く唐八景から帰って来た奥さんと会って午前八時、知人の救護のために家を出た。長崎駅前から爆心地を通り、大橋の鉄橋を渡って、六地蔵の踏切のところから左手奥へ入って行った。——現在の三芳町である。このあたりでは、あまりに死体が多くて、踏みつけないように死体と死体の間を歩いていくのに苦労した。優さんはあまりの凄惨さにくたびれ果て、午後一時ごろ引き返した。

翌十一日明け方、昨日の疲れからか下痢をした。それでも幸町に住んでいた、いとこのことが案じられるので、優さんは奥さんと一緒に出かけた。奥さんは一歳半の長男を背負っていた。焼跡を歩きまわって、午後一時頃、脇岬へむかった。着いたのは夕方だったので、その夜は脇岬にとまった。

十二日。優さんは朝早く脇岬を出発して、そのまま原爆の焼跡まで行って知人の死体の処理に従事した。こんな仕事が約一ヶ月続いた。奥さんは、三日おくれて自宅に帰った。当然、優さんも奥さんも「原爆特別手帳」を取得しているが、特に体の異常を訴えたことはその後ない。

こうして、孝光君が昭和二十一年九月十二日に生まれ元気に成長して、長崎南高校二年生で、私が担任となった。その四月のある日、全く突然に体に体調が現われたのである。

昭和三十八年四月二十五日の午後、体育の時間の中途で、彼は頭痛とめまいと倦怠感を訴えて早退した。その四、五日前から「体のひどうきつかけんね。」と母親に言っていたそうである。帰宅するとすぐ、近所の病院にかかったが、あまり貧血がひどいので、その翌日、十善会病院へ行くように紹介された。そして四月二十八日には、「再生不良性白血病にほぼ間違いない」とあと二週間のいのちを言い渡された。

私が、様子を見に行ってもらった生徒から、「もうあと二週間ぐらいしか命がないそうです。」と言う申告を聞いたのは四月三十日のことであった。

私は早速その日の夕方、十善会病院に行ってみた。本人は思ったよりも元気で、「体の悪か血ば少し入れかえんばいかんそうです。一週間ぐらい学校を休んだら出て来ますから。中間考査はいつからですか。」とたずねた。そして五月三十一日に長崎大学付属病院筬島内科に移された。

入院した当日、主治医が足の甲のところを何回か強くさすったが、その時すでに皮下出血性の斑点が見られた。入院して三日目に、骨髄及びリンパ腺の再生不良性白血病に間違いないと診断され、輸血はそのまま続行された。

私が担当医から聞いた説明によると、白血病はいわば血液の癌である。血液中の白血球が異常分裂をして、急性の場合はそれが非常な勢いで殖えていく。正常人の血液だと一ミリ立方に八、〇〇〇個ぐらいの白血球が彼の場合は、多い時で三十万個もあった。しかし、いくら多くなってもその白血球はすべて未成熟なもので、正常な白血球の働きをしないから外からの輸血によって血液を補ってやらないければならない。しかし、それもただ幾日か本人の命をのばすだけで、根本的な治療方法は全くない。

山下君の病状は確実に進行した。皮下や体内諸器官の毛細血管から少しずつ出血する。もっとも早く確認されたのは、歯ぐきからの出血であった。鼻血もしばしば出た。四週間ほどたったとき、母親が口に入れてやったスイカを口からポロリと落した。そして、「もう何も食べられんごととなった」と言って泣いた。きいてみると、頬から口のまわり、口の中、下の真中あたりまで感覚が麻痺していた。舌が動かないので発音も不明確になり、終始付き添っている家族にだけしか理解できないようなものになった。舌が動かないようになると人間はものを呑みこむことができなくなる。固形物と流動物をとわず、口に入れてやったものはすべて口のはしからこぼれ出てしまう。

母親はあれこれやってみて、ついに口の中に脱脂綿をくわえさせ、それに牛乳をしみこませて、少しずつノドの奥へ流しこんでやることに成功した。

静脈を通して注射される栄養剤と、脱脂綿を通してノドの奥へ流しこまれるミルクや果汁だけをエネルギー源とし、それに彼の生への執念と、両親兄妹の献身的な看護が、二週間目の死の宣告を二か月のばすことに成功した、と言えるだろう。また、どのような原因によるのか、胸と頭の中で異常に焼けてくるような感じがするらしい。そうなると、まさに七転八倒の苦しみが襲ってくるのである。そんな時、「水で冷やしてやる。」それだけしか方法がないのだ。氷水の中にタオルを幾枚もつけておいて、父親がしぼって母親に渡す。母親は次のタオルがきたら、すぐ交換する。何枚かタオルをしぼると、氷水の中につけた手は、夏でも真赤になった。それを五分も続けると、病人は少し楽になる。だから氷は片時もきらすことができない。

「毎日八貫目ずつ使いまいた。」と母親があとで語った。

家族は、昼も夜も交替で仮眠し、たえず冷やしつづけた。それが五十日あまりも続いたのである。四十日の休暇をもっていた優さんは、最初は病院から通勤していたが、病状が悪化してからは会社も休んで、四十日の休暇をみんな使って、あと一週間分足りなかった。

やがて、目がかすんで視力が衰えてきた。眼底出血がはじまっている、ということであった。耳はよく聞こえた。しかし栄養がとれず、体の機能が働いていないので、日に日にやせていった。形相は一か月目には一変した。頬骨が高くつき出て、反対にくぼんだ目が定まらぬ視線を虚空に走らせた。

自分のそんな姿がわかるのか、一か月目ぐらいには「誰にも会いたくない。」と言った。両手、両足とも、やせほそって親指と人指指でつくられる輪の大きさほどしかなかった、私が最後に会った彼の死の三日前には、胸から腰、ももにかけてあずき色の斑点がびっしりとできているのがみられた。それはおびただしい皮下出血のかたまりであった。

その後、私は自分が白血病にかかる可能性をもっているだけに、「白血病でだけは死にたくない」と、ちょっとした体の異常にも神経質におびえた。

被爆のあと、沢山の人が放射能障害でなくなった時の様子と、山下君のそれは同じような症状であった。

しかし、彼の場合、「原爆によるもの」という認定はなされなかった。胎内被爆以外の「原爆二世たち」には被爆手帳は交付されない。たとえ山下君のような白血病の場合も、それが「原爆によるもの」との断定がつけ難いから、という理由で、それは認定されることがない。

しかし、論点を一歩変えれば、「それが原爆によるものであるかどうか断定し難いから、原爆とのかかわりがあるもの」と認定して対策を立てていくべきではないか。もし、研究の結果、本当に被爆二世には原爆の傷痕は何も残っていない、という結論が出れば、それは被爆者にとって喜ばしいことであり、もし何らかの疑わしい関係が見られるならば、被爆者にとっては、一面ショックであっても、それから目をそらさず、その対策をたてていくべきであろう。それが血の通った医学研究の立場であり、医療行政のあり方ではないかと思うのである。

「疑わしきは罰せず」という。疑わしいからといってすべての被爆者を不安に陥れるのは許されない。しかし、一片でも疑わしい点があれば、戦争責任の第一のにない手として、国はすべての被爆者とその二世たちの完全擁護と医療研究の保障に全力をつくすべきではないのか。

この文章には、彼が教え子の死という身近な他者の死に直面する体験をとおして、被爆二世にたいする国家補償をもとめる主体性をもった「被爆者」になっていくプロセスが明瞭に現れている。このようにMさんの語りを解釈するプロセスをとおして、Mさんの語りが、「核兵器廃絶」という言説に接続される傾向にたいする違和感は残るものの、〈わたし〉はMさんが提示する「被爆者になる」思想を理解しつつあるように思われる。いいかえると、Mさんという人間と〈わたし〉という人間が、「被爆者」と「非被爆者」というカテゴリーに比較的とらわれず、双方の思考プロセスを共有できるステージに到達しつつあるように思われる。

当初、Mさんは、「被爆体験を継承する」という営みを、「追体験」という言葉を用いて他者の痛みを共有する営みだと語っていた。それは彼が長年にわたり取り組んできた「聞き書き」にもとづく実践的な知である。証言運動の組織による刊行物に収録されたこの文章を、はじめて読んだ〈わたし〉は、「運動的な語り」として、この文章を読みながしていた。〈わたし〉は、折に触れてこの文章を読み返し、「インタビュー」をとおしてMさんに、当時の心象風景について語ってもらう。こうしたプロセスを繰りかえすことにより、「はからずして、若くして白血病で亡くなる若者に直面する」という経験を共有していることに気づく。そして、理不尽な現実に言いようのない憤りを覚えながらも、その現実を直視し、文章表現をとおして客観的に記録しようとするMさんの語りを、深く理解するようになる。

「似たような出来事を経験している」ことが重要なのではない。ある出来事に直面した際に、彼がどのような「構え」をとり、どのように向き合い、どのように行動するのか、という一連のプロセスを、常に〈わたし〉自身を振り返ることと、彼の語りを重ねあわせることにより、共通点を探ることの重要性について考える。こうした営みを継続することにより、〈わたし〉は自身が経験した出来事と、Mさんの過去を接続することができるようになっていく。

関係性が変化するなか、Mさんは「その後、あなたとの対話をとおして『記憶を継承する』とはどういうことなのか、あらためて考えている」という言葉を、〈わたし〉に繰りかえして投げかけるようになる。彼は、「追体験」という考え方にくわえて「被爆体験を聞いたときに、それを聞いた人が、その被爆体験のどの部分にどういう風に感動したかという、その感動を伝えることではないかと最近は思う」と継承に関する認識の「変容」を語った。〈わたし〉は、Mさんの語りを聞きつづけるなかで、当初、「追体験」と「感動を伝える」という営みは、異なるふたつの考え方だと理解していた。しかし、対話を重ねることにより、両者は「異なるふたつ」の営みではなく、「被爆者になる」という生き方を実践するための両輪であり、「共存すべきふたつ」の営みであると理解されていく。

つぎに示すのは、「被爆者になる」という語りのMさんによる解釈が、もっとも明瞭に現れている二〇一一年七月のインタビュー記録である。〈わたし〉は、「被爆者になる」という語りにおいて重要と思われる「『追体験』と『感動を伝えること』の違いはなにか?」という疑問についてMさんに問うと同時に、ともに考えようとしている。

＊：まあ、その。心の傷とか、心の痛みというものを。

M：本当に追体験しているというのかね。それも追体験ですけれど。本当に、自分のなかにどれだけ深く受け止めているかという。その差がね。伝える場合の、感動の差になるのかなあという。

＊：その。どれだけ深く受け止めているかっていうのが、すごく、わかりやすいというか、よくわかる気がします。

M：あの、感動を伝える、いまあの非常に不充分だったから、追体験とか感動とかいう言葉のところで討論があったようですけれど。あの、わたしが言おうとしているのは、どちらも同じことなんだけれども。もっとこうメンタルな面ですよね。だから、聞いて、体験を伝えようと、継承しようとしている人たちの心のなかの、そのなんっていうかな。被爆者から話を聞いたときに、受け止めている「深さ」っていうのか。「痛みをどのくらい深く受け止めたか」というのかな。そんなことですね。

＊：うーん。その、これもよく「被爆体験の継承」っていうふうなことを、まあ例えば学会などで議論するときに。ひとつの、あのー、まあ問題としてよく提示されるんですけど。被爆者ではない人が、本当に被爆者の気持ちを、その、共有できるのかとか。本当に理解することができるのかっていうことが、けっこう常に問題にされるんですね。そのー。なんっていうんですかね。

M：うん、わかりますよ。あのー。わたくしは、あの、まえに言いましたように、最初は自分が被爆者だという意識もほとんどなかったというか。

＊：はい。

M：その、「四・八キロ」だという、非常に遠い距離だとかね。あの、爆音も聞かなかったし、それから火傷もしなかった。で。遺体を直接みたのは、あとから、あとからみましたけど、最初は、顔が全面に火傷をしたという兵隊をみたというところからですけども。その。家族を亡くしたり、あるいは、その火傷する、そのあれを、自分の家族を抱きしめたりとかね。そういう人たち、Nさんやら、Hくんの遺体を焼いたという話はね。

＊：はい。

M：自分には体験がないから。そういうのを読んでいくなかで、わたくしは、しばしば言うように「被爆者になっていった」と。「被爆者として深まっていった」っていう。そういう自分の、あの、プロセスから考えたら、被爆体験がなくても体験を伝えるという意欲がある人たちはきっと被爆者になっていけると思ってるんですよ。

Mさんが語るところの、「被爆者になる」とは、「（被爆者の「心の傷」とか、「心の痛み」というものを）本当に、自分のなかに、どれだけ深く受け止めているかということ」である。「自分のなかに、どれだけ深く受け止めているか」という指標によって、他者にむけて被爆者について語る際、「感動を伝える」度合いは、おおきく変化する。ここで提示された「意欲」という言葉もまた、重要である。〈わたし〉は、インタビューをとおして、「被爆者になる」という生き方を理解することを考えつづけた。リフトンが指摘するように、この問題と向き合うためには、両義的な心理状態に置かれることを避けられない。しかし、「インタビュー」という場を設定することにより、〈わたし〉と「被爆者」の「対話」の舞台を設定することは可能である。

6 オーラル・ヒストリーによる記憶の継承の可能性

野家啓一は、自らが提起する歴史哲学テーゼにおいてつぎのように述べている。以下の引用は、六つの歴史哲学テーゼのうち第三番目にあげられる「歴史叙述は記憶の『共同化』と『構造化』を実現する言語的制作（ポイエーシス）にほかならない」とする、歴史の物語論の解説文である。過去は現在からの物語行為をとおした再構成であるとする、構築主義的歴史観を端的に指し示す見解であり、前述の調査する〈わたし〉をめぐる議論と密接に関連する。

想起の技術とは、過去を語る言語ゲームに習熟することにほかならず、「思い出」が「歴史」となるためには、単なるイメージに留まらず、何よりもそれが「言語化」されること、すなわち「物語行為」による媒介が必要なのである。

死児を想う母親の技術が単なる思い出に留まるならば、それは甘美な個人的感懐ではあっても歴史ではない。感懐は母親の肉体とともに消滅するほかはないであろう。思い出が歴史へと転生を遂げるためには、「言語化」と同時に「共同化」という契機がぜひとも必要とされるのである。いかにかけがえのない個人的な感懐であれ、母親がそれを物語るときには、公共的に流通する手垢にまみれた言葉を使わざるをえない。その時おそらくは、彼女の感懐がもつ微妙な私秘的彩りは、言葉の砥石によってそぎ落とされることであろう。しかし、言語化された感懐は、そのことによって逆に「普遍性」と「抽象性」とを獲得し、一個の自立した「作品」となって「記憶の共同体」へと登録されるのである。その意味で、物語行為は個人的悲しみ（私秘的体験）を普遍的悲しみ（共同体的経験）へと昇華し、「公共的過去」としての歴史を紡ぎ出す言語装置にほかならない。（野家 2005: 172-3）

死児を想う母親の〈悲しみ〉は、原爆被災者が家族や友人を亡くした〈悲しみ〉とさしあたり同質のものである。科学的に原因が解明されない不条理な病いによる死と、原爆被災という破局的な出来事による死に直面する人間の〈悲しみ〉という位相において、いずれの〈悲しみ〉に重みがあるかを判断することは不可能であり、倫理的に許されない。二〇〇八年二月のインタビューにおいて、〈わたし〉がMさんに投げかけた問いは、両者の〈悲しみ〉の差異を「被爆者になり」つづけてきたMさんはいかに説明しうるかという問いかけであったはずである。

「被爆者になる」という考え方は、Mさんの言葉をもちいれば「他者の痛みを共有ないしは共感しようとすること」であり、「他者の痛みを共有するという行為がときにもちうる喜びないしは『感動』」を他者と共有しようとすることである。この考え方には、Mさんが所属してきたさまざまな党派性をこえた被爆者運動の言説の影響をみてとることができる。正確には、そうした言説の抱えている種々の困難をかいくぐり、無毒化した彼の生きざまが反映されているといえるだろう。

この「被爆者になる」という語りが抱える困難を抽出することにより、被爆者の語りの可能性、あるいは「語りの力」を見極めることが今後の課題となる。その問題点は、上記の歴史哲学第三テーゼの議論により明確にすることが可能と思われる。つまり、思い出というきわめて曖昧な「イメージ」に留まる心象風景は、物語行為という言語化のプロセスを通過させることにより、社会的な言説として構造化され、記憶として共同化されるという問題である。

Mさんの思想的主体性を形成した「証言の会」による証言運動の取り組みは、まさにこうした「記憶の共同化」の実践であったといえる。証言の会の中心的指導者であった鎌田定夫による「言語化」にたいするこだわりは、そのことを端的に物語っている。鎌田は、証言運動が目指すべき方向性をつぎのように記している。「既存の運動枠を破り、一切のセクトを排し党派をこえて、原爆否定と被爆者の救援と連帯という原則的かつ柔軟な立場を貫くよう努めた。同時に、いかなる批評にも耐えうる硬質の文章と証言とを生みだすよう努めた。記録が風化と忘却に耐えて生きつづけるためには、この課題は今後さらに意識されねばなるまい」（長崎の証言 1970）。

原水爆禁止運動の政治的な「分裂」にたいする証言の会の「党派性を超えた」活動の指針を示そうとすると同時に、読み取るべき重要なことは、「風化と忘却に耐えて生きつづける」という「体験の継承」をめぐる議論が打ち出されていることである。つまり、被爆体験を「硬質な文章」により「証言」という言説に構造化することにより、風化と忘却に抗した継承が可能になるという考えが提起されており、実際、七〇年の証言の会の設立を契機として、現在にいたるまで数多くの被爆者の体験が「証言」として生成しつづけている。

定期的に刊行される機関誌『証言』は、原稿を依頼するかたちで、被爆体験者がみずからの手で体験をつづる場合もあるが、証言の会の会員（多くの場合は体験講話や碑めぐりの担い手）による聞き取りがおこなわれ、語り手と聞き手による共同作業として証言が生成され、機関誌に掲載されることもある。いずれにせよ、鎌田が中心となって発足した証言の会の運動は、被爆体験の言説化において中心的な役割をはたしたといえる。

こうした記憶の共同化の営みは、被爆体験という「思い出」を社会的な言説に変換することに成功した。それらは、核兵器廃絶という「被爆者の想い」を集約する支配的言説の形成にも寄与した。結論をさきどりすると、こうした支配的言説の形成が、Mさんに象徴される当事者の意図を裏切るかたちで「被爆体験の継承の不可能性」というテーゼをもたらした。

被爆体験をめぐる語りがもつ「微妙な私秘的彩り」は、思い出の共同化と構造化のプロセスにおいて「言葉の砥石」によってそぎ落とされたのである。Mさん、あるいは〈わたし〉が直面する困難は、ここに見いだすことができる。被爆体験の継承とは、被爆の語りえない記憶を他者に伝達することである。語りえない記憶を他者に伝えるためには、被爆をめぐる語りがもつ「微妙な私秘的彩り」こそが重要である。しかし、記憶の共同化の営みにより、これらの語りえなさは見事に取り除かれたのである。

野家は、さきの引用につづけて、以下のように述べている。

だが、思い出を語る物語行為は、共通の過去へと向かう「回顧性」のベクトルのみならず、共通の未来へと向かう「投企性」のベクトルをも備えていることを付け加えておかねばならない。新田義引の言葉を借りれば、物語行為は「過去を物語る現在の行為によって、過去が現在の行為の方向づけを与え、そのことによって未来への期待を成立させる」ものだからである。この「現在の行為の方向づけ」を、先に見たように柳田國男は「一種の意識したる訓戒法」と呼び、また「未来への期待」をブロッホは「希望」と名づけたのであった。「共同化」が人と人との間に成立する出来事である限り、それは好むと好まざるとに拘らず倫理的色彩を帯びざるをえない。物語行為は過去とともに未来を「共同化」することによって、われわれに来し方行く末を展望する手がかりを与え、そのことによって現在を生きるわれわれに自己理解の場を提供する。この自己認識の契機こそが、歴史認識に特徴的な「反省的距離化」の働きにほかな

らないのである。（野家 2005: 173）

Tさんは自らの「思い出」に執着する想起の行為を儀式的に継続した。つまり「回顧性」のベクトルへと自己物語を展開した。一方、Yさんは、被爆体験を個人的な思い出の位相に留めることに抵抗し未来への「投企性」のベクトルの言説を普及することに努めた。Mさんは、他者の証言を聞き取るという「回顧性」と「投企性」の双方を内包した営みに継続的取り組んだ記憶を自己物語の重要な構成要素として語る。

「共同化」が人と人との間に成立する出来事である限り、それは好むと好まざるとに拘らず倫理的色彩を帯びざるをえない、という指摘は重要である。Tさんの芝居にたいしてキャンディーが投げつけられたという出来事は、彼の営みが、共同化された他の多くの被爆者による言説実践とは、いくぶん隔てられた個人的な空間でおこなわれていたことと関連する。思い出が共同化されることを拒んだTさんの身体的表現活動は、個人の意図をこえたところで「倫理的な色彩」からも隔てられていたのである。

Yさんが指摘する「被爆者の語りをめぐるヒエラルキーが存在する現実」は、たしかに一部の当事者のあいだに存在するものである。Tさんにも明確に認識された現実であった。しかし、Mさんには、そうした現実は薄らいでしかみえない。この現実は「回顧性」と「投企性」の一方に自己物語のベクトルが傾いたときに立ち現われる現象であるようにおもわれる。

さて、桜井厚は、対話におけるさまざまな次元の非対称性こそが、対話の困難さであり、魅力であることを確認したうえで、オーラル・ヒストリーにとって重要な論点は「さまざまな語りが生み出され、衝突し、多様な解釈をうながす『対話』にこそある」ことを指摘している（桜井2010）。

「被爆者になる」という営為は、「聞き取り」をとおした、他者の語りを自己物語に内面化する行為によって成立している。〈わたし〉はMさんとのインタビューをとおして、こうした営為の存在を理解すると同時に「被爆者になる」はずである。すでに確認したように、記憶の継承とは、被爆の語り手が自己物語に内包する「語りえぬもの」を伝えようとすると同時に、聞き手がそれを受けとろうとする営みである。

つまり「被爆者になる」という営為は、ほぼそのままのかたちで記憶の継承の可能性を提示する。すでに確認したように「被爆者内での境界線」という現実により、おなじく「継承」という社会現象に向き合う生前のTさんと、Yさんのあいだには、対話が成立することはなかった。このことは「継承の困難さ」を端的に物語っている。また「被爆者と非被爆者の境界線」という現実をまえに〈わたし〉と生前のTさんのあいだに「対話」は成立したのか、いささか心もとない。しかし、死者と向き合うという意味において、これからもTさんと「対話」を試みることは可能である。

このような「継承の困難さ」を踏まえつつ、〈わたし〉はMさんとの対話を継続している。当然ながら、Mさんと〈わたし〉のあいだには、「人生の経験の差」、「人生経験に基づく思考力の差」をはじめとする、さまざまな次元の非対称性がある。しかし、こうした非対称性を、両者が認識しつつ、ときに衝突しながらも、粘り強くつきあい続けることにより、そこには「対話」と呼ぶに値するコミュニケーションが発生する可能性がある。

〈わたし〉とMさんの関係は、保苅実と（保苅がフィールドワークをとおして出会った）「ジミーじいさん」の関係と、親和性があるように思われる。保苅は、テッサ・モーリス＝スズキの議論を参照し、「歴史経験への真摯さ」という考え方は、歴史を探索する主体と探索される客体との関係性のうちにあり、「歴史的事実」を重視する歴史観と比べ、歴史家が歴史的事実に向かう際の「プロセス」に重点がシフトしていることを指摘している（保苅 2004: 229-31）。Mさんは法的には被爆者でありながら、その意味作用を自ら異化することにより「被爆者になっていく」という立場性をとることにより、被爆者の「歴史」を探索する主体となった。同時に、彼は「自らが被爆者である」という、これまた「事実」である立場性ゆえに、「彼自身」も、彼により探索される客体となる。本稿は、こうしたMさんの営みの「プロセス」を理解することに「記憶の継承可能性」を見いだすものであり、そのために設定された視点が〈わたし〉であった。

また、保苅は「結論志向」の知識体系を鋭く批判し、われわれが、知識の産出過程を第一義的に考える「プロセス志向」の知識体系を獲得することの重要性を主張する（保苅 2004: 82-5）。「継承」という営みは、保苅が指摘する「プロセス志向」の知識体系に基づいて思考し、実践してゆくべき問題である。Mさんは、自らの生のあり方を「被爆体験が広まっていく」、「被爆者として深まってゆく」あるいは「被爆者になっていく」というように、現在進行形の語りの形式で語る。そして、継承観についての固定的な「結論」をだすことはない。こうしたことは、Mさんの知識体系が「結論志向」ではなく、「プロセス志向」であることを物語っている。

被爆者とのライフストーリー・インタビューにおいて、対話の困難さをもたらす要因として、罪意識にもとづく一体化と心理的閉め出しがある。罪意識ないしは「死」の伝染を恐れるゆえに、被爆者を非人間的なものまでに「客体化」しようとする心理と、同じ要因から、同情により過度に「一体化」する心理。この両義的な心理を否定するのではなく、その両義性を感じながらも、それを、冷静にみつめること、そして、そうした経験を「書くこと」が求められる。「被爆者になる」という語りは、彼自身の生き方の語りであり、〈わたし〉は、彼の語りを聞き続けるなかで、みずからの生活の体験と重ね合わせることの意味を理解することにより、「被爆者になる」という語りを書くことを試みてきた。

彼自身が、おりにふれて語ったように、その語りには、曖昧さがのこされている。それは、いわば、ライフストーリーの語りが、解釈の多様性に開かれた語りであることを、語り手自身が示唆する語りであった。しかし、その曖昧さこそが、人びとの経験の語りの豊かさを示すものである。被爆者になるという語りは、けっして、規範的な語りではない。被爆という、体験のないものには、理解することができない出来事を体験した人びととの語りにふれたとき、体験のない〈わたし〉は、他者との出会いをとおして、多くのことを考え、そこから、多くのことを学びとることができる。それは、被爆という特定の現象について学ぶことではない。そうではなく、人が、生きるなかで、出会う、さまざまな出来事に、どのように向き合い、どのように解釈し、それを、どのように、ふたたび、他者に伝達することができるか。そこには、さまざまな感情の起伏があり、その感情の揺れを冷静にみつめ、そこに生じる「感動」を伝えることが、いかに、人間的な営みであるかを、実感すること。そのようにして、人は、生きることができるということ。彼が、その生涯をとおして考えたことは、けっして「語りえない」ことではない。それは、どのような社会的な立場に生きるものにとっても、学ぶことができる、きわめて、シンプルな「生き方」の問題であるはずである。その「生き方」の指針は、他者の語りにふれた、個々の聞き手の解釈の多様性に開かれているはずである。

あとがき

本書は二〇一二年度に慶應義塾大学大学院社会学研究科社会学専攻に提出し、公開審査を経て博士の学位を授与された博士論文『長崎原爆被災の記憶』の出版にあたり、博士論文の改稿を試みたものである。

博士課程の指導教授として、論文審査の主査を務めてくださった浜日出夫先生に、深く感謝したい。論文審査では、有末賢先生、清水透先生が副査を務めてくださった。本書の原稿を作成する際には、審査でのご指摘を克服するように努めた。未完成な部分については、これからの研究課題にしたい。

本書は、長期にわたるインタビューにご協力いただいた方々をはじめ、多くの方のご協力のもとに成り立っている。そして、多くの先生がたが、ご指導してくださった。ここに、心から感謝の気持ちを記したい。

最後に、筆者の未熟な草稿を忍耐強く待ち、その都度、叱咤激励してくださった、せりか書房の船橋純一郎さんに厚くお礼を申し上げたい。

二〇一六年 六月

高山 真

参考文献

有末賢，2010，「戦後社会調査史における被爆者調査と記憶の表象」『法学研究』，第83巻第2号：39-72.

浅野智彦，2001，『自己への物語論的接近　家族療法から社会学へ』勁草書房.

浜日出夫，2004，「ヒロシマを歩く　慶應義塾大学被爆者調査再訪」『法学研究』，第77巻第1号：237-258.

———，2008，「社会変動のミクロロジー　方法としてのベンヤミン」『社会変動と社会学』ミネルヴァ書房，201-28.

保苅実，2004，『ラディカル・オーラル・ヒストリー　オーストラリア先住民アボリジニの歴史実践』御茶の水書房.

石田忠，1973，『反原爆　長崎被爆者の生活史』未来社.

———，1986，『原爆体験の思想化　反原爆論集Ⅰ』未来社.

Lifton, Robert J. , 1967, *Death in Life: Survivor of Hiroshima*, New York: Random House. (=2009a, 2009b，桝井迪夫監修・湯浅信行・越智道雄・松田誠思訳『ヒロシマを生き抜く』（上）（下）岩波書店.)

長崎県教職員組合長崎総支部・長崎原爆被爆教師の会・平和教育資料編集委員会編，1971，『原爆をどう教えるか　ながさきの平和教育Ⅰ』.

———，1972，『継承の証を絶たず　ながさきの平和教育Ⅱ』.

長崎県教職員組合長崎総支部・長崎原爆被爆教師の会編，1972，『沈黙の壁をやぶって』労働旬報社.

長崎県部落史研究所編，1995，『ふるさとは一瞬に消えた　長崎・浦上町の被爆といま』解放出版社.

長崎の証言の会，1998，『長崎の証言30年　1989 - 1998』.

長崎の証言刊行委員会編，1970，『長崎の証言』創刊号.

直野章子，2004，『「原爆の絵」と出会う』岩波書店.

———，2009，「被爆を語る言葉の隙間　〈被爆者〉の誕生と『被爆体験記』の始まりから」『フォーラム現代社会学』，8: 13-30.

野家啓一，2005，『物語の哲学』岩波書店.

桜井厚，2008，「語り継ぐとは」桜井厚・山田富秋・藤井泰編『過去を忘れない　語り継ぐ経験の社会学』せりか書房，5-17.

———，2010，「『事実』から『対話』へ　オーラル・ヒストリーの現在」『思想』8: 1036: 235-254.

清水透，2006，「フィールドワークと歴史学」『歴史学研究』811: 11-9

下田平裕身，「企業と原爆　三菱長崎製鋼所の原爆死亡者調査から」『経済と経済学』第42号，71-137.

高橋眞司，2004，『続・長崎にあって哲学する　原爆死から平和責任へ』北樹出版.

高山真，2008，「原爆の記憶を継承する　長崎における『語り部』運動から」桜井厚・山田富秋・藤井泰編『過去を忘れない　語り継ぐ経験の社会学』せりか書房，35-52.

Yoneyama, Lisa, 1999, *Hiroshima Traces: Time, Space, and the Dialects of Memory,* Berkley: University of California Press.(=2005，小沢弘明・小澤祥子・小田島勝浩訳『広島記憶のポリティクス』岩波書店.)

八木良広，2008，「被爆者の現実をいかに認識するか？　体験者と非体験者の間の境界線をめぐって」浜日出夫編『戦後日本における市民意識の形成　戦争体験の世代間継承』慶應義塾大学出版会，159-186.

———，2012，「戦後日本社会における被爆者の『生きられた経験』　ライフストーリー研究の見地から」慶應義塾大学大学院社会学研究科，博士論文.

著者紹介

高山 真(たかやま　まこと)

1979年生まれ。慶應義塾大学大学院社会学研究科博士課程単位取得退学。博士(社会学)。現在、慶應義塾大学文学部非常勤講師、立教大学社会学部兼任講師。専攻は社会学、ライフストーリー研究。
共著書に『過去を忘れない　語り継ぐ経験の社会学』(せりか書房)、『ライフストーリー・ガイドブック　ひとがひとに会うために』(嵯峨野書院)、『被爆者調査を読む　ヒロシマ・ナガサキの継承』(慶應義塾大学出版会) など。

〈被爆者〉になる——変容する〈わたし〉のライフストーリー・インタビュー

2016年 7月 5日　第 1 刷発行
2017年 8月25日　第 2 刷発行
著　者　高山 真
発行者　船橋純一郎
発行所　株式会社 せりか書房
〒 112-0011　東京都文京区千石 1-29-12 深沢ビル
電話 03-5940-4700　振替 00150-6-143601　http://www.serica.co.jp
印　刷　モリモト印刷株式会社
装　幀　工藤強勝

ISBN978-4-7967-0353-6